スティーブ・ジョブズを教え YouTube CEOを育てた シリコンバレーのゴッドマザーによる 世界一の教育法

エスター・ウォジスキー＝著
関美和＝訳

TRICK

トリック

Respect
Independence
Collaboration
Kindness

How to Raise Successful People: Simple Lessons for Radical Results
—
Esther Wojcicki

文藝春秋

スティーブ・ジョブズを教え
YouTube CEOを育てた
シリコンバレーのゴッドマザーによる
世界一の教育法

TRICK《トリック》

目　次

エスター・ウォジスキー先生

シリコンバレーのゴッドマザーにして、アメリカ教育界のスター。貧しいロシア系ユダヤ人一家に生まれる。ITイノベーションの聖地・パロアルト高校の教師としてジャーナリズムを教える。グーグルの教育部門など有名企業でも社員教育のアドバイスを行う。自ら編み出した型破りでユニークな教育法＝TRICKで育てた３人の娘たち、スーザン、ジャネット、アンは、社会に出てから大活躍している。

スーザン
（長女・YouTube CEO）

小学生にしてレモン売りでお小遣いを稼ぐ。将来のためにがまんができる性格。若きラリー・ペイジとセルゲイ・ブリンに自宅ガレージを貸し、グーグルが生まれた。動画の民主化を夢見て、YouTubeのCEOになる。

ジャネット
（次女・カリフォルニア大学医学部准教授）

１歳１カ月にして水泳をマスター。負けず嫌いな性格で、いつも姉スーザンに挑んでいた。赴任先の南アでは、危険地帯の地元民と交流、献身する優しさも。子どもと大人の健康を守るべく世界中を飛び回っている。

アン
（三女・バイオベンチャー23andMe 創業 CEO）

人を惹きつける魅力を持って生まれる。バイオテック投資部門とベビーシッターとで就職を迷う。グーグル創業者セルゲイ・ブリンと結婚。バイオベンチャー 23andMeを起業。協力する才能を発揮し、敵を味方につけてきた。

スティーブ・ジョブズ親子

ウォジスキー家とは家族ぐるみのおつきあい。ジョブズは娘リサとともに、ウォジスキー先生の授業を受け、生徒とおしゃべりし、アップルコンピュータで遊んだ。生徒たちにオーガニックタご飯を差し入れてくれたことも。

パロアルト高校の生徒たち

ウォジスキー先生のもと学校新聞を発行。推定無罪の論考掲載、金銭問題を告発し教育長を辞任に追い込むなど、ジャーナリズムを実現。落ちこぼれ生徒たちも指導で生まれ変わり、ハーバード大や名門医大に合格、社会で活躍中。

まえがき

トリックのおかげで、どんな人生の荒波も乗り越えられた
――3人の娘たちからママへ

わたしたち3人の娘、スーザン、ジャネット、アンは、ウォジスキー家の独特な流儀で育てられた。だから、この本のまえがきを書くのは、実際にウォジスキー流子育てを体験したわたしたちがいちばんふさわしいと思っている。

長年地元の高校で教えてきた母は、生徒たちからウォジスキーの最初の3文字を取ってWOJ《ウォジ》の愛称で親しまれてきた。母流の子育て、つまりウォジ流の教育は、信頼（トラスト）と尊重（リスペクト）と自立（インディペンデンス）と協力（コラボレーション）と優しさ（カインドネス）を育てることに焦点を当てている。この5つの大切な価値観の頭文字をつなげた言葉が、この本で説明する「トリック」の哲学だ。

わたしたち3人の人生には思いがけないことがたくさんあった。グーグルやユーチューブを築いたことも（スーザン）、23アンドミーを立ち上げたことも（アン）、カリフォルニア大学サンフ

ランシスコ校医療センターに勤務するようになったことも（ジャネット）、幼いころには考えもしないキャリアだった。

そして今では、３人合わせて９人の子どもを育てる中で、さまざまな予想外の困難にも出会ってきた。誰の人生にも波があるように、わたしたち３人も、いいときもあれば悪いときもあった。わたしたちがそんな人生の荒波を越えてこられたのは、両親の育て方のおかげだと思っている。

母がこの本を書いていると聞いて、わたしたちは小学校時代から大学時代までの日記を掘りだしてきてみた。母は生まれながらのジャーナリストで、どこに行くときにもかならずわたしたちに日記をつけさせていた。日記にはケンカやいたずらの笑い話もたくさんあったけれど、実はいくつかの大切なテーマがそこから読み取れた。自立、お金の管理、実行力、寛容さ、大胆さ、そして、人生への感謝の念だ。

自立できる人間に育ててくれた

今、わたしたちが何よりありがたいと感じているのは、自立できたことだ。

両親は、わたしたち３人に、自分自身を信じなさい、自分の判断力を信じなさいと教えてくれた。父と母はわたしたちを信頼して、幼いころから責任を与えてくれた。子どもだけで学校まで歩いていくことも、近所を自転車で回ることも、友だちと自由に遊ぶことも、すべて許してくれた。両親がわたしたちの意見や考えを尊重してくれたことが、わたしたちの自信になった。

子どもだからといって、思いつきや考えを否定されたりしなかった。両親はいつでもわたしたちの言葉に耳を傾けてくれたし、親と子どもがお互いに学び合う姿勢を見せてくれていた。わたしたちは自分の信念に沿って主張する力を身につけ、人の意見を聞くことの大切さを学び、自分が間違っていればそれに気がつくようになった。

アンは高校1年のとき、家族が通っていたシナゴーグで親と子の関係についての話し合いに参加した。それは、アンにとって目から鱗《うろこ》の体験だった。アンとペアを組んだ親は、子どもは親の言うことを一方的に聞くべきだと言っていた。アンは納得せず、自分の家では両親がいつも子どもの意見を聞いてくれると反論した。わが家では「親の言うことが絶対だ」なんて一度も言われたことがなかったのだ。アンはその日の日記に、自分の両親が権威を振りかざして命令するような人たちではなくて本当によかったと書いていた。

うちでは親子ゲンカはめったになかった。議論はしたけれど、ケンカはしなかった。子どものころからわたしたちを自立した人間として扱ってくれた両親に、今は心から感謝している。

旅行と教育を最優先する家庭だった

自立するということは、経済的に自由になるということでもある。経済的に自由であるということは、お金持ちとは違う。お金の扱いに気をつけ、人生に本当に必要なものやことに備えることが、経済的な自立なのだ。

両親は細心の注意を払って、出費と貯蓄を厳しく管理していた。移民の2世として育ってきた父と母は、「どうでもいいものにお金を浪費すると必要なものが買えなくて苦労する」と、ことあるごとに言っていた。

このことは日々の生活の中でいつも教えられた。家族で外食しても飲み物や前菜は決して注文しなかった。スーパーマーケットで買い物する前にはかならず新聞広告に目を通し、クーポン券を切り取っていた。母は旅行帰りに飛行機の機内食を持ち帰り、アンの夕食にしたこともあったほどだ。アンの幼なじみのあいだで、この話は今も語り草になっている。

わたしたちが小学校に入ると、母は複利計算表を見せてくれた。わたしたちは必死になって、毎年少なくとも数千ドルは貯金するようになった。10代になると、運転免許を取る前に、クレジットカードと小切手帳をもらい、毎月きちんとクレジットカード代金を支払うことや小切手帳で入出金を管理することを教わった。

子どものころからちょっとした商売でお金を稼ぐことも教わった。わたしたちは、お隣さんの庭にたわわに実っているレモンを何年も売り続け、ご近所で「レモン娘」と呼ばれていた。スーザンは6年生のときスパイスロープ（キッチンに吊るすことができる、束になったスパイス）を売って、何百ドルも儲《もう》けていた。そのアイデアを思いついたのはスーザンだが、母が材料を買ってくれ、スーザンが外で商品を売るのを応援していた。近所を一軒一軒訪問して、クッキーを何百枚も売り、そのお金をガールスカウトに寄付したこともある。時間を持てあましてしまったときには使い古しのオモチャを箱詰めにして、近所の人たちに売ろうとしたこともあった。そんなガラクタでも、たまに買ってくれる人がいたのだ。

わたしたち家族が何よりも優先していたのは旅行と教育で、そのほかのことにはとにかくお金を使わないようにしていた（父は同じサンダルをなんと60年も履き続けている）。家族旅行ではいちばん安い宿に泊まり、かならず割引券を使っていた。

お金をどう使うかは、自分たちの意思で何かを選ぶということだ。わが家は決してお金持ちではなかったけれど、お金の使い道を堅実に選ぶことで、自分たちの望む人生の体験ができるだけの経済的な自由を手に入れることができた。

人生に必要なことを教えてくれた

母は何事も先送りせず、絶対に愚痴《ぐち》もこぼさない。今日できることはかならずすぐに終わらせる。母は洗濯も掃除も掃除機かけも電話も運動も、すべて同時に、1時間もかけずにやってのけた。母ほど要領のいい人には会ったことがない。

母のおかげで、何事も先送りするよりすぐやったほうが気が楽になるとわかった。たとえば、宿題も金曜にやってしまったほうが、週末中頭の片隅で気にかけながら日曜にやっと手をつけるよりも、はるかに気分がいいことも知った。

母はいつも、子どもたちに人生で必要なスキルを身につけさせようと考えていた。でも、たまにわたしたちを賄賂《わいろ》で釣ることもあった。

賄賂話で、よく覚えていることがある。スーザンには爪を嚙《か》む癖があった。母はスーザンに、「爪嚙みを我慢できたら、ウサギを飼ってあげる」と約束した。スーザンが6週間我慢して爪を嚙まずにいると（悪い癖が治ったと見なされて）、母はネズミを買ってきた。ペットショップの店員から、ペットとして飼うならウサギよりネズミのほうがいいと丸めこまれたからだ。母はなんとネズミを3匹も買ってきた。スノーボール、ミッドナイト、そしてトゥインクルという3匹のネズミがわたしたちのペットになった。

イノベーション精神にあふれたママ

母は人好きだ。どんなタイプの人とでも打ち解けることができる。

母は誰にでも心を開き、新しいことを学ぼうとする。だから、母のまわりにはあたたかく親しみやすい雰囲気が漂っている。

母は生まれながらの起業家で、変化やイノベーションを喜んで取り入れる。

シリコンバレーが急成長するのと同時期に、母が授業や教室にテクノロジーを上手に取り入れたのは、ただの偶然でもなければ「運がよかった」からでもない。母はイノベーションが大好きなのだ。

そして、いつも生徒たちから学んでいる。生徒の直感を信じ、生徒を通じて未来の変化を察知し、その中で母自身が成長しようとしている。生徒たちも母を信頼し尊重する。

慣習を変えたがらない大人もいるが、そんな大人はティーンエイジャーとは深く関われない。母はいわゆる「高齢者」なのに、そんな大人とはまったく正反対だ。だから生徒たちが母のまわりに集まってくる。母が生徒たちに敬意を払い、どんな奇想天外なアイデアでも励ましてくれるのをみんなわかっているからだ。

どちらかというと、とんでもない思いつきのほうが、母にとっては大歓迎なのだ。70代の母が意気揚々と（まったく疲れることもなく！）夜更かしして10代の高校生と学校新聞を作る姿に、わたしたち娘のほうが驚いてしまう。

親として、また教師として、母がすぐれているところは、生徒を人間として本当に理解しようと努め、子どもの興味を上手に見つけて本人をやる気にさせることができる点だ。

わたしたちが学校から帰宅して、ある科目がつまらなかったと言うと、母はよく「どうして？」と聞いてきた。物事の本質を理解しようと努めるのが、母なのだ。家庭教師に助けてもらったほうがいいのか？　それとも、その教師やほかの生徒に問題があるのか？　それを知ったうえで、母はわたしたちに合った解決策を提案し、わたしたち自身が問題を解決できるよう助けてくれた。

母はまた、わたしたちが小さなころからずっと、自分たちがやりたいことは何かを理解しようと努力してくれた。アンはアイススケートが好きで、ジャネットはアフリカ研究に興味があり、スーザンは芸術作品の創作に力を入れていた。そんなわたしたちに、本やおもしろい記事や講演や授業を紹介してくれたのも母だった。母は、高校の学校新聞で取り上げる記事のネタも生徒自身に選ばせ、生徒に自由に意見を主張させていた。

わたしたち自身の子育ての話題になると、「親は子どもに何かを強制することはできない」と思い出させてくれた。子どもが自分からやりたくなるように、親は子どもを励ますものだと教えてくれた。

権威や権力を恐れなかった

もうひとつ、母についてみなさんにぜひ伝えたいことがある。それは母が恐れ知らずだということだ。

特に、正義を貫くことが必要な場面では、歯に衣着《きぬ》せずに物申す。「王様は裸」だと誰よりも先にズバリと直言するのが、母だ。

母は本音をはばからず、負け組をかばい、現状に立ち向かう。だからこそ、ジャーナリズムと報道の自由を守る仕事が母の天職なのだ。

あるときスーパーマーケットの列に並んでレジ待ちをしていたら、店員がわたしたちに不良品を売りつけようとしたことがある。もちろん、母は店長を呼んで、「カリフォルニア州の消費者庁に報告しますからね」と脅かした。母は、「わたしがここで声をあげ、意見を言い、不満を表さなかったら、誰かほかの人が同じ被害を受けるのよ」と口癖のように言っていた。

もうひとつ、ジャネットがよく覚えているエピソードがある。母は抗生物質を処方したがる小児科医に盾ついたのだ。「本当に必要なんですか？」と母は聞いていた。

母は、古いしきたりや権威や権力を恐れなかった。

とはいえ、わたしたちが子どものころは、思ったことを先生や友だちの親やボーイフレンドなどにズバズバと話す母が煙たいこともあった。本音を言いよどんだり隠したりする母など、想像もできない。教育省長官が相手でも、今の教育制度に対する率直な意見をぶつけてしまう人なのだ。

でも、そんな母の生き方を見て、生徒たちもあきらめたり怖がったりせず、粘り強く夢と情熱を追いかけるようになった。わたしたちがやり抜く力を身につけたのも、子どものころから母のあきらめない姿や権威におもねらない姿を見てきたからだ。

人生は楽しむものだと教えてくれた

最後に、そして何よりも言っておきたいのは、母がわたしたちに人生を愛することを教えてくれたということだ。母はとぼけたことが好きだ。いつも冗談を飛ばしている。堅苦しいことはやらないし、固定観念にもはまらない。そして人生を思い切り楽しんでいる。

父とのなれそめは、大学の寮で、ダンボールに乗って階段を滑り降りているときに偶然ぶつかった（文字通り）のだと言う。母の（子どものわたしたちではなくて）お行儀が悪いせいで、レストランから追い出されたこともある。75歳のときにフォーエバー21を見つけて、以来フォーエバー21が母のお気に入りの店になった。

10年前、母は高校の教え子たちを引き連れてニューヨークにやってきて、突然アンに電話した。「アン！　格安でストレッチリムジンを借りたのよ。今みんなでルーフから頭を突きだして街をめぐってるところ。どこのクラブがオススメ？　踊りにいきたいわ！」と言って。

母は冒険と探索を心から楽しめる人間だ。行動力があり、いつも新しいものや創造性を真摯《しんし》に追い求めている。

だから生徒たちに人気がある。ジャーナリズムを教えることにかけては真剣だが、生徒たちが授業中にエクササイズ用の自転車を漕ぎながら講義を聞いていても、何とも思わない。

わたしたちがこの原稿を書いている最中に、母はホットドッグのコスプレ写真をネットにあげていた。

フォーエバー21の服はさすがに真似できないが、わたしたちが前向きに物事に取り組めるようになったのも、日々の中に幸せを見つけることができるようになったのも、間違いなく母のおかげだ。

わたしたち3人はウォジスキー流子育ての第1期生と言ってもいいだろう。わたしたちのあとには、母が受け持ったジャーナリズムの講座から何千人という生徒が世の中に巣立っていった。わたしたちは世界中どこに行っても、母の教え子に呼び止められて、「お母さんが人生を変えてくれたんです。わたしを信じてくれたんですよ」と言ってもらえる。母が教え子に与える影響は授業の中だけにとどまらない。母は彼らの人生を変えてきた。

母はわたしたちの誇りだ。だからこう言わせてほしい。

ママ、わたしたちをウォジ流で育ててくれてありがとう！

スーザン、ジャネット、アン・ウォジスキー

はじめに

人を育てることはノーベル賞に値する
――親も子も幸せになる5つのルール

子どもの将来は、親の育て方で決まる

子育てや教育でノーベル賞はもらえない。

でも、人を育てることはノーベル賞に値すると思う。子育てと教育は社会にとっていちばん大切なものだからだ。

どんなふうに子どもを育て、教育するかで、子どもの将来が決まるだけでなく、社会の将来も決まる。

子どもに夢や希望を抱かない親はいない。どんな親でも、子どもには健康で幸福で成功してほしいと願うものだ。

また、どんな親でも子どものことを心配する。自分の子どもは安全だろうか？　人生の目的を見つけられるだろうか？　充実した人生を送ることができるだろうか？　競争が激しく、ときに

は生きづらい世の中を、うまく渡っていけるだろうか？

親は誰でもそうだが、わたしも娘を希望の星だと思った。

娘のためによりよい人生を願い、未来を願い、娘が世界をもっといい場所にしてくれることを願った。子どもが幸せで、自信に満ち、何かに情熱を注ぐことを、親ならばみんな望むはずだ。子どもが充実したいい人生を歩めるように育てたいとも願うだろう。国や文化が違っても、そんな親の願いは変わらない。

わたしはこれまで長年ちょっと変わった教師としてのキャリアを積んできたことから、今では世界中のカンファレンスに招かれて話をしている。そこで出会う親たちが知りたいことは同じだ。どうしたら、子どもたちがいい人生を歩む助けになれるだろう？　子どもが幸福と成功を手に入れ、才能を生かして世界をよりよい場所にするために、親は何ができるだろう？

まずは0歳から5歳までが勝負——赤ちゃん言葉で話しかけない

若い母親だったわたしもまた、不安だった。当時は今とは違う種類の難しさもあったけれど、身がすくむような感覚は今の親たちと同じだった。

アドバイスや導きをくれる人もあまりいず、少しは周囲の意見も聞いてみたけれど、結局は自分を信じて、自分流の正しい子育ての方法を見つけようと心に決めた。

わたしは娘たちが赤ちゃんのときから、大人に話すように話しかけていた。

たいていの母親は自然に赤ちゃん言葉になる。声が高くなり、言葉もカタコトになる。わたしは違った。

娘たちを信頼していたし、娘たちもわたしを信頼した。危険なことは避けたけれど、リスクが限られていれば娘たちが新しいことに挑戦するのを邪魔しなかった。

ジュネーブに住んでいたころ、5歳と4歳だったジャネットとスーザンを、お隣のパン屋さんにふたりだけでお遣《つか》いに出したこともある。

わたしは、ふたりが子どものころから独立心を尊重していた。

子育てのいちばん大事な時期は0歳から5歳のあいだだと思っていたので、初めからできるだけいろいろなことをさせたかった。何よりもまず、自立した子どもになってほしかったし、大人になったらそんな自分に自信を持ってほしかった。

子どもたちが自分の頭で考え、健全な判断ができるようになれば、これから先の人生の難題にも立ち向かえると思ったのだ。その後の研究でわたしのやり方が正しいと証明されることになるとは、当時は思いもしなかった。わたしは自分の勘と価値観に従って、教師として教室でうまくいったことを頼りに子育てをしていただけだ。

厳しい世の中でも、成功できる

そうしてうちの娘たちは成長し、スーザンはユーチューブのCEOになり、ジャネットはカリフォルニア大学サンフランシスコ校の小児科准教授になり、アンは23アンドミーを起業した。娘たちが大人になってつかんだ成功がすべてわたしのおかげだとはまったく思わないが、3人とも能力を発揮し、思いやりがあり、仕事もできる人間に育った。

3人とも競争の激しい男性優位の世界でトップに昇りつめた。娘たちはみずからの情熱に従い、自分の頭で考えることによって成功を手に入れた。

自分が「有名人の親」になり、家族が雑誌の表紙を飾るのは、妙な気持ちだった。

娘たちがやり抜く力と誠実さを武器にして世界を切り開いていく姿を見られたのは、わたしの人生最大のご褒美《ほうび》だ。どの娘も、業界でただひとりの女性だということを気にせず、世の中の問題を解決することに集中し、競争しながらも同時に人々と協力していた。

一方で、わたし自身も、36年以上も高校でジャーナリズムを教える教師として、世界を切り開いてきた。想像もできなかったような成功を手に入れ、素晴らしい人間になった生徒も多い。これほど多くの若者を教える機会を与えられたことを、とてもありがたく思っている。

わたしが生徒を信頼し、大切な価値観を植えつけたことで、生徒たちの意識が変わり、思い描く未来像が変わったと言ってくれる人もたくさんいる。

実のところ、子育ては本当に単純なものだ。子どもたちが家でも学校でも人生でも伸び伸びと成長していけるような、基本的な原則に立ち返るだけでいい。

わたしは母親として、祖母として、また教育者としての数十年にわたる経験から、人が能力を活かして実りある人生を送るには5つの基本的な価値観があればいいことに気づいた。

日々の生活の中でこの5つの価値観を思い出してもらえるように、頭文字を取ってこの原則を「TRICK（トリック）」と名づけた。


TRICK（トリック）＝信頼、尊重、自立、協力、そして優しさ

信頼（TRUST）

今、世界中で信頼が崩壊している。親たちは不安を抱え、それが子どもにも伝染する。人々は自分らしさに不安を持ち、リスクを恐れ、正義のために立ち上がることもできない。

まずは大人が自分を信頼することからはじめなければならない。大人が親としての選択に自信を持てれば、子どもを信頼でき、子どもに自信を与えて自立につながる大切な経験をさせることができる。

尊重　（ＲＥＳＰＥＣＴ）

親が子どもの個性と自主性を大切にすることが、敬意のあかしになる。どんな子どもにも生まれながらの才能がある。そして子どもは世界への贈り物だ。どんな才能であっても、その才能を育むのが親の役目だ。

子どもに、どんな人間になるべきか、どんな仕事に就くべきか、どんな人生を送るべきかを押しつけるのは、親本来の役目とは正反対のことだ。子どもが自身の目標を見つけることを助け、それを追いかける助けになるのが、親の責任なのだ。

自立　（ＩＮＤＥＰＥＮＤＥＮＣＥ）

自立は、信頼と敬意というしっかりとした土台の上に成り立つものだ。幼いうちに自制心と責任感を身につけた子どもは、大人になって困難を乗り越える備えができているし、イノベーションをおこしたり創意工夫するスキルも身についている。

真に自立した子どもは、人生につきものの挫折や失敗や退屈に負けない力がある。そんな子どもは混沌《こんとん》とした世界の中でも落ち着いていられる。

協力　（ＣＯＬＬＡＢＯＲＡＴＩＯＮ）

協力とは、家庭や教室や職場で力を合わせるということだ。

親が子どもにできる「協力」とは、子どもを励まして、議論や判断やしつけに子どもみずからが貢献できるようにしてあげることだ。

20世紀にはルールに従うことが大切なスキルのひとつで、親は子どもを支配できた。でも、21世紀には命令しても効果はない。何をすべきかを子どもに指図するより、子どもの考えを聞いて一緒に解決策を探したほうがいい。

優しさ（KINDNESS）

わたしたちは他人には優しさと気遣いを示すことができるのに、いちばん身近な人たちにはそれほど優しくできないものだ。

親は子どもを愛しているけれど、お互いに慣れすぎて基本的な優しさを当たり前だと思ってしまう。逆に、優しい振る舞いが世の中のためになると考えない人もいる。

本物の優しさの土台になるのは、感謝と許し、他者への奉仕、そして外の世界への気づきだ。誰かの人生をよりよいものにすることが、人生における最高の喜びだと子どもに教えてほしい。

トリックの究極の目標は、世の中に責任を持ち、自分に責任を持てる人間を育てることだ。

親として、教師として、また経営者としてのわたしたちの役目は、子どもを育てたり、授業や事業を運営するだけでなく、人々の未来の土台を作ることだ。

親も教師も経営者も、人間の意識を進化させることができるし、その進化のスピードはこれまでになく速まっている。

これからの社会を幸せに生き抜く教育法

娘たちがテクノロジーと医療の分野で有名になり、わたしのジャーナリズムの授業が国内外で注目されるようになると、わたし流の子育てと教育法が、21世紀が抱える問題への解決につながると感じ、わたしの手法をもっと知りたいという人が増えてきた。

わたし流の教育法に多くの人が共感してくれたのは、わたしのやり方が今の子育てや教育法が抱える問題へのひとつの対抗策になるからだろう。

またわたし流の子育ては、不安やしつけの問題、親子の力関係、同調圧力、テクノロジーへの恐れといった、親たちの判断力を鈍らせる要因や、子どもたちに害を与えるような問題の解決にもつながるからだろう。

子どもの感情を親がコントロールできるというよくある思いこみは、大間違いだ。

シリコンバレーで尊敬される小児科医のジャネスタ・ノーランド博士も言うように、「親たちは何がなんでも子どもをいい気分にしておかなければならないと思いこんでいる。子どもの幸せを親の責任だと感じ、幸福をコントロールできると考えている」ようだ。

親がどんなことをしてでも子どもが苦しんだり傷ついたりしなくてすむように力を尽くすと、子どもたちは困難や逆境を乗り越える必要がなくなってしまう。すると、独立心ややり抜く力は育たず、子どもたちは周囲の世界を恐れ、みずからイノベーションをおこしたり何かを生みだしたりできなくなる。

もうひとつ、親たちが間違っていることがある。

親は子どもに自分のことや成績だけに集中しなさいと教える。子どもがいい成績をおさめ、一流大学に入り、見栄えのいい仕事を選ぶことを望む。子どもたちは自分のことに忙しすぎて、どうやって他人を助けたり社会に奉仕したらいいかを考える時間がない。

思いやりと感謝の気持ちは人生で何よりもわたしたちを幸せにしてくれる要素なのに、それは見過ごされてしまう。

人生を通じて学び続けられるスキル

学校もみずからの役目を果たせていない。小学校から大学まで、20世紀型の教育が今も繰り返され、もはや存在しない世界に合わせて指示待ちする学生を作りだしている。

講義形式の授業では、教師がすべてを知っているという前提のもとに、生徒は黙って先生の話を聞き、ノートを取り、テストを受ければいいとされている。世界のどこでも、いまだにこの形式の授業が圧倒的に多い。

でも、今のテクノロジーを使えば、情報は自分で即座に手に入れられる。携帯電話という図書館がポケットの中にあるからだ。

生徒は学校で必修科目の情報を詰めこまれるが、興味や体験を通した本物の学びを得ていない。学校のカリキュラムは統一テストや評価でいい点を取ることを目標に組まれていて、現実社会で必要なスキルや生徒自身が情熱を見つけられるようなプロジェクトを通した学びの機会はない。テストや試験では、情熱や積極性は育まれない。だが、情熱と積極性こそ実りある教育と幸せな人生の土台になるということは、研究でも証明されている。

しかも、時代遅れの今の教育システムは、何にでも従う従順な生徒しか生みださない。学校では、イノベーションをおこすことも、自分の頭で考えることも教えてくれない。

だから学校を出たら、もう勉強しなくていいと喜ぶ若者も多い。本来なら、学校を卒業してからも、人生を通して自分で学び続けられるスキルを身につけるべきなのに。

今の教育と子育てのあり方を見ていると、子どもたちが落ちこんで不安を抱え、人生につきものの困難な出来事を乗り越える備えができないのは、無理もないと思ってしまう。

アメリカ国立精神衛生研究所によると、13歳から18歳のアメリカの若者のうち31・9パーセントが不安障害に苦しんでいるという。２０１６年に起きた心の病を調査してみると、およそ２００万人のティーンエイジャーが少なくとも一度は深刻なうつ状態を経験していることがわかった。

ブラジルで行なった２０１６年の研究では、思春期にある女子の40パーセントと男子の20パーセントが不安や落ち込みといった心の病に苦しんでいることが報告されていた。インドでは高校生の３分の１に不安障害の症状が出ていた。ノルウェー公衆衛生研究所が行なった調査では、14歳から15歳の回答者の半分以上がしょっちゅう「悲しくなったり、不幸せを感じる」と答え、およそ半分が「落ち着かない」と答えていた。この現象は世界共通だ。だからこそ、ここで何らかの行動をおこす必要がある。

今よりいいやり方があることは確かだ。今の子育てはとんでもなく複雑なものになっている。子育ては恐れと不信に満ち、直感では解決できない難しい挑戦になってしまった。

親は子どもの幸福のためにすべてを犠牲にする奴隷のような存在になり、絶えずストレスを抱えている。この熾烈《しれつ》な競争社会で子どもたちが生き延びられないのではないかと、親は不安になる。子どもがいい幼稚園に入れないと動顚し、ほかの子どもたちがアルファベットを読めるのに自分の子どもが読めないと心配で大騒ぎする。

子どもたちの世界に馬鹿馬鹿しい過剰な競争を持ちこんでいるのは、親たちだ。

世界中の教育界がトリックを導入

トリックの原則は、家族が家族として機能するために欠かせない。また、トリックは今の教育が抱える問題を解くカギになる。

信頼と尊重は、質の高い学校教育の土台になる。質の高い教育とは、自立した思考をうながすものであり、そこには実社会での仕事に近いプロジェクトベースの協力的な学びが含まれる。

教育界のリーダーたちもやっと、21世紀に必要とされるスキルを教えるには、単なる暗記と講義では効果がないことに気づきはじめた。

わたしは30年をかけて「混合学習」のモデルを作りあげてきた。この手法は、子どもたちにある程度の決定権を持たせながら、テクノロジーを適切に利用する学習法だ。

今ではアメリカのあちこちで、教師たちがわたしのモデルを真似るようになってきた。わたしはヨーロッパ、アジア、ラテンアメリカを定期的に訪問し、教育界のリーダーと話し、トリックの原則にもとづいた、新しい教育政策を実行する手助けをしてきた。

一流企業もトリック採用をはじめた

企業もまたトリックの力に気づいて、企業文化にこの価値観を取り入れはじめている。トリックは、力を発揮できる幸せな子どもを育てる手法に留まらない。子どもに限らずどんな年齢の人からも、いちばんいい部分を引き出す手法でもある。

企業は社員に、やり抜く力、創造性、自分の頭で考える力、変化し続ける社会に対応し仲間と協力できる力を求めている。

教育試験サービス（ＥＴＳ）が労働省の職業情報提供サイトを分析したところ、現代の仕事にはトリックの価値観から生まれる5つのスキル、すなわち問題解決力、柔軟な知性、チームワーク、実行力／イノベーション力、そしてコミュニケーション力が必要だということがわかった。

強い自立心は信頼と尊重の上に成り立つものだ。チームワークとコミュニケーションは、他者の意見と考えをおもんばかる優しさと協調性がなければ成立しない。

ある国際的なホテルチェーンが社員研修と士気向上にトリックの手法を使っている理由もそこにある。また、グローバルなアパレル企業であるGAPの創業者たちが、すぐれたリーダーを生みだしたいと、最近わたしと娘のアンに会いにきたのも、それが理由だ。

だからこそ今、国際的なコンサルティング会社のデロイト、ラテンアメリカ最大のeコマースプラットフォームであるメルカドリブレ、カフェとベーカリーの全国チェーンであるパネラ・ブレッド、そしてウォルマートやマクドナルドといった数多くの大企業もまた、トリックに似た哲学を掲げて、自立と協調とイノベーションを社員に奨励している。

わたしは2017年に「良心的な資本主義」と銘打ったカンファレンスで超満員のビジネスリーダーを前に講演した。ビジネスリーダーたちはトリックの原則に心を躍らせ、わたしの話が終わったあとも誰も帰りたがらないほどだった。

ホールフーズでCEOを務めるジョン・マッケイやトレーダー・ジョーズのダニエル・ベインとも話した。どちらも社員の自主性を育てることで有名な小売企業だ。環境に優しい食品メーカーのヘブンリー・オーガニックスでCEOを務めるアミット・フーダ、税務ソフトウェア企業のバルテックスのジェフリー・ウェストファル、そのほかにも多くの人たちがわたしの哲学を世界中に広める助けをしたいと申し出てくれた。

このカンファレンスではすべての議論にトリックの価値観が浸透していた。社員と経営者の力を最大限に生かし、力を合わせて世の中を変える必要があることをみんなが認識していた。わたしが出会ったリーダーたちはみな、プロジェクトベースの実践的な学習を通して、21世紀に通用する社員を育てたいと言っていた。それはまさに、わたしがパロアルト高校でこれまでやってきたことだった。

科学的に証明されたメソッド

この本は、世の中で成功する人間を育てるにはどうしたらいいかを描く本だ。

とはいえ、流行《はや》りの子育て法を伝授するものではないし、子どもを寝かしつけるにはどうしたらいいかを具体的に教えるものでもない。

この本は、普遍的な人間行動の哲学を使って、子どもたちがこれから出会う未知の挑戦に立ち向かう備えをするにはどうしたらいいかを、親たちに示す本だ。

信頼と尊重という教育の土台を作り、その上で自主性と自立を導くような、(学校でも家庭でも実践できる)新しい教え方を提案するのがこの本の目的だ。

次章からは、親も子どもも成長できるような家庭(と学校)を作るための基本原則を説明していく。

わたしがやってきたことは、有史以来親たちがやってきたことと変わりない。人が自分を信頼し、子どもの自立に重きを置き、コミュニティが協力して子育てする以外に道がなかった時代の子育てと同じだ。

わたし流の子育ては、世界のどこでもうまくいくことが科学的に証明されている。また、多くの親の体験からも、このメソッドに効果があることはわかっている。

わたしは50年ほど前に長女を産んだときからこのメソッドをはじめ、学校でも36年にわたってこのメソッドで教えてきた。

トリックは、年齢や文化や環境に関係なく、誰にでも効果がある。いつはじめても、遅すぎることはない。親として未熟だったころの失敗やつまずきを正して、親の人生も子どもの人生もよりよいものにすることはできる。

何よりも、トリックを実践することで、あなたがなりたい親になれ、一緒にいて楽しいと思える子どもを育てることができる。子どももあなたと一緒にいたいと思うようになる。トリックを取り入れることで、人々に求められ、必要とされ、価値を認められる人間を、そしてコミュニティや国や世界が抱える問題に立ち向かう人間を、育てることができる。

この本を通して、トリックから生まれた実話や原則をみなさんにお伝えできることは、わたしの喜びだ。トリックの逸話と原則がみなさんとお子さんの心の奥底にある信頼を呼び起こし、その信頼がみなさん自身を導いてくれることを願っている。

子どもたちはみなさんを必要としている。子どもを信頼し尊重すれば、子どもはそれぞれに備わった力を自然に開花させるだろう。

1章　自分が育てられたように、子どもを育てるべきか？

自分の子ども時代と向き合う

人間は自分が育てられたように子どもを育ててしまいがちだ。

でもわたしは長女が生まれたとき、自分の親の失敗を繰り返すまいと心に誓った。

幼いころのトラウマや苦労は、子どもとの関わり方に影響を与える。自身のトラウマを理解せず、何が間違っていたのかをきちんと振り返らずにいると、親と同じ過ちを繰り返してしまう。自分の無意識の習慣や振る舞いを見直すことができなければ、いくら努力してもトリックにもとづく子育てはできない。

これからお話しするが、わたし自身はトリックの価値観をもとに育てられたわけではない。だから、苦労してこの価値観を身につけた。

ここで、わたしの子ども時代の体験と両親の姿をみなさんに打ち明けることで、みなさん自身が子ども時代を振り返っていただけたらと思っている。

そうすれば、自分がどんなふうに育てられたか、またそれがトリックにもとづいていたかいなかったかを理解できるようになる。

破産寸前の家庭に生まれて

わたしの物語は、ニューヨークの下町にある賃貸アパートからはじまった。

両親はロシア生まれのユダヤ人移民で、一文なしでアメリカにやってきた。寝室がひとつしかない小さな部屋にわたしたち家族は暮らしていた。

母のレベッカはシベリアのクラスノヤルスクで生まれ育った。母の故郷は極寒の地で、幼いわたしにとって想像もできないほど遠い場所だった。豪雪のために家全体が雪に埋まってしまうこともあったらしい。トンネルを掘って家の外に出ていたそうだ。

母はため息が出るほど美しい女性だった。母の写真を見た人はみんなそう言ってくれる。母には不思議な訛《なま》りがあった。イディッシュ語とロシア語の混ざった訛りで、わたしも小さなころは同じ訛りがあったが、学校に入ってから消えた。

父のフィリップは水彩と木炭画の画家で、レンセラー工科大学から奨学金を提示されるほど前途有望だった。でも、残念ながら母とわたしを食べさせていくために、大学の誘いを断った。

ウクライナのチェルニウツィ地方にいた父とその家族はユダヤ人虐殺から逃れ、徒歩でウィーンまでたどり着き、アメリカへの渡航ビザを申請した。

それほど長い道のりを歩いたという話が、わたしにはずっと信じられなかった。リヤカーに身のまわりのものを全部乗せて、手に血がにじむまでそれを引いて歩いたと父は話してくれた。いくらなんでも、それは大げさだと子ども心に思ったものだ。でも、シリアの難民危機の記事を読み、難民たちが内戦を逃れるために何百マイルと歩いたことを知り、父の話が誇張でなかったと知った。そんな父の苦労にありがとうと言えなかったことが、いまだにわたしの心残りだ。

わたしたち家族はいつも破産寸前だった。

父は墓石職人だった

父は、絵を描く以外にはほとんど手に職がなかった。アメリカン・ドリームはわたしたちには夢のまた夢だった。日雇いで生活をつないでいたけれど、その仕事にもあぶれた父は、「若者よ西へ向かえ」というお告げを聞いたらしく、幸運と富を求めてカリフォルニアに移ることにした。カリフォルニアに行けば太陽と楽しい暮らしとチャンスがわたしたちを待っているように思えた。そこでなら新しい人生が切り開ける気がしたのだろう。だが、父の思惑は見事にはずれた。

なぜ両親がサンフェルナンドバレーの北東の端にある農村地帯のサンランド・タジャンガを選んだのか、わたしはいまだにわからない。サン・ガブリエル山脈が遠くにそびえ立っているのが見え、道幅は広くまだ舗装されていなかった。

引っ越して数年もすると、弟とわたしは砂にはまった車を押しだして、小遣いを稼ぐようになった。砂にはまって動けなくなる車は多く、押しだすたびにわたしは1ドルもらって喜んでいた。そのあたりはぶどう畑だらけで、丘の上からよく灰色の石が転がり落ちてきた。わたしたちの小さな家もその灰色の石で作られていて、家のすぐ後ろにはロサンゼルス川の支流であるタジャンガ川が流れ、川岸の大きな岩陰にはでっかいガラガラヘビが隠れていた。

カリフォルニアに移ってから、父はいろいろな商業アートの仕事を試してみたり、エンターテインメント業界の仕事もしようとがんばったものの、うまくいかなかった。

どうしようもなくなって最後に墓石を切削する仕事につき、生涯その仕事を続けた。今でもロサンゼルス中のあちこちの墓地には父が作った墓石が何百とある。父が後世に残した作品は墓石だけだった。墓石の加工は過酷な労働で賃金も低かった。

父は夜に帰宅するといつもドアを叩きつけるように閉め、何も言わずに小さな家の中を大きな足音を立てて歩きまわっていた。わたしにはそれが怖かった。だから父には近寄らなくなった。父に近づくと、雷を落とされた。「獅子はわが子を千尋《ちひろ》の谷に落とす」と父はよくわたしに言っていたし、その通りに行動していた。母は癇癪《かんしゃく》持ちの父からできるだけわたしを守ろうとしてくれて、わたしの大好きなお菓子を買ってくれることもあった。緑のゼリー菓子とあんずの缶詰は、とっておきの贅沢で、母とわたしだけのちょっとした秘密になった。

夜にわたしが部屋にこもっていると、父と母が言い争う声がよく聞こえた。言い争いの種はいつもかならずお金のことだった。

女性に教育は必要ないと言われて

わたしが何よりも嫌だったのは、男性を家族の中でいちばん上におく、正統派ユダヤ教の伝統に従わなければならないことだった。

男性優位は家族の中だけではなかった。社会の中で男性がいちばん重要な存在だとされていた。コミュニティ全体が男性中心に回っていた。死者への祈りであるカディッシュを唱えていいのは男性だけだった。ユダヤ教の聖書に当たるトーラーを持つことと読むことを許されていたのも男性だけだ。つまり、男性でなければ神と対話できないとされていた。だから正統派ユダヤ教徒の男性は毎朝神に祈りを捧げて、女に生まれなかったことを感謝しているのだろう。

わたしは毎週土曜に小さなシナゴーグに通い、女性や子どもたちとそこの上階で過ごしていた。部屋はいつもあたたかかったのに、女性たちはユダヤ教の定めに従って長袖を着て髪をスカーフで覆っていた。控えめだが、決して快適とはいえない服装だった。わたしはシナゴーグが好きだった。男性たちが下で祈りを捧げているあいだに、ほかの子どもたちとひそひそ話ができたからだ。男性は別世界にいるようだった。そして、わたしがその世界に入れないことは明らかだった。

正統派ユダヤ教の伝統では、女性にはっきりと決まった役割が与えられていた。母という役割だ。だから女性は教育を受ける必要はないと言われた。子どもと亭主の世話ができて、家事さえできればいいとされていた。

子どものころから、まわりの女性はみんな誰かの家来のような存在だった。母はいつも父の言うことを聞かなければならなかった。シナゴーグの女性たちはみな、しおらしく夫に従っていた。父方の祖父だったベンジャミンは宗教指導者《ラビ》で、家族全員を支配していた。祖父がわたしに期待したのは、18歳で金持ちのユダヤ人と結婚してたくさん子どもを産むこと。わたしはそんなことを望んでいなかった。だから祖父とはうまくいかなかったし、祖父が死ぬまで軋轢《あつれき》は残ったままだった。

男性優位をまざまざと感じたのは、弟のリーが生まれたときだ。リーが生まれたのは1945年5月23日で、わたしの4歳の誕生日の3日前だった。わたしの誕生日に両親がリーを家に連れて帰ってきた。

父が玄関を開け、母が家に入ってきたとき、わたしはウキウキしてはしゃぎまわった。父はバスケットを抱えていて、その中には生まれたばかりの弟がいた。わたしは特別な贈り物をもらったような気がした。もっと近くで見たいと思って弟に駆け寄ると、父がわたしの肩をつかんで押し返した。「あまり近寄るんじゃない」と父に怒られた。「病気になるかもしれないから」。わたしはその場で凍りついた。傷ついたというよりも、わけがわからなかった。母は黙って立っていた。すると父が「リーは男の子だ。うちでは男が上だ」とスパッと言い放った。そのときのショックは今も忘れられない。わたしがどう感じるかなど、どうでもいいと思っているような口調だった。幼い子にあんなことを言うなんて、今でも信じられない。

わたしは最初、まったく意味がわからなかった。わたしが下になるという意味がよくわからなかったのだ。でも、それが自分にとってあまりいいことじゃないのは理解できた。それまで、わたしは家族にかわいがられ、ひとりっ子として目をかけられてきた。それが嫌なこともあったけれど、わたしは家族の中心だった。でも、自分が下だとどうなるかはすぐにわかってきた。弟の望みは叶《かな》えられ、わたしの望みは叶えられないということだ。弟はたくさんおもちゃを買ってもらえるのに、わたしはひとつも買ってもらえなかった。弟の服は新品で、わたしの服はニューヨークのいとこのお古だった。弟はごはんを好きなだけ食べていいけれど、わたしが食べ過ぎると叱られた。

当時を振り返ると、わたしはそれほど気にしていなかったような気がする。母がいつもわたしに愛情を注いでくれていたことも大きい。母は辛抱強く、文句を言わず、父の言葉とは裏腹にわたしを大切な存在だと感じさせてくれた。それに、わたしは弟が好きだった。すごくかわいらしい赤ちゃんで、弟と遊ぶのが楽しかった。弟はリアルなお人形さんのようだったし、母のお手伝いをするのも楽しく、また自分が家族の役に立っているように感じられた。

学校では浮いていた

家族を手伝ってくれる人はいなかったし、両親は弟にかかりきりだったので、わたしは少し大きくなると何でも自分でするのが当たり前になった。一見不運に見えるがこれが実は幸運で、わたしは自立したおかげで思いがけず力をつけた。洗濯も、皿洗いも、掃除も、弟の食事の世話も、お遣いも、ベッドメイクも、床磨きも（うちには掃除機がなかった）できるようになった。大きくなるにつれ、自分で何でもできる自信がついた。一方で、弟のリーはいつも誰かに助けてもらわないと生きていけないと思うようになった。甘やかされているうちに何もできなくなってしまったのだ。家族の献身が裏目に出たのだった。

とはいえ、自立しすぎたわたしは学校では浮いていた。当時の教育とは、強制的に子どもを従わせることだった。わたしはどちらかというとへそ曲がりで、校長先生から叩かれることもあった。アメリカの19の州ではまだ、公立校で体罰が認められているし、ニュージャージー州とアイオワ州をのぞくすべての私立学校でも（あまり知られていないが、知っておいたほうがいい）体罰が認められている。わたしもまた体罰に苦しんだ多くの子どものひとりだった。わたしをどう扱っていいかわからず、持てあましてしまう先生も多かった。

2年生のとき、自分の課題が終わってほかの子どもの課題を手伝っていたら、先生がわたしを机の下に押しこんだことがある。わたしが机の下から同級生に手を振ったので、先生は余計に怒ってしまった。わたしは成績表の「素行」面で「不合格」をつけられた。それは、学業に興味を示さない父がひとつだけ気にした点だった。もちろん、父からは叱られた。

そんなわたしの隠れ家が公立図書館だった。わたしはローラースケートを履いて、小さなサンランド・タジャンガ図書館の分館まで飛んでいき、本の山に埋もれた。読書は自分の頭で考える助けになり、自分の世界とはまったく違う世界への扉を開いてくれた。

ある夏わたしは市内で誰よりもたくさんの本を読破した生徒として表彰された。また、誰よりもガールスカウトのクッキーをたくさん売った。わたしは楽器のレッスンを受けたこともお稽古《けいこ》に通ったことも演奏会を開いたこともなかったが、地元の公立校で借りたバイオリンを毎晩自室で休まず練習した。音楽は今も昔もわたしの情熱の対象だ。5年生になるころにはかなり上達して、学校のオーケストラに入団し、高校ではずっと演奏を続けることができた。お金がなくても音楽があれば癒されることを、わたしは当時からわかっていたように思う。

貧困のせいで、幼い弟は亡くなった

1948年にもうひとり弟が生まれた。名前はデイビッド。家族が増えて、家計はますます苦しくなった。デイビッドは美しい赤ちゃんで、髪は明るい金髪で目は透き通るような青だった。デイビッドはいつも目をキラキラさせて、よく泣いていたことを覚えている。母は3人の子どもに振りまわされて、弟の世話が十分にできないこともあった。わたしは自分なりに母を助けようとがんばった。デイビッドをあやし、デイビッドを抱いて、家の中や裏庭を回った。小川のそばにあるお気に入りの胡椒《こしょう》の木を見せてあげ、あと何年かしたら一緒に木登りしようねと話しかけたりした。

デイビッドがまだ1歳と4カ月のころ、台所の床で遊んでいてアスピリンの瓶を見つけた。デイビッドはおもちゃだと思って、その瓶を振りはじめた。すると錠剤がたくさん飛びだし（当時、まだ中ぶたがついていなかった）、デイビッドは全部口に入れてしまった。母がそのことに気づいたのは、デイビッドが錠剤を全部飲みこんだあとだった。母が病院に電話をかけると、看護師は母にデイビッドを寝かせて数時間おきに様子を見なさいと言った（車は1台しかなく、父が仕事で使っていた）。その看護師がいいかげんなことを言ったのは、わたしたちが治療費を払えないからだったのではないかとわたしは疑っている。母は言われた通りにした。数時間後、デイビッドは嘔吐《おうと》しはじめた。

それからデイビッドを近くの病院に連れていくと、胃を洗浄されて家に返された。デイビッドの具合はますます悪くなった。そこでまた、病院に戻った。だが「病室に空きがない」と言われた（治療費を払えそうにないと見られたのだ）。それで今度は大きなハンティントン記念病院に連れていったが、またしても病室は空いていないと言われ、もう一軒の聖ルカ病院に行った。聖ルカ病院に着くころにはデイビッドは虫の息になっていて、そこでやっと処置してくれることになった。でも、もう手遅れだった。その晩、聖ルカ病院でデイビッドは亡くなった。子ども時代に感じたいちばん強烈な感情は弟の死の痛みだ。わが家は黒い雲で覆われ、両親は最後まで、弟の死から立ち直れなかった。特に母はそうだった。ほかのどんな出来事よりも子どもだったわたしに影響を与えたのが、デイビッドの死だった。でも、もうひとつ、忘れられない思い出がある。

悲劇を体験後、何があっても自分の頭で考えようと決意

デイビッドが亡くなって数カ月後のことだった。当時まだ5歳だった弟のリーが気を失って居間の床に倒れた。母は弟を抱き上げて揺すったが、弟は目を覚まさない。数分もしないうちにわたしも気が遠くなりはじめた。母は弟を抱きかかえて家の外に走りでようとしたのに、わたしにはじっとしていなさいと言った。「ベッドに横になっててね。すぐ迎えにくるから」。そう言って、弟を急いで運びだした。わたしはクラクラしていたけれど、母の言う通りにはしなかった。何かおかしいと思ったのだ。壁に寄りかかりながら家の外に出て、前庭の砂利の上にゴロンと横になっているとだんだん意識が戻ってきた。母が弟とコンクリートの舗道に座っているのが見えた。弟も目を覚ましていた。でもまだまったくわけがわからなかった。母がお隣さんを呼び、数時間後になってやっと壁の暖房器の故障で建物中に一酸化炭素が充満していたことがわかった。弟はいちばん幼くて弱かったので、最初に気を失ったのだ。次はわたしがやられるところだった。もし母の言うことを聞いてそのままベッドにいたら、助かっていなかっただろう。

デイビッドの死とそのあとに起きた中毒事件は、その後のわたしの人生に大きな影響を与えた。わたしは何があっても自分の頭で考えようと心に決めた。どんなときでも、親や先生に盾つくこ

とになったとしても、間違っていると言われても、何がまっとうなのかを自問するようになった。そうしなければいけないと感じたのだ。自分の頭で考えないと、怪我をしたり、死んでしまうことさえある。そこまで思いつめていた。

従順な母を責めていたわけではない。デイビッドが死んだのも、危険が明らかなのに家族全員を家から連れださなかったことも、母のせいではない。でも、ある意味で母にも責任があったし、少なくとも子どもだったわたしはそう感じていた。母も貧困の犠牲者で、ほとんど教育も受けていない移民だった。物事を筋道立てて考えるよう教えられたこともなく、ひたすら権威を信頼していた。当時の多くの人と同じで、母もそんな文化の中で育ってきたからだ。

でもおとなしく従うだけで批判的に考えることができなかったせいで、両親は最愛の息子を失ってしまった。わたしは親とは違う人生を生きると決めた。男の子と女の子が平等に扱われるような人生が欲しかった。自分で賢い判断をして、お金の心配ばかりせずに生きたかった。生まれついた世界から外に出たかった。自分の頭で考えて、絶対にここを抜けだすと心に決めた。

〝不時着〟で出会った男性と恋に落ちる

わたしが家を出たのは、それから8年後だった。カリフォルニア大学バークレー校から奨学金を受けることができたのだ。父は一銭も出さなかったので、奨学金がなければ大学には行けなかった。わたしが金持ちのユダヤ人と結婚するのが父の望みで、大学など必要ないと思われていた。

1959年の8月、わたしはスーツケースを2個持って、バークレー行きのバスに乗り、二度と振り返らなかった。そして大学2年のとき、未来の夫に出会った。それが実験物理学を学んでいたスタンだ。

わたしはバカでかいダンボールの上に乗って、寮の階段を滑り降りていた。いつものお遊びだった。滑り落ちた先がたまたまスタンの足の上だった。そしてわたしたちは恋に落ちた。

スタンもわたしと同じであまのじゃくなところがあった。スタンは、第二次世界大戦中にポーランドのクラクフの線路側で育った。それはユダヤ人をアウシュビッツに運ぶ線路だった。ナチスがスタンの家族のアパートの一部を占領し、家族は小さな2部屋に押しやられた。スタンと弟と母親が生き延びたのは、3人がカトリック信者だったからだ。スタンの父親はポーランド政府の役人でロンドンに赴任していた。戦後、スタンは母親と弟と一緒に貨物船の石炭保管箱に隠れて、スウェーデンに逃げ延びた。父親だけは、同じ船に空きがないと言われて、次の便に乗ることになった。でも、次の便は永遠にやって来なかった。父親は新たな共産政府に、波止場で逮捕されてしまったのだ。スタンの父親は政治犯として投獄され、釈放されたのはスターリンが死んだ後の1955年だった。スタンが権威や政府に強い不信感を持ったのは無理もないことだった。スタンは史実も疑ってかかる人だった。わたしはそんなことなど考えたこともなかった。だが、政府が自分たちに都合のいいように史実を変えることを、夫は経験から知っていた。だから夫が素粒子の中で最も小さなニュートリノの研究に人生を捧げ、アインシュタインの理論に挑んだのもうなずける。夫は宇宙の起源を探し求め、彼なりにこの世界に意味を見つけようとしていた。

結婚したあと、夫はアメリカ国立科学財団の奨学金を受け、ジュネーブとパリで数年を過ごした。わたしはまずジュネーブ大学の国際政治大学院に入学し、それからパリのソルボンヌ大学で学んだ。ジュネーブとパリでの生活は楽しく、フランス語の勉強も会話も大好きだった。それからまたふたりでバークレーに戻り、1年後に夫がスタンフォード大学の物理学講師になったのをきっかけにパロアルトに引っ越した。まだ終身在職権がなかったので、スタンフォードに長居するとは思っていなかったが、1967年に夫は終身在職権のある教員として採用された。信じられないほどうれしかった。

何も知らない新米ママとして

そして1968年に長女が生まれた。わたしも夫も、親になるということの意味がまだよくわかっていなかった。狭い分娩室で長女をはじめて抱いたとき、心の奥底ではそんなさまざまな不安を無意識のうちに感じていたように思う。

わたしは病院のベッドに横たわり、スーザンを胸に抱いて揺らしていた。看護師さんがスーザンをピンクのおくるみに包んでくれ、頭にはかわいらしい黄色のニット帽をかぶせてくれた。夫のスタンがそばに付き添ってくれていた。ふたりとも疲れ切っていたけれど、気分は宙に舞い上がりそうだった。その瞬間、すべてがはっきりとした。娘をひと目見た瞬間から、いとおしいと思った。娘を守りたい。最高の人生を与えたい。娘が羽ばたけるようにできる限りのことをしたい。そんな原始的な本能を感じたのだ。

でもまもなくすると、疑問と心配が心に忍びこんできた。わたしは赤ちゃんの抱き方も、オムツの替え方も知らなかった。産休に入ったのは出産の3週間前で、準備の時間もあまり取れなかった。それに、そもそも何を準備すればいいのかもわかっていなかった。産後の少なくとも6週間はのんびり過ごしなさいと医師には言われていた。友だちと同僚はあれこれとアドバイスしてくれたけれど、言うことがみんなてんでバラバラだった。お産は時間がかかってすごく苦しいと聞いていたし、赤ちゃんの扱いは難しくてやってはいけないことが多いと言われたし、粉ミルクのほうがいいとも教えられた。大人向けの栄養の本も何冊か読んでみた（当時は子ども向けの栄養の本はなかった）。とりあえずベビー服と小さなプラスチックのベビーバスを買った。

そして心の準備ができないうちに、スーザンは突然わたしの腕の中にやってきた。ポワポワのピンクの髪の毛の生えたスーザンが、大きな青い目でわたしを見上げていた。その眼差しはまるで、わたしが赤ちゃんをどう扱ったらいいか完璧にわかっているとでも言いたげに見えた。

明日にも退院というときになって、本当に心配でたまらなくなった。まだ1968年のことだ。当時は産後3日間、入院できた。今はほとんどの病院では2日で退院となる。回復の時間を与えられない今のお母さんたちが気の毒だ。

「もう1日伸ばしていただけますか?」。切羽詰まったわたしは、もじもじと看護師に頼みこんだ。「赤ちゃんをどう扱ったらいいか、見当もつかないんです」

翌朝、その看護師さんが即席の母親教室を開いてくれた。ありがたいことに、オムツの替え方も教えてくれた。当時はまだ布オムツを安全ピンで留めていた時代だ。看護師さんは「安全ピンが赤ちゃんに刺さらないように確かめて」と教えてくれた。だからスーザンが泣き出すといつもまず、安全ピンを確かめていた。

当時はまだ母乳は一般的ではなかったけれど、わたしは母乳にしようと決めていた。看護師さんが正しい抱き方を教えてくれて、腕で赤ちゃんの頭を支える抱き方を見せてくれた。授乳のときに、赤ちゃんがしっかりと「吸いついているか」を確かめることも教わった。授乳は意外に難しく、母乳が赤ちゃんの顔や体に飛び散ってしまうこともあった。4時間おきに授乳するのが理想で、わたしはできる限りきっちりと時間通りに授乳することにした。

「赤ちゃんをしっかり抱きしめてあげてね」それが最後のアドバイスだった。そして夫とわたしの子育てがはじまった。

自分の親とは違う子育て方法

もちろん、母親になれて天にも昇る気持ちだったけれど、子育ては思っていたよりずっと大変だった。夫は一家の養い手としてわたしたちが安定した生活を送ることに力を注いでいた。スタンフォードの教授職は過酷な仕事だった。「論文を発表できなければ学者として終わり」という重圧を常に感じながら、四六時中働き詰めだった。しかも、学会や発表のために世界中を飛びまわっていた。研究分野が素粒子物理学だったので、ニューヨークのブルックヘイブンや、シカゴのフェルミ国立加速器研究所やジュネーブの欧州原子核研究機構《CERN》をしょっちゅう訪れていた。今もわが家のファミリールームの壁には、夫が訪れた場所に押しピンを刺した世界地図が掛かっている。押しピンの数は数百にもなる。家にいるときの夫はいい父親だった。でもほとんど家にはいなかった。わたしは不満を溜めこみ、もっと助けてほしいと思ったりもしたけれど、そのうちに慣れていった。

３人の娘の子育てはわたしに任されていた。病気のときには地元のカイザー病院の医師に頼ったけれど、子育てのアドバイスはもらえなかった。友だちのアドバイスはわたしには合わなかった。子育て本を読んでみたけれど、どれも腑《ふ》に落ちなかった。

ただし、１冊だけなるほどと思ったのが『スポック博士の育児書』（暮らしの手帖社）だった。スポック博士は１９６０年代の子育て界の大御所で、その著書はベストセラーになっていた。スポック博士のメッセージには、最初から共感できた。博士はわたしを含めて数多くの新米ママに、こう教えてくれた。「あなたが思うよりずっと、あなたは子どものことを知っている。（中略）最高の親になりたいと思っていても、何が最高なのかは必ずしもはっきりしていない。まわりを見回せばどこにでも子育ての専門家がいて、あなたにああしろこうしろと指図してくる。でも人によって言うことはバラバラだ。今の世界は20年前とは違い、古いアドバイスが今も役立つわけではない」。この文章を読んで、スポック博士が直接わたしに話しかけているような気がした。古いアドバイスは、わたしには合わなかった。わたし自身が育ってきた宗教や文化は、わたしを人として認めてくれなかった。その道の専門家や権威は、わたしのことを親身に考えてくれるわけではない。娘たちにとって何がいいのか、わたしにとって何がいいのかを知っているのはわたしだけだ。

スポック博士の育児書を読んだ母親は多いが、わたしのようなやり方で子どもを育てた人はほとんどいなかった。わたしは自分の子ども時代に逆らうことで、自分の道を見つけた。何としてでも昔の子育てのパターンを避けようとした。意識していないと、子ども時代のわたしを苦しめた行動や価値観を、娘たちに押しつけてしまいそうで心配だった。精神面でも身体面でもわたしと母は強く結びついていたので、娘とも同じように強い絆を結びたかったけれど、それ以外は親の真似はしなかった。

もし親と違う子育てをするつもりなら、自分の子ども時代にきちんと向き合わなければならないことに、わたしは気がついた。このことは本には書いていなかった。スポック博士もそのほかの誰からも教わったわけではない。ただ自分がどう育てられたかに向き合ったほうがいいと思えたのだ。何も考えず子育てをしていたら、親と同じやり方をしてしまう。受け身にならず、積極的に自分と向き合わなければ、やり方は変えられない。それには、並々ならぬ忍耐と決意が必要だった。

子ども時代の振り返りが、いい親への第一歩

あとになって、そのときのわたしの直感は、愛着理論として証明された。愛着理論を最初に提唱したのはイギリス人科学者のジョン・ボウルビィで、ボウルビィは1950年代から人間の絆についての研究を続け、新たな説を唱えていた。彼の唱えた愛着理論とは、幼児のころの親との触れ合いが、大人になってからの他人との関わり方に大きく影響し、何より配偶者や自分の子どもとの関係に影響するという説だ。

1970年代に、ミネソタ大学の心理学者だったアラン・スルーフェは、ミネソタ州での親子長期研究のデータを集めはじめた。ボウルビィの理論に着想を得たスルーフェは、幼少期の愛着を測ることで、大人になってからの行動が予測できるかを知ろうとした。この長期研究の結果を見ると、乳幼児期の愛着は大人になってからの行動にまさしく大きな影響を与えていた。特に影響が大きかったのは、自立心、感情抑制、協調性だった。スルーフェたちは、「愛着体験は、社会の中で友だちと付き合ったり、目の前の難題を克服したりするための基本的な態度ややる気や感情といった性質を形成する」のを明らかにした。言い換えると、幼少期の愛着は人生をうまく渡っていくためのコンパスになりうるということだ。

たとえば、自立心を例にあげてみよう。スルーフェの研究によると、愛着を抑圧したり避けた

りする幼稚園児は、先生に頼りがちだと言われる。また、別の分析では、親との絆がしっかりとできている子どもは、小学校になじみ、16歳の時点で友だちが多く、大人になってからは恋愛関係のもつれをうまく解決できることがわかった。

こうした研究結果は、わたしたちがすでにわかっていることを裏付けている。つまり、子ども時代の体験が大人になってからのわたしたちに大きく影響しているということだ。

でも本当におもしろくなるのは、ここからだ。メアリー・メインという心理学者は、こうしたパターンが人生経験を経て変わる可能性があるのか、もし変わるとしたら、どのように変わるのかを知ろうとした。調査のために、メインたちは「大人愛着調査」というアンケートを開発した。この調査面談では、対象となる大人が研究者に子ども時代の体験を語り、アンケートに答える。質問は、たとえば「両親のうち、父親と母親のどちらをより近しく感じていましたか？　それはなぜですか？」とか、「子どものころに動揺したのはどんなときでしたか？　あなたが何をしてどんなことが起きたんですか？」とか、「子ども時代の体験全般が大人としてのあなたの人格にどう影響していると思いますか？」といったものだ。この調査からは画期的な結果が生まれた。人は、人生経験を通して、愛着パターンを変え修正できることがわかったのだ。

負の連鎖を止め、愛着を築く

わたしたちは、不安定な愛着から安定した愛着へと行動を変えることができる。でもどうやったら変えられるのだろう？　親以外の人とのいい関係（これまでと違う愛着の形に触れることができる）はひとつの助けになる。でも、それと同じくらい大切なのは、自分の幼少期を意識して見直すことだ。調査対象者の中でも、筋道立てて子どものころの出来事を話し、親について深く考え、親たちが何に苦労していたかを話せた人は、たとえ子どものころにトラウマや喪失やつらい出来事を経験していても、安定した愛着を示すことができていた。子ども時代の話に一貫性がなく、否定的だったり矛盾があったりする人は、大人になっても愛着不安が見られた。

今言ったことは、誰もが直感的にはわかっている。人は自分が育てられたように子どもを育てがちだ。そのやり方しか知らないのだから。家族の価値観は幼少期に深く刷りこまれてしまうので、その影響の大きさを感じたり理解するのは難しいものだ。自分の言動が昔の親の言動と同じだと気がついて、なぜこんなに同じなのだろうと不思議に思ってしまうこともあるはずだ。家庭内暴力が何世代も続く家庭もある。破壊的な行動パターンが親から子へと延々と受け継がれてしまうのだ。虐待を受けた子どもの3分の1は、親になると自分の子どもをネグレクトしたり虐待してしまうという研究もある。

だから、親になって最初にすべきなのは、みずからの体験を振り返ることだ。簡単に思えるけれど、実はこれがなかなかできない。カリフォルニア大学ロサンゼルス校で研究する精神分析医のダニエル・J・シーゲルは、著書の『脳をみる心、心を見る脳』（星和書店）でこう言っている。「子どもが親とのしっかりとした愛着を築けるかどうかは、親が子どものときにどんな体験をしたかではなく、自分の子ども時代の体験にきちんと向き合えるかどうかにかかっている」。自分の人生に真摯《しんし》に向き合った経験が、安定した愛着につながるのだとシーゲルもメインもそのほかの研究者も唱えている。つまり、過去を意識的に振り返ることで誰でも安心感を「習得する」ことができるし、それを子どもに伝えることができるようになる。

自分の親を許すことで前へ進める

こういったことをもっと早く知っておきたかった。自分の体験をどう振り返るか、何を自問するか、どんな答えを探すべきかを誰かに教えてほしかった。でもわたしは自力で何とかするしかなかったのだ。子育てはある意味で実験のようなものだった。わたしのやり方はうまくいっていた。娘たちは元気でいきいきと能力を発揮していた。とはいえ、思いがけない難題にもたくさんぶつかった。

意識して努力を重ねた中でわかったことがある。それは、子育ては人間として成長する最高のチャンスを与えてくれるということだ。シーゲル博士は別の著書の中でこう言っている。「親が過去の出来事にモヤモヤした気持ちを抱えたまま責任を引き受けられずにいると、いい親になるチャンスを失うだけでなく、自分自身も成長できなくなってしまう」。言い換えると、自分がセラピストの役目を引き受けて子ども時代を見つめ直さない限り、最高の親にはなれないということだ。

親の視点に立つことで、子どものころにはわからなかった親の苦労がわかるようになる。子どもに見える範囲は限られていて、自分の親がなぜそんな行動をとるのかをすべて理解することはできないのだ。

子ども時代の思い出が間違っていることもある。大人になってから昔住んでいたサンランドの石造りの家に戻ってみたことがある。記憶の中の家は大きくて、裏庭が丘のふもとまでずっと続いていた。でも再訪してみて、あまりの小ささにショックを受けた。家族５人でここに住んでいたなんて、信じられなかった。裏庭も狭くて、隣の平屋はすぐそばだった。この家で起きた悲しい出来事はわたしの人生とわたしという存在にあまりに大きな影を落としていたので、頭の中で大きな家を作りあげていたのだろう。だが実際には、貧乏な家族が住む、質素な石造りの家だった。その家を目にして、両親がどれほど苦労していたかがわかった。父もまた、ほかの多くの欠点ある親たちと同じで、ある意味で状況の犠牲者だったのだ。父は肉体労働を強いられ、自分に手を差し伸べてくれない世界に怒りを感じていたはずだ。わたしたちのために、芸術家になる夢もあきらめた。偉そうな振る舞いも、父が生まれ育った文化がそうさせたものだった。そうしたことを理解したわたしは、父を許すことができた。父の期待に逆らう形でわたしは成功したけれど、父を許すことでわたしも前に進めると心の底ではわかっていた。

娘たちは社会で重要な判断ができるようになった

子育てとは、文化を次の世代に引き継ぐことだ。自分の核になる原則や価値観を子どもに伝え、ありったけの知恵と洞察を使って誰かの人生をよりよいものにするチャンスがそこにある。また、その影響は無限大だ。

人を教えることについて、こんなことわざがある。「教師の影響は永遠だ。その影響がどこまで広がるかは、誰にもわからない」。子育てにも同じことが言える。あなたの子育てが未来の世代に想像もつかないほど大きな影響を与えるかもしれない。

何より大切なことは、わたしたちが子どもに伝える原則や価値観が人の道にかなっているかどうかであり、それが社会に広まることが望ましい原則や価値観なのかという点だ。わたしたちはみんな、コミュニティの一員であり、国家の一員であり、地球の一員だ。あなたは、次のその次の世代に受け継いでほしいことを、子どもたちに教えているだろうか? それはよりよい生活や文化や世界に役立つだろうか?

正統派ユダヤ教の伝統を離れたあともまだ、女性だからと差別されることは多かった。ジャーナリストになっても、サンフランシスコ記者クラブに足を踏み入れることはできなかった。記者クラブの会員は男性に限定されていたからだ。1970年代には、女性がクレジットカードを持つこともできなかった。だから、もちろん娘たちには違う道が開かれてほしいと思っていた。娘がなりたい人になれる道が開かれてほしいと思った。夫に黙って従うことを求められず、自分の意見をはっきりと言えて、人生の情熱を追求できる道ができることを望んだ。娘たちには早いうちから多少なりとも自分で決めることを覚えてほしかった。そこで、判断力を養わせようと心に決めた。いつも、「ぶどうとりんごとどっちがいい？」「お絵かきと外遊びとどっちがいい？」と聞くことで、とても幼いころから娘たちが賢い判断ができるように助けてきた。

そして40数年後の今、娘たちが医療やメディアの世界で極めて複雑で重要な決断を下しているのを見て、ハッとしてしまう。では、このことが読者のみなさんにどうつながるのだろう？　この本を書いたのは、読者のみなさんに役立つ子育ての方法を、みなさんが理解し、考え、実行することを助けるためだ。この本を通して、みなさん自身とお子さんとご家族とこの社会と未来の世代に前向きな影響を与えられると思っている。

でも、それは言うは易《やす》し、行なうは難《かた》しだ。家庭の文化はなかなか変わらないし修正も難しい。でも、わたしはこの難しい課題に挑戦したかった。たったひとりの子どもでも、力を与えられ、目的をとことん追求する人間になれれば、親にも家族にも地域社会にも、そして全世界にもいい影響が与えられる。それは強力な波及効果を生むはずだ。そのはじまりは、家庭にある。

あなたの今のトリック度をチェックしてみよう

わたし自身は自己流でやってきたけれど、何らかの導きがあればもっと楽に子育てができたはずだ。だから、この本がみなさんにとって子育てのガイドになればと願っている。みなさん自身の体験を振り返り、長い人生を成功に導く価値観とその体験が一致しているかどうかを考える助けになるような質問をここにあげてみた。また、配偶者の価値観とみなさんが属する社会の価値観も振り返ってみてほしい。どちらも子育てに大きな影響を与えるものだ。

こうした振り返りは、第一子を迎えようとしている人にも、反抗期のティーンエイジャーを抱える親にも、大人になったわが子との関係を修復しようとしている人にも、子育てのどんな段階にいても役に立つはずだ。

また、教師にも、祖父母にも、子どもの心身の健康に責任のある人なら誰にでも役に立つと思う。信頼、尊重、自立、協力、そして優しさは誰にでも必要だ。この大切な価値観を実践するためにはまず、その5つを意識することからはじめなければならない。

この本を読み進めながら、ぜひ次に挙げた問いを自問してほしい。この問いに答えることで、自分の子ども時代のどの部分を残し、どの部分を捨てたらいいかがわかってくるはずだ。この問いを振り返り、日記に書き記してもいいし、配偶者や信頼できる友人と話し合ってもいいだろう。

1　家族について

あなたの家族はトリックの価値観を大切にしていたか、それともないがしろにしていたか？改善できるところや修正できるところはどこだろう？

●**信頼**――あなたの家庭は信頼できる環境だっただろうか？　親はあなたを信頼していたか？　家族の中ではどんな形で信頼を表していただろう？　信頼が裏切られたことがあったか？　もしあったとしたら、どんなふうにそれが解決されただろう？　子ども時代に身につけた信頼をより強いものにするにはどうしたらいいだろう？　子どもが信頼できる環境をどう作ったらいいだろう？　子どもとの信頼関係を築くためにできる、ちょっとしたことは何だろう？　リストを作ってみよう。

●**尊重**――子ども時代に親や周囲が自分を尊重してくれていると感じられたか？　あなたの考えや意見は、きちんと受け止められていたか？　自分が家族の大切な一員だと思えたか？　自分が尊重されていないと感じたことは？　もしそう感じたら、ふたたび尊重してもらえたか？　どうやってふたたび尊重してもらえるようになっただろう？　子ども時代に尊重について学んだことを改善するにはどうしたらいい？　子どもを尊重していることを示すためにできるちょっとしたことは何だろう？　何か特別なイベントがあるときに子どもに着たい服を着せるとか、ディナーパーティーのメニュー作りを手伝ってもらうといった、簡単なことでかまわない。リストを作ってみよう。

●**自立**――子ども時代に自立していると感じられたか？　それとも、食事も掃除も宿題も親に頼っていたか？　親はあなたの自立をうながすためにどんな段階を踏んでいただろう？　幼いころに自立について学んだことをどう改善できるだろう？　子どもの自立をうながすために、何ができるだろう？

●**協力**――あなたの家庭では、家族が協力しあっていたか？　親はどんなふうに協力をうながしていただろう？　家族がチームとしてうまく回っていると感じられたか？　それともいつも誰かひとりが指図していたか？　子ども時代に協力について学んだことをどう改善できるだろう？　協力をうながすためにできるちょっとしたことは何だろう？　子どもが選んだ地域貢献活動をやらせてみてはどうだろう？

●**優しさ**――家庭の中で、どんなふうに優しさは表されていただろう？　今自分が持っているものに感謝したりありがたく思うことを教えられたか？　地域の人たちに対して奉仕の心を持つように育てられたか？　優しさについて子ども時代に学んだことを、どう改善できるだろう？

2　文化について

あなた自身の出身地域、文化、宗教もまた、子育てに大きな影響を与える。

あなたの地域や宗教（もしあれば）の中で、子育てに関して「当たり前」と思われていることは何だろう？　その中であなたがいいと思うこと、悪いと思うことは何だろう？　どの習慣が改善されただろう？　変える必要があるのはどれだろう？　たとえば、子どもが遭《そう》遇《ぐう》しそうなあらゆる障害を取り除いて、どんな危険にもさらさないような子育ては、除雪車になぞらえて、「除雪車式（スノープラウ）子育て」と呼ばれる。

逆に、自立とやり抜く力を子どもに教えるには、どんな経験をさせたらいいだろう？　子どもの成長を妨《さまた》げる可能性があるのは、あなたの文化のどの側面だろう？

3　パートナーの家族と文化について

パートナーと一緒に子どもを育てる場合には、チームとしてどううまくやっていくかを考えるために、次の問いに答えてみてほしい。さまざまな子育て方法のいい点と悪い点をふたりで話し合うといい（言い合いではなく）。なるべく早い時期に話し合っておくべきだろう。

自分の親の子育てのいちばんいい面はどこだったか？　パートナーのどんな考えや慣習が子どもの成長に役立つだろう？　いろいろな方法のいい点だけを組み合わせた子育て哲学を作りだせるだろうか？

わたしと夫は、自分たちがどんな親になるのか想像もつかなかった。そのうちお互いの子育ての流儀が正反対だということがわかってきた。夫はわたしとはまったく違う文化の中で育ってきた。彼の父親はロンドンに単身赴任しており、夫は爆撃を逃れるため、弟と母親と一緒にポーランドの田舎に疎開していた。そんなわけで、長女ができたとき、夫はポーランド流に厳格に娘をしつけようとした。ポーランドの文化では、子どもを叩くのは当たり前だった。でも、叩かれた経験のあったわたしは、叩くのが当たり前だとも役に立つとも思わなかった。子どもを殴ったり叩いたりしたくなる気持ちはわかる。わたしのように陽気な人間でも、そんな衝動を覚えることはあった。でもわたしは子どもと心でつながりたかった。子どもたちに優しく接したかった（わたしのやり方を押し通せたのは、夫がしょっちゅう家を離れていたせいもある。闘わずして勝ったというわけだ）。

子育てに対する考え方の違いは、夫婦関係の大きなストレスになり、離婚につながることさえある。お互いの価値観や、相手の子ども時代の環境と育った文化の背景を理解する努力をしてほしい。

トリックを使った子育てはどんな文化にも応用できる。トリックの価値観はあらゆる文化に普遍的に備わったもので、今もこれからも、世界ではますますこの価値観が人の健康と幸福と成功の土台と見なされるようになっていくだろう。

完璧でない、ありのままの自分を受け入れる

親も人間だ。どれだけ考え抜いて計画しても、かならず間違いをやらかしてしまう。わたしも数えきれないほど失敗してきた。ほかの子どもがしたことを誤解して、違う子どもに罰を与えたこともあるし、理由もないのに怒ってしまったこともあるし、シャンプーだと思って違う液体で子どもたちの頭を洗い、それが子どもの目に入ってしまったこともある。キャンピングカーで大陸横断の旅に出て、パロアルトからシカゴに向かっている途中で、アンの足や体に虫刺されのよ

うなポツポツがたくさん出ていたので、わたしは蚊に刺されたのだろうと思って、市販の虫除けスプレーをかけ続けていた。それが水疱瘡《みずぼうそう》だと気づいたのは、何日もたってからだった。

家族でスイスのジュネーブに引っ越したとき、ジャネットは3歳でアンはまだ赤ちゃんだった。ジャネットは妹のいる生活になかなか慣れてくれず、アンを病院に戻してほしいとわたしに頼んだ。「ママ、アンと遊ぶのもう飽きた」とよく言っていた。そのうえ、新しい文化（スイス）と新しい言語（フランス語）に慣れるのも大変だった。あのころのジャネットには安心できる環境が必要だったのに、何もかもが一気に変わってしまった。それがジャネットにとっても、家族みんなにとっても、どれほど大変なことかを、わたしは十分にわかっていなかった。でもどんな家族でもそうだと思うが、わたしたちもそのときにできる最善を尽くすしかなかったし、この経験がジャネットのやり抜く力を育み、自立をうながしたことは間違いない。

大人になった娘たちはいまだに、夫とわたしの子育ての失敗談を冗談のネタにする。アンはもっとテニスを練習したかったと言い、スーザンはもっと絵画教室に通いたかったと言い、ジャネットはピアノをもっと習いたかったと言う。3人とも、犬をもう1匹飼いたかったとしょっちゅう言っている（もちろん、こんなことは、娘たちが幸せな大人になったから言えることだ。シャレにならないような深刻な失敗もあった。本当だ）。

子どものためにストレスも困難もないような環境を作ることが、親の務めではない。つらく苦しい経験が成長につながることは多い。親の務めは、困難とその結果得られる成長を子どもから奪わないことだ。親は完璧でなくていい。でも、子どもたちがトリックの価値観を使って逆境を乗り越えられるように育ててほしい。

いつも心にトリックを

完璧な親も、完璧な配偶者も、完璧な子どもも存在しない。

誰しもただ最善を尽くすしかない。どんなときにもトリックの原則を使い続け、あきらめないことだ。

失敗しても自分を責めないでほしい。誰よりもまず先に、自分を許してほしい。人生は複雑で大変だ。親として逆効果になることをしてしまったら、それを認めて同じ間違いをしないよう努力するしかない。

でもまた同じミスをしてしまうこともある。しかも何度も。子どもも親も、学ぶには時間が必要だ。まず子どもと親密な関係を築くことに力を注ぎ、子どもたちがあなたの誇りになるように、トリックの価値観を心に留めて子どもを育ててほしい。善良な人間を育てることこそが、親の望みなのだから。

どんな人にも物語がある。誰しもトラウマがあり、悲劇を経験している。

わたしは何としてでも自分の子どもも時代を繰り返さないと心に決めていたけれど、わたしがどんなに努力しても娘たちが困難を経験することもわかっていた。

わたしの務めは、完璧な親になることでもなければ、娘たちの人生を完璧なものにすることでもなかった。自分自身を振り返り、必要のない痛みを子どもたちに与えないことがわたしの務めだった。

この本を通して5つの価値観に触れながら、あなた自身の体験を問い直し、振り返ることをお勧めしたい。改善できる部分はどこなのか、またどうしたら改善できるのかを考えてほしい。そして積極的に変わろうとしてほしい。あなたのために、子どもたちのために、そして世界のために。

T
Trust —— 信頼

R
Respect

I
Independence

C
Collaboration

K
Kindness

2章　自分を信じよう、そして子どもを信じよう

子どもは意外と自分で何でもできる

サンフランシスコの朝早く、わたしはものすごい渋滞にはまってしまった。その週、わたしは孫の世話を任されていた。娘のジャネットがルワンダとケニアで幼児の栄養調査を行なっていたからだ。孫たちを学校に送り届けるのが、わたしの朝一番の仕事だった。学校への送り迎えなど大したことはないと思われそうだが、渋滞のひどいベイエリアではこれがひと苦労なのだ。しかも、孫たちの学校は街の反対側にあった。そのうえ、孫息子のひとりが宿題を家に忘れてきたので、ひとりの孫をいったん学校で降ろしてから、家に引き返して宿題を学校に届けることになってしまった。

10時ごろにやっと送迎が終わると、今度は犬を散歩させ、2匹の猫に抗生物質を投与する仕事

が待っていた。ジャネットが家を出る直前に、愛猫が何かに感染してしまったのだ。朝ごはんを片づけたのは、そのあとだった。娘は毎日どうやってあれこれの仕事を片づけているのだろうとため息が出た。わたしときたら、渋滞だけでどっと疲れてしまったのだ。うちの娘たちはひとりで学校に歩いていっていたけれど、今はそんな時代じゃないようだ。

翌日の土曜はさらにドタバタな一日だった。でも、前日とは違う種類のドタバタだった。

わたしはジャネットの子どもたちの世話に加えて、スーザンにも手を貸していた。スーザンから娘たちを量販店のターゲットに連れていって学用品の買い物をさせるように頼まれたのだ。それにジャネットの息子を散髪に連れていく必要もあった。いいかげん、散髪してほしかったのだ。孫息子はまるでボサボサのムク犬みたいだった。

郊外のロスアルトスでは、渋滞はそこまでひどくなかったが、雑用が山積みだったので、その土曜だけは孫の送迎を学びの日に変えてみることにした。

わたしが孫たちを信頼していることを、行動で示してみようと思った。運転は控えめにして、信頼を多めに示すことにした。そのほうが孫たちも楽しいはずだ。だったら両得だろう。

初めてのお遣い

孫息子（12歳）をまず美容室に連れていき、自分で美容師さんに希望を伝えさせることにした。

孫は自分がどんな髪形にしたいかわかっていたし、もうかれこれ1年間も同じ美容室に通っていた。

孫息子を美容室で降ろしたあと、残りのふたりの孫娘（どちらも8歳）を量販店まで車で送った。車の中で必要な学用品のリストをみんなで確認し、孫娘たちはそのリストを携帯電話に記録した。そして、1時間後にレジで待ち合わせることになった。支払いはわたしが着いてからカードでするけれど、リストにあるものを全部買い物カゴに入れるまでは、孫娘たちの責任でやることになった。もし何かあったときには、わたしに電話するように伝えた。でも、孫娘たちは大丈夫だと確信していた。孫娘たちとはこれまでもう十数回も一緒に買い物している。お店で行儀よく振る舞うことも、カートの使い方も、ふたりで一緒にいることも、必要なものをどうやって見つけるかも教えていた。娘たちにも同じようにやり方を教えたのだ。

わたしは娘たちが幼いころに、パロアルトの自宅に近い地元の小さなスーパーマーケットで、買い物の仕方を教えていた。娘たちは自分たちだけで自転車でスーパーマーケットに行き、おこづかいの範囲内で買える小さなおもちゃやキャンディを選ぶのに、何時間も悶々《もんもん》と考えこんだものだった。買えるのは1ドルまでと決まっていたので、娘たちは注意深く計算し悩んだ末に決めていた。家に帰ってくるときには大好きな小物のたくさん詰まった紙袋を抱え、誇らしげに満面の笑みを浮かべていた。

わたしが根っからの教師だからかもしれないが、買い物は子どもの自主性を育てる絶好の機会だといつも思っていた。それに、楽しみながら学ぶことができる。人生に役立つスキルをできるだけ早いうちに身につけられるよう手助けをしたほうがいいのでは？　しかもお遣いがちょっとした冒険になれば、親のストレスも減るはずだ。

わたしは孫娘たちがガラスの回転ドアを押して量販店に入っていくのを見届けた。何十年も前に娘たちを見送ったときと同じ、誇らしい気分だった。それから、孫息子のいる美容室に車で戻った。孫息子は予定通りわたしを待っていた。もじゃもじゃ頭がすっかり短くなって、ピカピカの美男子になっていた。孫息子を車に乗せて量販店に戻る途中、ラジオでビヨンセの曲を聴きながら、頭の中で夕食の献立を考えていた。量販店にもうすぐ到着するところで、わたしの携帯電話が鳴った。

電話はスーザンからだった。わたしが孫息子の髪が素敵になったことを伝えると、スーザンは孫娘たちはどこにいるのかと聞いてきた。

「今、お店で買い物してるわよ」と答えた。

「子どもだけで置いてきたの？　どうかしてるわ！」

娘の剣幕にわたしは驚いた。ただの量販店だというのに、まるで監視がないと危険な場所のように娘は話していた。

「ターゲットよ。健全な店だわ」

「でもママ……」

「それに、あの子たちは自分で買い物くらいできるのよ。終わったら連絡をくれることになってるわ」

スーザンの口調は丁寧だった。いや、感情を抑えていたのだろう。でもカンカンなのは明らかだった。量販店の駐車場に車を入れると、中で孫娘たちが待っているのが見えた。エンジンを切りながら、スーザンに孫娘たちは大丈夫だと伝えた。

「子どもたちだけにしちゃダメじゃないの。危ないから」とスーザンは言う。

「あら」孫息子と一緒に入り口に向かって歩きながらわたしはこう言った。「ふたりともすっごく元気そうだけど」

終わってみれば、万事オーケーだった。スーザンは数分のあいだハラハラしていた。心底心配したようだ。でも孫たちとレジで落ち合い、ふたりとも何の問題もなく必要な学用品を上手に選んだことを報告して、安心させた。

孫娘たちにとってはとてもいい経験だった。自分たちだけで買い物を楽しみ、力を与えられたと感じていた。娘のスーザンにとっても、ちょっとした発見になった。自分が思っているより、子どもたちはいろいろなことができるとわかったのだ。

とはいえ、世界のどこでも子どもを店に置いてきていいわけではない。どこなら安全か、どこなら安全でないかの見分けは大切だ。それから、子どもが自力でできることを大人がどのくらい信頼できるかも大切だ。新学期の学用品の買い物（世界中の親のストレスのもと）は、はじめてのお遣いとして最適だ。

怖がりすぎる親たち

すべての親にわかっていてほしいことがある。デジタル時代が訪れ情報伝達が簡単になったことで、信頼が危機にさらされているということだ。そして、このことがわたしたちの生き方を変え、子育てのあり方を変えている。

今のわたしたちは自分を信頼できず、直感を信じられず、隣人や同じ国民を恐れている人も多い。だが、信頼のない人生は悲惨だ。信頼を失うと人として機能できなくなる。わたしたちは怖がりすぎ、心配しすぎるようになってしまった。するとどうなるだろう？　自分の恐れと不安を子どもに投影してしまうのだ。子どもたちは大人と同じように神経質で怖がりになり、大人になれない子どもがますます増えていく。これが家族だけの問題だと思ったら、大間違いだ。世界的な信頼の崩壊は、精神衛生にも、人間関係にも、ビジネスにも、外交にも、よくない。特に民主主義にとってよくないことだ。

不信はわたしたちの生活のあらゆる面に入りこんでいる。調査会社のエデルマンが行なうグローバルな信頼度調査の「トラストバロメーター」によると、2018年にアメリカ人が自国に抱く信頼度は9ポイント低下していた。これは過去最大の低下幅だ。イタリアは5ポイント低下し、アイルランドと南アフリカと日本とロシアは自国に対する信頼度が参加国中最低ランクだった。

国だけでなくわたしたちの住む地域でも同じことが起きている。ピュー研究所の報告によると、アメリカ人の中で近所の人たちをほぼみんなあるいは全員信頼していると答えたのは、52パーセントに過ぎなかった。さらに困ったことに、ほとんどの人を信頼できると答えたミレニアル世代〔訳注：1981～96年生まれの人々〕は、全体の19パーセントしかいなかった。すべての年齢層の中で、この世代がいちばん低かった。

ここパロアルトは、アメリカで最も安全な地域のひとつだけれど、子どもたちが外で遊んでいる姿や、学校に歩いていく姿はめったに見かけない。娘たちが幼いころは、子どもの姿をあちこちで見かけた。道路脇には運転者向けに「速度落とせ――子ども飛び出し注意」の標識が立っていた。もうその標識はない。子どもは自宅の裏庭で遊ぶか、家の中で携帯電話をいじっている。

親はお隣さんを信用して子どもを預けたりしないし、保育園だって信用していない。子育てブログには「ベビーシッターは信用できる？」や「保育園が親に知らせたくない10のこと」といった記事があふれている。ベビーシッターを監視するためにカメラを設置しなければならないほどだ。近ごろではドッグシッターさえ、カメラで監視する人もいる。

信頼の崩壊は学校にも影響している。教師は生徒とふたりきりになることが許されなくなった。生徒を絶対にハグしてはいけないとも注意される。

わたしの勤めるパロアルト高校で、わたしはある子どもを車で家に送っていこうとして、問題になりかけたこともある。その子どもは実はわたしの孫で、その日わたしの授業を見学に来ただけだと証明できたので何とか助かった。

教師も信頼されていない。だから、生徒に州の統一テストを課して、教師にも余計な重荷を背負わせている。教師が教えるべきことをきちんと教えていると信じている人はどうもいないようだ。統一テストの点数が悪いと、教師のせいにされる。本当は時代遅れのカリキュラムや人手不足やサポート体制の弱さが原因かもしれないのに。親は学校では誰も信用できないと感じている。スタッフも、教師も、ほかの生徒や親たちでさえも、信用していない。教師の半分は5年で仕事を辞める。退職の主な理由は信頼と敬意がないことだ。教師不足の州は多く、教師のなり手はますます少なくなっている。

人間は信頼できるし、世界はどんどんよくなっている

今の時代は、24時間365日、絶え間なくニュースが目や耳に飛びこんでくる。背筋が凍るような話をわたしもしょっちゅう耳にする。だから親たちが怖がるのも無理はないと思う。これほど不信が広まり、先が見えない世界で、怖がるのは当たり前だ。

このあいだ、昔教えた生徒にばったり会った。生後2カ月の赤ちゃんを抱えたその生徒と立ち話をしていると、こんな危険な世の中で子育てをするのが怖いと言っていた。ここは世界でいちばん安全な街、パロアルトなのに。

怖い話や恐ろしいニュースばかりが目に入るが、みんなオンラインの情報に惑わされすぎている。統計を見て、危険すぎるという思いこみを見直したほうがいい。

スティーブン・ピンカーは『21世紀の啓蒙』（草思社）の中で、そんな思いこみに真正面から切りこんでいる。世界がますます危険になり、先が見えなくなり、争いが増えているという恐れに対して、ピンカーは次のように答えている。

新聞を読んでいると、今は戦争と犯罪が蔓延《まんえん》する大変な時代だと思ってしまう。だがそんな印象とは逆に、人は人間らしく暮らせるようになり、寿命は伸び、戦争は減り、戦死者の数も減っている。殺人も減っている。女性に対する暴力も減っている。女子も含めて学校に通える子どもは増えている。識字率も上がっている。娯楽の時間も昔より増えている。根絶される病気も増えている。飢饉《ききん》もめったになくなっている。つまり、この200年のあいだに、人間のいわゆる「ウェルビーイング」に関わるほとんどすべての指標は改善しているし、この40年だけを見てもよくなっている。

アメリカでも同じだ。FBIと司法統計局のデータを見ても、暴力や窃盗は1990年からずっと減り続けている。それなのに、アメリカでは10人中6人、つまり半分以上が、犯罪率は年々増加していると信じている。少年司法・非行防止局によると1999年から2013年まで、行方不明の子どもの届出数も比率も減っている。全米犯罪情報センターによる行方不明者と身元不明者データを見ても、18歳未満の行方不明者数は2016年の3万3706人から2017年には3万2121人に減っていた。さらに、全米行方不明・被搾取児童センターによると、人々が最も恐れるような見知らぬ人による誘拐よりも、家族による拉致《らち》や連れ去りのほうがはるかに多いことが確認されている。

スティーブン・ピンカーが何百ページも使って主張しているのは、暴力は時代とともに明らかに減っているということだ。あらゆるデータがそのことを示している。もちろん、学校での銃乱射事件や児童への性的虐待のニュースは絶えない。そのほかにも親として背筋が寒くなるような報道は限りなくある。メディア業界ではいいニュースより悪いニュースのほうが売れる。銃撃事件はかならずSNSによって増幅され、大事件になる。次から次へと恐ろしい話ばかり聞かされていると、世界がかつてなく安全だとは信じられなくなりそうだ。

でも本当に、今がいちばん安全な時代なのだ。わたしたちはみんな、深呼吸したほうがいい。次のひと言を読んで繰り返してみてほしい。

大半の人間は信頼できる。

子どもたちにいちばんよくないのは、人を信用するなと教えたり、過保護になりすぎて自立を奪い、自分で自分を伸ばせない人間にしてしまうことだ。子どもたちが世界に対して心を開き、人生の可能性を閉ざさないことこそ、親の望みなのではないだろうか？

まずは、とにかくはじめてみなければならない。恐れに立ち向かい、自分への信頼を取り戻し、世界への信頼をふたたび築く必要がある。

その取り組みは、家庭からはじまる。つまりあなたからはじまるということだ。

どんな子育て専門家より、あなたのほうが家族をよく知っている

家族の中における信頼の文化は、この本で紹介するほかのすべての価値観の土台になる。わたしと同じように、自分自身の幼少期の体験に頼りたくない場合もあるだろう。自分が育てられたやり方と同じことは繰り返したくないと思っている人もいるはずだ。でも、自分の過去にきっちりと向き合い、人としての核になるトリックの価値観を大切にすれば、子育ての際に自分の直感を信頼できるはずだ。

むしろ、直感を信頼するべきなのだ。ではなぜ直感を信頼したほうがいいのだろう？　なぜなら、家族にとって何がいいかを誰よりもよくわかっているのは、あなただからだ。

わたしがそうだったように、あなたも、自分の文化における子育ての当たり前が、自分には合わないと感じるかもしれない。小児科医に言われたことや、地域のみんながやっていることに、違和感があるかもしれない。でも、あなたの家族のことを誰もよりもよく知っているのは、あなただ。わたしも含めて、どんな子育ての専門家よりも、あなたのほうが家族のことにくわしいはずだ。わたしは子育ての本を書いていても、あなたのことを知らないし、あなたのお子さんのこ

とも知らない。この本の普遍的な原則をどう当てはめたらいちばんいいかを決められるのは、あなただけだ。わたしの役目は、あなたに大まかな指針を与えることであって、対処法を指南することではない。わたしにできるのは、あなた自身を信じてほしいと伝えることだ。あなたが自分を信頼できなければ、子どもたちに信頼を教えることはできない。

もちろん、自分を信じることの難しさはわたしもよくわかっている。あなたの子どもがルールに合わないのは、ルールに問題があるからだと言って、あなたがもしルールに従わず、みんながやっていることをやらなければ、人付き合いに支障が出るかもしれない。

親たちは子どもが失敗することを恐れ、子どもの失敗を自分の責任だと感じてしまう。自分のやり方に自信が持てず不安でいっぱいになり、どのやり方を選んでもかならず大失敗するだろうと思いこんでしまう。

今の社会では、問題や障害があればどんなことでもかならず専門家に相談したほうがいいとされている。子どものことなら、ＡＤＤ（注意欠陥障害）やＡＤＨＤ（注意欠如・多動性障害）や自閉症の専門家、心理学者、精神分析医、そのほかさまざまな専門医がいる。子どもひとりひとりに学年ごと科目ごとでそれぞれ別の家庭教師をつけている家もある。

そうした狭い領域の専門家にすべてをまかせてしまうと、親のわたしたちが自分で考えられなくなり、子どもにとっていちばんいい判断ができなくなってしまう。いつの間にか、ほかの人のほうが自分より家族のことを知っていると思いこまされてしまっている。

でも、そんなことはない。あなたの子どもと家族にとって何がいちばんいいかを知っているのはあなただと信じてほしい。

子どもは、子育て本の通りに育つわけではない

孫息子のイーサンは、2歳半になってもまだ言葉を話さなかった。歩くことも、夜中ぐっすり眠ることもできたし、好物もわかっていたけれど、話すのは嫌だったようだ。

自分の子どもの発達が普通より少しでも遅れていると、親はどこか悪いのではないかとハラハラするものだし、調べたり疑問を持ったりするのは悪いことではない。でも、ほかの子どもよりもゆっくりとスキルを身につける子どももいる。大人だってそうだ。ほとんどの場合、それは知性や能力とは関係ない。ただそうなっているというだけのことだ。

娘のジャネットもそう思った。少なくとも、はじめのうちは。だが、時間が経つにつれて、イーサンがいつ話しはじめるのだろうと考えるようになり、少し心配しはじめた。ジャネットが孫を小児科に連れていくと、専門医を紹介してくれた。心配することは何もなくて、スピーチセラピーが必要な子どもは多いのだと教えてくれた。そこでセラピーをはじめた。イーサンは嫌がりはしなかったけれど、数回セラピーを受けたあとも、口を閉じたままだった。

そこでジャネットと夫は自分たちで何とかすることにした。毎晩、毎週末、お昼寝のあとにもかならず、読み聞かせをしてあげた。テープレコーダーと、大きなヘッドフォンと児童書の録音

されたテープを買った(自分たちでたくさんの物語を録音までしていた)。イーサンはそうした物語が大好きになった。ヘッドフォンをつけてファミリールームに座り、最初はただ聞いていた。イーサンはドライブや散歩のときにもいつも、ヘッドフォンをつけていた。子育て本とは違って、すべての子どもが同じスピードで発達するはずはないのだと、わたしたちは自分に言い聞かせた。子どもが子育て本通りに育つわけはない。

アルバート・アインシュタインだって、3歳までしゃべらなかったらしい。だとしたら、イーサンも天才の仲間かもしれない。セラピーがはじまってから3カ月以上過ぎてやっと、イーサンがしゃべりはじめた。しかも、話すときは単語ではなく、完璧な文章で話した。イーサンは前からエレベーターが大好きで、わたしとのはじめての会話は「僕はあのエレベーターに乗りたい」だった。それから何年も録音された物語を聞いていたし、今ではオーディオブックが大好きだ。イーサンは今、本の虫で、学級委員で、ディベートチームにも入っている。

「子どものマナー」は存在するか?

子どもが思ったように育たないことで、親が自分の力不足を感じることはある。

わたしが後悔しているのは、子どもたちが小さいころに正しいテーブルマナーを教えなかったことだ。テーブルマナーのレッスンを、わたしはずっと先延ばしにしていた。いつ子どもたちにマナーを教えたらいいいんだろう? わたしには見当もつかなかった。でもいつの間にやら子どもたちはいいマナーを（悪いマナーも）身につけていた。「赤ちゃんのマナー」や「子どものマナー」など存在しない。最初に悪い行儀を許してしまうと、それが食事のときの振る舞い方だと子どもは思ってしまう。悪い習慣を断ち切るのは、最初からいい習慣をつけるよりも難しい。わたしも、幼いころに基本的なマナーを教えることの大切さをもっとわかっていたらよかったと後悔している。間違いを正すのに、長い時間がかかってしまった。

1970年代のわが家の夕食はしっちゃかめっちゃかで、子どもたちはいつもグズっていた。わたしはおかしくなりそうだった。特にスイスとフランスに住んでいるときの外食は悪夢だった。ほかのテーブルのお行儀のいい子どもたちを見ては、自分の不甲斐なさが情けなくなったものだ。スイス人もフランス人も、子どもの文句など一切受け付けなかった。子どもたちはコース料理のあいだ辛抱強く静かに座っていた。わたしみたいに子どもの行儀に歯ぎしりしている親はいなかった。その数年後、地元のイタリアンレストランで娘たちがエンドウ豆をお互いに飛ばしはじめた。夫の額にその豆が当たって、わたしは思わず笑ってしまった。あまりにおかしかったからだ。わたしたちはすぐにレストランを追い出された。それから数年間、そのレストランには近寄らなかった。娘たちはそのうちマナーを身につけた。そしてわたしが親として不甲斐なく感じたのは、娘たちの行儀が理由ではなかったことにも気がついた。それは、まだわたしに学ぶべきことがあるというしるしだったのだ。

怒りの記憶、得意なこと……どんどんノートに書きだしてみる

もうひとつ、難しいことがある。お互いを完全に信頼しあえる環境で育ったという人はどれほどいるだろう？　あまりいないはずだ。わたしだってそうだ。父がすべてを支配し、母とわたしは父との接触を恐れて生きていた。わたしたちの多くはなかなかお互いを信頼しあうことができず、怒ったり、不満を持ったり、落ちこんだりすることのほうが多い。子どもはおろか、自分でさえまったく信頼できないこともある。

よくあるアドバイスかもしれないが、親からの否定的な言葉や、信頼が裏切られた経験や、痛みや怒りをすべて書きだしてみるといい。そして、ひとつひとつ分析してみよう。簡単ではないかもしれないが、かならず助けになる。こう自問してほしい。親が言ったことは本当だったのか？　それとも、あなたとは何の関係もない、怒りにまかせた言葉だったのか？　子どものころの失敗はあなたのせいだったのか？　それとも、ただ機能不全の家族の中にいただけで、あなたは何も悪くなかったのではないか？　どうして信頼が裏切られたのだろう？　親が信頼のない環境で育ったからなのか？　大人になれば、過去を振り返り、親の言ったことがまったく的はずれだったこともわかるし、他人の怒りに巻き込まれてしまうこともわかる。つらい思い出を書きだしてみると、過去がはっきりと見え、親としての自信の回復にも役立つ。

また、あなたが得意なことを書きだしてみるのもいい。それならすぐにできるし、書きだして

みることで自信がつく。誰にでも得意なことがある。どんな人でもだ。

わたしは学期のはじめに生徒に得意なことを書きだしてもらう。生徒がお互いにインタビューしあって、相手の特別な部分や、すぐれた部分を見つける。最初はみんな恥ずかしがるものだ。得意なことを見つけることも、インタビューの相手に対しても、恥ずかしい気持ちになる。得意なことが何もないと思いこんでいる学生もいる。学校や家庭での悲惨な経験から、そう思いこまされているのだ。だがインタビュアーが粘って質問を工夫してみると、特殊な才能が見つかる。ジャグリングができる生徒、犬の散歩が上手な生徒、妹の世話をしている生徒、人の話を聞くのが得意な生徒もいる。

そんな会話が生徒同士の信頼につながり、生徒たちは自分に対して少し自信を持てるようになり、何かできるかもしれないという気持ちが芽生える。

生徒もそうだが、親にとっても、自分の力を信じてくれる人がいると、心の支えになる。あなたを支え、あなたが家族のために最善を尽くしているとわかってくれる人は誰だろう？　人生うまくいかないときはかならずある。そんなときにあなたに自信を与えてくれる人をまわりに置いておこう。

親としてどんな大変なことがあっても、目の前にあなたの力を証明してくれる存在がいる。子どもをよく見てほしい。子どもを観察し、子どもと話してみよう。子どもたちは楽しそうか？

すくすくと育っているか？

親も周囲の影響を受けやすい。特に他人の意見が気になってしまう。他人の目を気にするあまり、自分の家族をきちんと見つめ、何がうまくいっていて何がうまくいっていないかを見極められなくなる。

うまくいっていないことがあれば、変えればいい。自分を責めず、不安にならず、正直に状況を見つめてほしい。

親なら誰でも苦労する。苦しいからといって、信じることをやめてはいけない。苦しいときこそ、自分を信じよう。

とにかく子どもを信じる

世界中でただひとりだけでも自分を信頼し、自分の力を信じてくれる人がいれば、何でもできる気持ちになれる。でも、残念ながら、そのひとりに恵まれない子どもは多い。

わたしの生徒だったマイケル・ウォンもそんな子どものひとりだった。マイケルは、パロアルト高校の学校新聞ザ・カンパニールの編集長を２０１３年に務めた。マイケルと同じように苦しんでいる生徒はパロアルト高校だけでなく、アメリカや世界に多くいる。マイケルは幼いうちから親の期待と重圧を感じてきた。

「すごく厳しい親でした」マイケルは言う。「成績が悪いと家から放り出すと言われていました」

小学校の先生たちもわかってくれなかった。マイケルは疲れて怒りっぽい生徒だと思われていた。マイケルにとって朝7時に起きるのはありえないほど難しく、いつも頭がボーっとしているような気分だった。紙切れを見つめても、読むこともできず意味もわからないと思いこみ、自分をダメ人間だと決めつけていた。周囲の人もマイケルの振る舞いや気だるさを見て、やる気のない生徒だと誤解していた。

「よく叱られました。同級生や先生からは、人の言うことをちゃんと聞いてルール通りにやっていれば、もっときちんとできるはずだって言われて。僕がやることなすこと全部にダメ出しされて、自分で自分に劣等生のレッテルを貼っていたんです」

高校でわたしの授業を取るころには、「完全に燃え尽きて灰みたいになってました」とマイケルは言っていた。少しでもやりがいを感じられるのは学校新聞だけだったけれど、ここに参加するのでさえかなり無理をしなければできないほどだった。それでも彼はやってきた。マイケルはとても頭がいい生徒なのに、いつも心ここにあらずに見えた。授業にはやってくるものの、自分が何をしたいのか、何を書きたいのかまったくわかっていなかった。身長は190センチを超えるほど背が高く、そんな大柄な生徒が自信なさげにしていると、教室の中ではつい目についた。

わたしはそんな生徒をこれまで何人も見てきた。彼らは内心はビクビクしているのに、反抗的だ。協調性もない。扱いにくく、攻撃的になることもある。でもそれはすべて、自分に自信がないからだ。自尊心が低いので攻撃的になり、周囲が思っているより自分はできるんだと証明しようとする。

学校新聞の編集でみんなが学校に残っていたある夜、マイケルは音楽理論の宿題ができずに苦しんでいた。「考えすぎて、もうなんだかわけがわからなくなってました。もういいかげんでいいやって終わらせようとしてたんです。そしたら、親切ぶった友だちが偉そうに、『もっとがんばれよ。努力が足りない』って説教してきたんです」

ほかの生徒たちも、マイケルをからかった。だからマイケルはいつものように「そうさ、どうせできっこないよ」と思ってしまった。

わたしはたまたまその場面にいあわせたので、からかっている生徒たちに近寄って、こう言った。「マイケルは頭がいいから、じっくりやってるのよ」。マイケルにはものを書く才能があった。ただ、集中するのに時間がかかっただけだ。それに彼自身、心の奥では、いいかげんに終わらせるのではなく、きちんとやりたいと思っていることも、わたしにはわかっていた。

マイケルの能力と知性を認め、尊重する言葉を大人が口にしたのは、そのときがはじめてだった。「誰かが僕を信じてくれたって思いました。僕を認めてくれない生徒たちの前で、認めてもらって、すごく気分がよかった。その言葉のおかげで、心が折れずにすみました」

その日を境に、マイケルは変わった。マイケルは実は賢い生徒だった。ただ、態度が悪かっただけだ。でも、ここでやっと少しずつ自分を信じられるようになった。大学に入ってからも難しいことにぶつかったり、無理だと言われたりするたびに、ここで身につけた自信を心の頼りにした。マイケルはジョンズ・ホプキンス大学で神経科学の学位を取り、今もジョンズ・ホプキンスで神経精神医学を研究している。たまたま自分を信じてくれる誰かにめぐりあえたことが、彼の人生を変えたのだ。

4歳児でも信頼できる大人を正確に見分けられる

親も教師も、自分のひと言、ひとつの文章、ひとつのフレーズが、子どもを育て、人生をいいほうに変えることができるし、また自分のひと言が子どもの自信を粉々に砕いてしまうこともあることを肝に銘《めい》じてほしい。大人になると、子どもの人生にとって自分たちがどれほど大きな存在かを忘れてしまう。大人が子どもの自信と自画像を支配していることにも気づかなくなる。

すべては信頼からはじまる。成長の過程でうまくいかないことも、思いがけないことも、ややこしいことももちろんたくさんあるけれど、それでも子どもの力を信じてほしい。

信頼するということは、学校や職場で人に力を与えるということだ。あなたが思うより早く、人は信頼を身につける。親としっかり結ばれている幼児、つまり、親から信頼され親に頼ってもいいと感じている幼児は、その後行儀や友だちづきあいや心の面でのトラブルをあまり抱えずにすむ。子どもにとって頼れる親がいるということが、子どもの安心感の土台になる。

子どもが環境に振りまわされる理由もそこにある。子どもはいつも、相手が信頼できる人間かどうかを見極めようとするものだ。自分に注意を向けて自分の欲求に応えてくれるのはどの人かを、子どもは本能的に探り当てる。4歳児でも信頼できる大人を正確に見分け、あとでその人を探すことが、研究でも明らかになっている。4歳の孫娘アバもしょっちゅうそんなふうに大人を見分けている。わたしが入ってくると笑いかけてくれるけれど、たまにさっとどこかに隠れてしまうこともある。わたしのことはわかっていても、信頼できるかどうかをいつも見極めようとしているのだ。

信頼はお互いさまだということを肝に銘じてほしい。親をどのくらい信頼できるかが、子どもたちの信頼する力に現れる。信頼と安心を感じられない子どもは、さまざまな問題にぶつかる。教師からあまり信頼できないと見られている子どもたちは、攻撃的な傾向が強く、協力や共有といった社会性が低いという研究もある。不信が引きこもりや孤独につながることもある。

子どものころに信頼されていると感じられなかったり、身近に信頼できる人がいなかったりすると、大人になっても不信を克服できない。自分が信頼に値しない人間だと思いながら成長し、それを自分の人格だと思いこんでしまう。人間関係もうまくいかなくなる。自分が思いこんだダメな人間になってしまい、そのことに苦しむ。

赤ちゃんは生まれた瞬間から親を見ている

では子どもの信頼する力を育てるにはどうしたらいいだろう？　子どもを信じるというと、たとえば10代の子どもに車のキーを渡すとか、12歳の子どもにはじめてひとりでお留守番をさせるといったことを思い浮かべるだろう。

だが、大人は子どもの力を見くびっている。特に幼い子どもの力がわかっていない。生まれた瞬間から子どもを信頼しはじめることが必要だ。

普通は赤ちゃんを信頼するなんて考えもしないだろうが、考えてほしい。大人が考えるより赤ちゃんは賢いし、周囲のことをよくわかっている。赤ちゃんは生まれた瞬間から親を見ている。それは間違いない。赤ちゃんはあなたの一挙手一投足をじっと観察している。子どもは自分に必要なことを親から学ぼうとする。赤ちゃんは自分のしていることをきちんとわかっている。親がオムツ替えに四苦八苦するたびに、それを見ている。どうしたら親が笑うかも、どうしたら親が泣くかも知っている。何もかも親に頼っているかもしれないが、親が思っているより赤ちゃんははるかに賢い。特に生まれたばかりのころは、親が赤ちゃんの要求に応えることで、赤ちゃんは親と環境が信頼できると感じることができる。また、このときこそ、子どもに人生でいちばん大切なことを教えはじめる時期だ。

寝かしつけと信頼の深い関係

睡眠について話そう。それと信頼についても。

そして、睡眠不足という世界中の親たちを悩ませ続けている問題の解決に、信頼が使えることを話したい。

娘たちがまだ幼いころ、睡眠はとても大切だったし、夫とわたしにとっても大切だった。眠らずに生きていくことなどできない。吸血鬼じゃないんだから！　どんな親にとっても睡眠は大切で今や国際的な問題にもなっている。子どもを寝かしつける方法を書いた本だけでひとつのジャンルになっているくらいだ。

睡眠は基本的に信頼の問題だとわたしは思っているし、そのスキルは教えることができると思っている。赤ちゃんは生まれたその日から世界について学びはじめ、体内時計を調整するようになる。

わたしの娘たちはどうも、地球の真裏に体内時計を合わせてしまったようで、乳幼児にとって何より大切なスキルを学ぶ必要があった。それは、自分で自分を寝かしつけることだ。赤ちゃんも生後6週間を過ぎると寝かしつけるのに苦労するなんて、親になるまでまったく知らなかった。眠れないなんて、どうして？　生まれたばかりの赤ちゃんなら、食べて、うんちして、寝ることくらいしかやることはないはずなのに。子どもは寝て育つ。脳は寝ているあいだに発達する。乳児も幼児も寝るのが仕事だ。子どもたちは生まれながらにどう眠ったらいいかを知っているはずだとわたしは信じていたし、わたしがそばにいて安心させてあげることもできた。

娘たちが幼いころは、お金がなかった。スーザンが生まれたときは、籐《とう》の洗濯カゴに小さなマットレスを敷いてベビーベッドがわりにした（スーザンは今もその籐のカゴを使っている。もちろん、ベッドがわりではないが）。そのカゴは安全で手軽だったのだ。3人とも生まれてすぐのころからそれぞれの部屋でそれぞれのベッドに寝かせた（ただし、ジュネーブ時代は部屋数が足りなかったので、アンはわたしたちの近くに小さな箱を置いてそこに毛布を敷いて寝かせていた）。

娘たちは夜泣きもしなかったし深刻な病気もなかったので、わたしたちはラッキーだった。子どもが病気がちだったりすると、親は普通よりも安全に気を遣わなければならない。それでも、ほとんどの場合はわたしのやり方でうまくいくと思う。娘をうつぶせに寝かせて背中を軽く叩きながら数分間一緒にいると、眠りについていた。もぞもぞしてグズったり泣きはじめたりしたら、おなかがすいていないかやオムツや服が濡れていないかを確かめて、また安心させるように軽く背中を叩くと眠っていた。もちろん、今では仰向けがいちばん安全だとわかっているので、仰向けに寝かせて、おなかのあたりを軽くポンポンしてあげるといい。

赤ちゃんの睡眠サイクルは短く、夜中に起きて泣いたりグズったりもするけれど、自分でまた眠りにつくことも多い。わたしはいつも娘のそばに行って安心させてあげたけれど、起きるたびにいつも抱き上げていたわけではない。娘たちが自分で眠りにつくことを信じていたし、実際に寝てくれた。３カ月になるころには、夜中だいたい眠れるようになった。もう少し大きくなると夜７時から朝７時まで、12時間眠っていた。娘たちがよく寝ていたことは、夫とわたしにとってとてもありがたかった。親たちにも大人の時間が必要だ。

子どもはひとりで眠る力がある

わたしは本能的に娘たちを信頼していたけれど、子どもの力を信じてまかせるのが親にとって難しいこともわかる。親は自分の恐れを子どもに投影してしまうものだ。子どもがひとりで眠れないのではないか、親が必要なのではないか、独力でやり切ることができないのではないか、と親は恐れてしまう。そもそも子どもが眠るのを怖がってしまうのは、どうしてか考えてみるといい。まさに親が恐れているからなのだ。

もちろん、わたしは誰かを責めるつもりはない。ただ、親の考えが子どもにどう影響するかを説明したいだけだ。不安や疑いを子育てに投影している親は多い。でも親がいなければ子どもは生きていけないのでは？　子どもから必要とされない親なんて、存在意義がないのでは？　この本で、わたしは声を大にして言いたい。子どもが自発的に親と一緒にいたいと思うのはいい。でも親がいなければ生きていけない子どもにしてはいけない。

この衝突が最初に現れるのが、睡眠だ。子どもにはひとりで眠る力があるし、実際そうできるようになると親が信じ、ひとりで眠る方法を親が教えてあげれば、子どもはひとりで眠れるようになる。子どもにとってベッドは恐ろしい場所ではなく、安らかな場所になるはずだ。

子どもは機会を与えられれば自分で自分を落ち着かせることができる。指をしゃぶったり、おしゃぶりをくわえたり、おもちゃをいじったりするのは、自分を落ち着かせる行為だ。娘たちはいつもベッドの脇にぬいぐるみを置いていた。わたしが目を覚ますと、スーザンがぬいぐるみのテディベアに話しかけていることもあった。ジャネットはベッドで歌を歌っていた。どの娘も落ち着いていた。わたしと娘たちのあいだにはすでに信頼が築かれていたし、娘たちは自分で自分を楽しませ、自分で欲求を満たすことができると自覚していた。ということは、夫とわたしはそのあいだに眠ることができる！　一挙両得だった。

なぜアメを食べてはいけないのか

成長するにつれて、子どもに与える責任を増やせば、自分が信頼に値する人間だという意識が育つ。親が子どもについてどんな選択をするかで、家族の文化が決まる。親として積極的に信頼を築いているか、逆に子どもを否定しているかを、いつも自分に問いかけてほしい。

幼い子どもは、ちょっとしたことをやり遂げるたびに、自分に対する信頼を強め、自信をつける。靴ヒモを結べたら、すごい。自分で服を着たら、すごい。学校まで歩いていけたら、それもすごい。努力すれば、子どもにも目に見える成果があがる。幼い子どもを信じて、知的な選択をさせてほしい。どんな選択肢があるかを子どもと一緒に考え、いちばんいい選択ができるように導いてほしい。

もし9歳の孫息子にアメをあげて、食べるなと言っても、孫はきっと食べてしまうはずだ。でも、なぜ食べてはいけないのかを説明すれば、たとえば砂糖は健康によくないこと、虫歯の原因にもなること、夕食前に食べると食欲がなくなってしまうことをきちんと説明すれば、より賢い選択ができるようになるはずだ。説明してもアメを食べてしまうかもしれないが、そうやって何度も判断の練習をさせていれば、そのうちに健康的な生活を送るためのスキルを身につけるだろう。そうなれば、わたしも安心して孫に彼自身の人生の判断を任せることができる。

お腹いっぱいと伝えられる子どもに

どの年齢でも、信頼を教える機会はある。食事もその一例だ。

娘たちが固形物を食べられるようになるとすぐ、ひと口サイズの食べ物を好きなだけ与えていた。おかげで、娘たちは自分で食べることを覚えた。もうおなかいっぱいの合図に、娘たちは食べ物を自分で「おかたづけ」した。といっても、食べたくないものを床に投げ捨てるのが、娘たちの合図だった。床は汚れたけれど、娘たちは自分の力で食欲を満たし、おなかがいっぱいになったらそれを知らせることができた。

もう少し大きくなってから、5歳になるころには、わたしは娘たちにおなかがすいているかどうかを訊ね、娘たちの返事を信用した。娘のおなかがすいたときに備えて、わたしはおやつをたくさん持ち歩いていた。家を出るときにはかならず小型のヨーグルトを持って出た。おなかをすかせた娘たちは、生ぬるいヨーグルトでも喜んで食べた。長時間車に乗るときには、数時間はレストランに寄れないことを伝え、娘たちにどうしたいかを決めさせた。食事については娘たちの判断にまかせた。

ティーンエイジャーになると、親は段階を踏んで信頼を築くことができる。

たとえば、買い物のときにわたしがどうしたかを説明しよう。買い物は絶好の学びのチャンスだ。最初は①親がすべてを仕切る（必要な物を選び、買う）、次に②子どもと一緒に店に行き、ほとんどの判断をまかせる（予算の範囲内で買い物をさせるのは、責任ある金銭感覚を身につけるいい方法だ）、そして③子どもが自分で必要なものを選び、時間を決めて親とレジで待ち合わせ、一緒に支払いをする。最後に④信頼の土台ができて、責任を持ってお金を扱うことを子どもに教えたら、親のクレジットカードを持たせて子どもにひとりで買い物をさせてみよう（大手のクレジットカード会社では、あらかじめ子どもを利用者として認定しておけば、子どものカード利用を許可してくれる）。もちろん、月末に利用額を確認し、自分の買い物に間違いないかをチェックすることも子どもに教えてほしい。

また、ティーンエイジャーが自分の言ったことを守るかどうかを見て、どのくらい信頼できるかを見極めてもいい。

子どもが8時までに家に戻ると言ったとしよう。実際に8時までに帰宅したか？　帰りが遅れたら連絡をくれただろうか？　子ども自身が信頼に値することを証明していれば、より大きな自由を与え、責任を持たせてあげるといい。約束が守れないようなら、何がいけなかったのかを話し合い、一緒に問題を解決し、次回に備えよう。時間を守るのが単に苦手な子どももいる。あきらめないでほしい。学びの機会をもっと与えよう。時間を管理できない大人は多い。時間管理術の本がこれほど巷《ちまた》にあふれているのは、そのせいだ。でも、時間管理は、人生を実りあるものにするためにいちばん大切なスキルでもある。

もし親が子どもを信頼できず、自由と責任を与えられないと、子どもは自分を信頼に値する存在だと思えず、なかなか自立できなくなってしまう。

問題は、自分を信頼できず、尊重もできないことだ。親が子どもを心配していつも手や口を出していると、子どもも心配になってしまう。でも、子どもはリスクを取ってこそ成長する。子どもというものは親をそのまま真似してしまう。

わたしは高い所が苦手だけれど、子どもたちにはそうなってほしくなかったので、怖がる様子を見せないように注意した。公園にある遊具にはどんな種類でも登らせたが、わたしはただ後ろで見守っていた。娘たちはまったく怖がっていなかった。

みなさんに肝に銘じてほしいシンプルな教えがある。「子どもにはリスクを取らせよ」ということだ。さまざまな場面で、この言葉を思い出してほしい。反射的にリスクを避けようとする親が多すぎる。

学外の研修旅行で自由を学ばせる

子どもを信頼すれば、子どもたちはその信頼にかならず答えてくれる。この16年というもの、わたしは52人の生徒をニューヨーク研修に連れている。全国紙や有名雑誌の編集者に会って話を聞き、実社会でジャーナリズムをより深く学ぶのが目的だ。ニューヨーク・タイムズ、ウォールストリート・ジャーナル、ヴァニティ・フェア、スポーツ・イラストレイテッドのスタッフに話を聞き、ニューヨーカー編集長のデイビッド・レムニックやアンダーソン・クーパーといった著名なジャーナリストにも会ってきた。毎年会う人は違っていたが、どの年も素晴らしい経験になった。生徒たちはニューヨークでの体験に感動し、わたしも毎年心を躍らせた。みんながこの旅に参加したがった。

わたしの目的のひとつは、生徒たちに多少の自由を与えて、ニューヨークという素敵な街を楽しませ、生徒自身が思っているよりもはるかにたくさんのことができることに気づかせることだった。生徒が高校を卒業して大学に行く前にわたしが授けられるいちばん大切な教えが、ここにあった。自分を信頼して、大都会を自力で散策すること。それに、生徒たちに思い切り楽しんでほしかった。この研修旅行で楽しくないと文句を言う生徒はひとりもいなかったと思う。

ニューヨークでは午前中に出版社を訪ねて編集者から話を聞くことになっていた。生徒たちはわたしと一緒に地下鉄で移動する。でもわたしが迷ってしまうこともあった。半分くらいはわたしがきちんと道案内できなかったので、生徒たちがわたしを案内してくれることになったし、それは生徒たちの自信になった。生徒のほうが地図を読めたし（90年代）、携帯電話を使うのも上手だった（2000年代以降）。わたしが迷子になって、どうにか目的地にたどり着こうとしている姿も、生徒は見ていた。迷子になっても、イライラしなければ、何の問題もない。

ある日、生徒の半分と一緒に電車に乗ったら、残りの半分は反対向きの電車に乗っていたのが見えたこともある。それでも大丈夫だった。思いがけない回り道に一瞬ハラハラしたけれど、生徒たちは携帯電話を使って目的地にたどり着いた。長年研修旅行を引率してきたが、ひとりの迷子も出していない。引率者の中でひとりだけが道に迷ってサンフランシスコへの帰りの飛行機に乗り遅れそうになったことはあるが、迷子になった生徒はいなかった。

ニューヨーク研修の午後の時間は、４人ひと組で自由に街を散策することにしていた。生徒たちには散策の方法を教えていたし、生徒だけで大丈夫だと思っていた。実際に大丈夫だった。また研修のスケジュールについても、一部は生徒たちに決めさせた。夜の活動に関しては、生徒が決めることにしていた。

残念ながら、今どきの高校は、引率者のいない活動が少しでもあるような旅行を許可してくれない。生徒は大都会をひとりで散策することを学ぶ必要があるのに、学校にいる限りはそのスキルを学べない。

信頼を裏切られたら、どう対応すべきか？

親がどんなにがんばっても、子どもはいずれ何かしら親の信頼を裏切るようなことをする。それは自然なことだし、学びのプロセスの一部でもある。

ある生徒がわたしに、「調子の悪い」友だちを助けていると連絡してきた。それを聞いて「いいことだわ」と思った。でもその生徒が実は、友だちを助けていたわけでなく、わたしの授業をサボって学校の向かいにあるショッピングセンターでクッキーを食べていたことがわかった。

そこで、本人に確かめることにした。翌日その生徒に、店にいたことはわかっていると告げた。そして、「どうしてクッキーを買ってきてくれなかったの?!」と笑い飛ばした。問題が深刻でなければ、こんなときにはユーモアで対応することにしている。それでも、この生徒を呼び出したほうがいいし、ちょっとした課題を与えたほうがいいと思った。

信頼を裏切ったら、生徒が自分で信頼を取り戻す行動をとる必要がある。信頼の修復に努力することで、自分がやったことの影響を生徒は理解する。でも、わたしは意地悪なことはしない。ユーモアを交えて、生徒との関係が壊れないように努める。もちろん、わたしだって頭にくることはあるし、罰を与えることもある。生徒を信頼するといっても、責任を問わないわけではない。だが、信頼を壊さないような罰にする。信頼をいっそう強めるようなものにする。

怒鳴り散らさず、がっかりしたと伝える

信頼と尊重がないことが問題を引き起こす原因になるし、このふたつが問題の解決にもつながる。

信頼されたいなら、信頼すればいい。信頼が裏切られたときに頭にきて関係を断ち切ってしまうのではなく、修復に努めてほしい。夫婦が話し合えば救われる結婚もある。生徒は信頼を裏切

ることをやらかしてもまだ、わたしに信頼してほしいと願っている。先ほどの、嘘をついて授業をサボっていた生徒は、わたしががっかりしながらも彼を大切に思っていることを、わたしの反応から読み取ったはずだ。わたしはその生徒に挽回《ばんかい》のチャンスを与え、それに応えることでわたしがこれからも彼を信じ続けられるように計らった。すると、素敵なことが起きた。その生徒は二度と信頼を裏切らなかったのだ。

もっと深刻な裏切り行為にも、同じことが言える。昔、数人の生徒が高校の暗室にビールを持ちこんで、飲んでいたことが発覚した。生徒たちが暗室で長時間過ごしているのは知っていたけれど、写真を現像しているのだろうと思っていた。ある日たまたま、生徒たちの会話が聞こえて、やっと本当のことに気がついた。わたしは全員を自分の部屋に呼んだ。そして厳しく詰め寄った。生徒たちはビクビクしていた。

わたしは怒鳴りちらしたりはしなかったけれど、その生徒たちが信頼を裏切ったことにどれほどわたしががっかりしたかをはっきりと伝え、その生徒たちのせいで学校新聞そのものがなくなってもおかしくないことを説明した。校内でのアルコールやドラッグの摂取、いじめ、セクハラなどの深刻な事件は、わたしの手を離れてしまう。わたしには事件を学校に報告する義務がある。アメリカのほとんどの学校ではそのはずだ。わたしは飲酒を高校に報告し、その生徒たちは1週間の停学処分を受けた（停学処分は志望大学に提出する成績表にも記録された）。その週の学校新聞では、その事件については記事にしなかった。

幸い、その生徒たちは二度と同じ失敗はしなかった。自分のやってしまったことを後悔し、動顚していた。わたしが学校に飲酒を報告しなければならない事情も、説明したので理解していた。ティーンエイジャーならみんなやらかしてしまうように、この事件も若さゆえの判断力のなさから起きたことだった。わたしは彼らを許し、彼らは失敗から学び、わたしたちはお互いに信頼を回復することができた。授業を続けていくうえで、信頼は欠かせなかった。

子どもから信頼されなくなったら?

子育ての中で、もうひとつ避けられないことがある。それは、親がどんなに努力しても、子どもが親を信頼できなくなるときがあるということだ。

わたしも、子どもたちの信頼を失ってしまったことがある。ほんの短いあいだだったけれど、それは家族の中で何回も蒸し返される笑い話になった。3人の娘たちは、ちょうど同時期に車を欲しがった。家計の苦しいわが家にとっては、楽なことではない。長女のスーザンは1963年製のボルボを引き継ぐことになった。その車は昔ヨーロッパに住んでいたときに買って、カリフォルニアに送ったものだった。ボルボなら安全だし初心者にはちょうどいいと思った。ボルボなら事故をおこしても、自分の身は守れる。戦車のような作りになっていて、すべて鉄板でプラスチックの部分がない。スーザンにわが家のボルボを引き継いだときには走行距離が30万マイルを超えていたが、何の不具合もなかった。スーザンがそのボルボで運転免許の実技試験を受けたとき、同乗した試験官はとんでもなくビクついていたらしい。スーザンがすぐに試験に通ったのは、試験官がポンコツ車から早く降りたかったからだろう。

というわけで、スーザンの手当はできたけれど、ジャネットとアンについてはどうしようかと頭をひねった。あと2台も買う余裕はない。でもたまたま格安の中古車を見つけてしまった。こちらも安心のボルボで、いかにも1970年代風の落ち着いた茶色の4ドアセダンだった。わたしはセール好きで、ボルボファンでもある。その中古車を買って、ちょっといいことを思いついた。今も思い出して笑ってしまうようなアイデアだ。

まずはその車を、スタンフォード大学に入学したばかりのジャネットにあげることにした。でも大学の学生寮には駐車場が足りないし、あっても高いので家に置いておけばいいと説得した。ジャネットはそうすることにした。だが、その車は自宅に置きっぱなしなので、それを高校生のアンに「プレゼント」することにした。アンもジャネットも、その車を「自分のもの」だと思っていた。わたしにとっては他愛のない嘘だった。

とんでもないと思われそうだが、1年経ってもそれでうまくいっていた。だがある日、ふたりに同じ車を「プレゼント」していたことがバレてしまった。もちろん、ふたりともいい気はしない。いい気はしないなんてものじゃなく、ふたりともカンカンになった。

わたしは心から謝って、こちらの立場を説明した。何とかふたりともわたしの言い分を聞いてくれた。ふたりが裏切られたと思うのも無理はないけれど、わたしとしてはふたりが欲しがっていたものをあげたかったのだと伝えた。

最後にはふたりとも許してくれた。ふたりが許してくれたのは、もう1台中古車を買ってあげることにしたからなのだけど、でも、わたしがふたりの話に耳を傾けたからでもある。子どもたちの話をきちんと聞くのと聞かないのとでは大違いだ。それに、笑い話にもなった。今でも娘たちはよくこの話を持ちだす。少なくとも、わたしの創意工夫を娘たちは認めてくれている。いつもわたしはとんでもないアイデアを思いついてしまうのだ。だからアンにプレゼントをあげるとかならず、これは自分のものなのか、ジャネットにもプレゼントしたのかと聞かれてしまう。

グーグルはスーザンの家のガレージで生まれた

子どもたちが自分自身を信じ、自分の考えを信じ、仲間を信じる力を身につけていれば、社会に出るころにはその力は子どもたちの大きな財産になる。

恐れ知らずの子どもは、成功する可能性が高い。イノベーターはなおさらそうだ。グーグル創業者のラリー・ペイジとセルゲイ・ブリンがスーザンの家のガレージをはじめてのオフィスとして借りたときのことは、今も覚えている。

ふたりは素晴らしいアイデアを持った若いコンピュータサイエンティストで、仕事場が必要だった。スーザンは住宅ローンの支払いの足しになるお金が必要だった。ガレージを貸し出せばお互いにちょうどよかったし、ラリーとセルゲイが何かとんでもなくおもしろそうなことに取り組んでいたのはわかった。でも、ふたりが24時間365日ガレージを占領して、何十台ものコンピュータの前でずっと作業しているとは、思いも寄らなかった。ケーブルが廊下にまでごちゃごちゃとつながっていて、スーザンの家に行くとわたしは毎回ケーブルにつまずいていた。バスルームのシンクの上にまでコンピュータが置いてあったほどだ。

ふたりが家にいてワクワクしたものの、大変なこともあった。彼らは夜になるとおなかがすいてしまい（24時間働き詰めだったので、無理もないけれど）、いちばん手近なスーザンの冷蔵庫をあさってしまう。もちろん、食べ物は賃料には含まれていない。彼らは夜中の2時に腹ペコになって、翌日補充するつもりでとりあえず食べ物を「借りて」しまう。朝になってスーザンが朝ごはんを食べに降りてくると、食べ物がなくなっている。というわけで、スーザンが新しい冷蔵庫を買ったとき、古い冷蔵庫はふたりにあげた。これで一件落着のはずだった。とはいえ、ふたりが食べ物をきちんと冷蔵庫に補充しているあいだだけだったけれど。今、グーグルで24時間365日食べ物が手に入るのは、おそらくスーザンの家での徹夜続きの日々がきっかけかもしれない。

ラリーとセルゲイはとても賢かった。自分たちのプロダクト、つまりグーグルをただの仕事以上のものだと感じていたし、グーグルに全力を注ぐことが正解だとわかっていた。人を採用しはじめてからは、念には念を入れて仲間を選び、選んだ人には仕事をまかせ、大きな責任を与えていた。新興企業《スタートアップ》とはそういうものだ。人が少ないので、みんないくつもの仕事を掛け持ちする。ワクワクするけれど、グッタリもする。

ふたりのやり方は、最高に賢い人を雇って仕事をまかせるというものだった。もちろん、そのあいだに脱線したり失敗したり間違ったりすることもしょっちゅうあるし、メンバーがお互いを信じていなければこのやり方は成り立たない。彼らは何か新しいものを一から創りだそうとしていたし、誰も足を踏み入れたことのない場所に乗りだそうとしていた。完璧で確実で整っていることが成功だなんてまったく思っていなかったし、その心構えが成功につながった。

グーグルの20パーセントルールは、信頼のあかし

ラリーとセルゲイにガレージを貸しはじめたとき、スーザンはインテルで働いていた。だがリスクを承知で16番目の社員としてグーグルに入社し、いきなりグーグルのマーケティングという大仕事を与えられ、そのほかにもグーグルイメージやグーグルブックといった、成長の鍵になるエンドユーザー向けプロダクトの開発にも携わった。

ラリーとセルゲイは検索エンジンの開発に集中し、世界中の情報を誰にでも手の届くようにしようと努力していた。ふたりの目的は金儲けではなかった。最高の検索エンジンを作ることが目標で、それを実現するのは並大抵のことではなかった。スーザンは自分を信じ、大きな賭けに出ることに慣れていたし、混沌《こんとん》としていても自由でお互いを信頼するグーグルの雰囲気が性に合っていた。

そんなグーグルの気風から生まれたのが、たとえば20パーセントルールのような働き方だ。こ

の働き方のもとになっているのは、社員への信頼と尊重だ。社員は仕事時間の20パーセントを、グーグルの目的に何らかのつながりがあるような個人的なプロジェクトに充てることができる。プロジェクトは好きなことなら何でもいい。20パーセントルール以外にも、グーグルには斬新なプログラムや哲学がある。それは信頼を使ったイノベーションのいい例だ。だから、いつもグーグルは働きたい会社のナンバーワンに選ばれる。職場とはお互いを信頼し尊重しあう場所だということを、グーグルは今もわたしたちに教え続けてくれている。

そのような信頼を、子どもたちにも身につけてほしいと思うだろう。そのためには、大人が子どもを信頼し、尊重し、四六時中監視しないような環境の中で、子どもを育てたほうがいい。そんな環境を作ってあげれば、そして子どもたちが信頼と自信を持って新しいことに挑戦しながら成長すれば、グーグルのような企業が探し求める人になるはずだ。そして、そんな人間こそ、次の大きなブレイクスルーを成し遂げてくれるだろう。

わが子が危険地帯へ赴任したら

1998年、わたしは地球を半周して、南アフリカのヨハネスブルグにいた娘のジャネットを訪ねた。当時のヨハネスブルグは犯罪率が高く、紛争地域以外では世界で最も危険な都市に数えられていた。ジャネットは1年前からウィットウォーターズランド大学で社会人類学を教えていた。犯罪率が高いことをジャネットは気にしていないようだったけれど、わたしは心配だった。

母親としては当たり前だ。子どもに危険な場所に住んでほしいと思う親はいない。わたしも嫌だった。正直なところ、気が気じゃなかった。ジャネットがカリフォルニアを離れる前、わたしは理屈をふっかけた。「どうしてヨハネスブルグなの？　今じゃなきゃいけないの？　ほかに行く場所だってあるでしょう？　もうちょっと安全なところに？」。でも娘を止められないのはわかっていた。心を変えさせようとしても、わたしが負けるのは間違いなかった。

ヨハネスブルグに着いて2日目、娘がわたしに家で過ごしたいか、一緒に職場に行きたいかと聞いた。せっかくの冒険を断る手はない。そこで、娘についてソウェトにあるクリニックに行くことにした。ソウェトとは180万人が住むヨハネスブルグの南西居住区の通称で、アパルトヘイト時代にアフリカ系住民を隔離する目的で作られた街だ。

娘の赤いフォルクスワーゲンに乗ってヨハネスブルグを横断し、高速道路に乗ってソウェトに着いた。ソウェトは中流住民の大きな屋敷と、錆びたトタン屋根が並び電気も水道もない居住地が混在する街だ。ジャネットが調査していたのは、売春婦やＨＩＶに感染した女性たちだった。ソウェトの一部は極貧地域で、仕事がないので仕方なくカネのために身を売る女性も多く、それがＨＩＶ蔓延の原因になっていた。ＨＩＶの蔓延について調査し、対策を講じるのがジャネットの仕事だった。もちろん、尊い仕事ではあるけれど、危険すぎやしないかと心配だった。よりによってどうして？　とわたしはハラハラしていた。

ジャネットは昔からアフリカ文化に並々ならぬ興味を持っていた。スタンフォード時代にはケニアで1学期を送り、その後UCLAの大学院に進んでアフリカ学の修士号を取った。それから、ヨハネスブルグのウィットウォーターズランド大学に教えにきたのだった。ジャネットは、自分の才能と情熱を活かせる天職を見つけていた。わたしは娘の身に何かあったらと心配で仕方なかったけれど、邪魔はしたくなかった。

ジャネットは車をクリニックの前に停めた。わたしは一瞬だけ外に出るのをためらった。でもジャネットはわたしに手招きをして、クリニックの入り口に向かって歩きはじめた。育った場所とはまったく違う土地で、娘は自信に満ちあふれ、能力を発揮していた。その姿は輝いて見えた。心配ではあったけれど、娘を応援したくなったし、仕事や生活のことをもっと知りたくなった。

どんな母の日のお祝いよりも強烈な体験

クリニックの中に入ると、広い待合室は女性たちであふれていた。椅子に腰掛けている人も床に座っている人もいる。鮮やかなスカートやラップドレスといった伝統的なアフリカの衣装を着ている女性もいた。子どもも数十人はいた。待合室の真ん中には、コンクリートブロックの上にドア板を乗せただけの、間に合わせの大きなテーブルがあった。ジャネットはそこにいた女性たちに、英語とズールー語でわたしを母親だと紹介してくれた。女性たちはぱっと立ち上がり、興奮したように話しはじめ、たくさんの女性がわたしにハグをしてくれた。みんなとても熱く優しくわたしを迎えてくれた。アフリカでは、母親を友だちのところに連れていくのは相手にとって何より名誉で祝福すべきことだとされているのをあとで知った。

女性たちは急いで家に引き返し、なけなしの材料で料理を作って持ってきてくれた。待合室のテーブルの上にはすぐに、野菜シチュー、野菜炒め、豆料理、サフランライスなど、南アフリカの郷土料理がところ狭しと並べられた。食事はおいしく、女性たちがわたしと娘を一所懸命もてなしてくれたことに胸がいっぱいになった。それはどんな母の日のお祝いよりも強烈な体験だった。クリニックの中で女性たちの料理にわたしたちが舌つづみを打っているあいだ、男性たちはジャネットの車を洗ってくれていた。洗車もまた、母親のわたしを讃えるためだったのだ！

この旅でわたしはソウェトの人たちに言葉にできないほどの感謝の念を抱き、また娘への敬意と誇りを感じずにいられなかった。わたしは娘に恐れることなく目的を持って生きなさいと教えてきた。そして、娘はこの土地で世界に貢献し、毎日一歩ずつ世界をよりよい場所にしていた。とはいっても、ジャネットへの心配が消えたわけではない。心配だったけれど、わたしには娘に指図する資格はない。心配はわたしの恐怖心からくるもので、娘は怖がってなんかいなかった。それに、自分の恐れを娘に投影することはできないし、すべきでないこともわかっていた。

娘たちがわたしの忍耐力を試すためにわざと無茶なことをやっているのではないかと感じたこともある。スーザンは大学卒業後にインドに行き、そこで深刻な病気になったが、強い抗生物質を持っていたのでたまたま何とかなった。家に帰るまでわたしにはそのことを内緒にしていたけれど、その話を聞いただけで悪夢にうなされた。胃腸炎で死ぬ人だっている。

ジャネットもケニアで（アフリカにはじめて行ったとき）狂犬にお尻を噛みつかれた。でもわたしには教えてくれなかった。というか教えられなかったのだ。はるかかなたの場所にいて、当時は携帯電話もなかったからだ。わたしがそのことを知ったのは、ジャネットが自分で狂犬病の発症予防措置をすべて終えてからだった。娘が自分で自分の身を守れることにわたしは感心した。

アンも昔、イスタンブールからシベリア特急に乗ってロシアを横断する「ツアー」に参加したことがある。そのツアーの参加者はアンひとり、つまり、ずっとひとり旅だったとわたしが知ったのはあとになってからだった。何カ月もアンから連絡がなく、わたしは心配で夜も眠れなくなった。わたしの母が生まれ育ったクラスノヤルスクに立ち寄ることは知っていたので、何とかアンを捕まえようと決めた。ロシア語はもう何年も話していなかったけれど、子どもが危険かもしれないと思えば親というものは何でもできるものだ。わたしはクラスノヤルスクのホテルというホテルに電話をかけてアンを探し当てた。電話に出たアンは驚いて、こう言った。「ママ、どうやって見つけたの？」。わたしは、「簡単じゃなかったけど、あきらめずにがんばったのよ」と答えた。アンはわたしからの電話をとても喜んでくれたし、もちろん無事だった。

娘たちには自立しなさい、夢を追いかけなさいと言ってきたけれど、娘たちの旅は、わたしが娘たちをどれだけ信頼しているかを試すものになった。わたしにとっては我慢のときだったけれど、娘たちは立派にわたしの信頼に応えてくれた。娘たちの人生が、わたしが思い描いていたものと違っていても、わたしには止めようがなかった。娘たちをコントロールしようとしても、無駄だ。子どもは親の操り人形じゃない。娘たちがやりたいことを応援するしか、わたしにはできない。もちろん、ハラハラしたことも一度や二度ではない。それでも、わたしは娘たちを信じ、娘たちは信頼に報いてくれた。

親は気持ちを抑えて、子どもが賢く判断する力を身につけていると信じてほしい。人と世界は基本的に善良だと信じてほしい。

そして、子どもたちこそ最高の教師になることをわかってほしい。

T

Trust

R

Respect —— 尊重

I

Independence

C

Collaboration

K

Kindness

3章　子どもは親のクローンではない

子どもの発育タイミングはそれぞれ違う

初孫のジェイコブは、いつまでたっても歩きはじめなかった。18カ月にもなると、お尻歩きで居間中を這《は》いずりまわるジェイコブを家族全員がじっと見つめて、孫息子が立ち上がり最初の一歩を踏み出すのを今か今かと待っていた。お尻歩きもかわいかったけれど、心配だった。ジェイコブの母親のスーザンは本当に気が気でないようだった。わたしも気がかりだった。だが、ジェイコブの足には何の問題もないと医師は断言していた。孫息子は健康で普通の赤ちゃんだった。ただ、歩いてくれなかっただけだ。いつもご機嫌で、カーペットの上を這いずりまわっておもちゃのトラックや迷子のレゴをつかんでいた。まるで、自分の意思で歩くのはやめたと決めたように見えたほどだ。

ジェイコブの大のお気に入りはバスケットボールだった。わたしは週に何回か訪ねていたが、近くの公園に行くといつもわたしに持ち上げてくれとせがみ、リングの中にボールを投げたり、ベビーカーでお散歩中に誰かの庭にリングがあるのを見つけてボールを投げこもうとしていた。ジェイコブがボールをリングに投げこむのに、わたしは何時間も付き合ったものだ。娘夫婦もそうだった。ボールがリングの縁をくるりと回って網の中に落ちる様子を見て、ジェイコブはいつもうれしそうに声をあげていた。ジェイコブにとってはそれが世界でいちばん楽しいことだったのだ。

ある日わたしはジェイコブを乳幼児教室に連れていった。乳幼児教室には子ども用のジムがあるので、ここなら這いずりまわって遊ぶことができる。それに、いくらでもバスケットボールができる。乳幼児教室に入ったとたん、ジェイコブはバスケットボールをしている子どもたちに目が釘付けになった。子どもたちがボールをドリブルしながら右へ左へと動く様子を、目を輝かせながら見ていた。ひとりの子どもが3点シュートを決めた。ワッと歓声があがり、試合は終わった。コートが空いてボールが置きっ放しになっていた。ジェイコブはすっくと立ち上がってボールに向かって一目散に走っていった。歩いたなんてもんじゃない。走ったのだ。ジェイコブはかがみこんで勝ち誇ったようにボールを抱きしめた。孫息子はずっと立つことも歩くこともできたのに、ただやらなかっただけなのだ。それがここでやっと立ち上がる理由を見つけたわけだ。

スーザンの家に帰って、わたしは言った。「ちょっといい？　ジェイコブが歩いたわよ」

「何ですって?」スーザンは蛇口を閉めながら、何を言ってるのというような顔でわたしを見た。

「歩けるどころか、走るわよ」

とはいえ、走ったのはあの一瞬だけだった。家に帰ったとたん、ジェイコブはまたお尻歩きに戻った。バスケットリングに近づくには歩いたほうが速いとジェイコブが悟ったのは、それから数日経ってからだ。それにボールを自分で持てるようにもなった。ものを持つことはとても重要なスキルだ。ジェイコブは歩くほうが便利だとすっかりわかったらしく、今度は歩くことにハマった。わたしたちはやっと胸をなでおろした。

おしゃぶり、トイレもマイペースで……黙って子どもにまかせよう

もう一度、言わせてほしい。落ち着いて子どもを見守ろう。

いつか歩くようになるし、話すようになる。トイレにも行けるようになる。いつできるようになるかは子どもにまかせていい。何歳でトイレに行けるようになったかなんてどうでもいいことだ。おしゃぶりを使わなくなったのがいつかなんて、どうでもいい。大人になれば、そんなことは誰も気にしない。孫息子は自分にいいタイミングを見計らっていただけだし、そのうち賢い子どもに成長した。

尊重は複雑なトピックだ。まず、自分の子どもを自立した人間として尊重してほしい。

子どもにはそれぞれ違った発達のタイミングがある。発達といっても、歩いたり、話したりす

ることだけではない。親には黙って見守る我慢が必要だ。かなりの我慢がいることもある。

発達とは、子どもがその人らしい人間に育つということだ。そうなるには、深い敬意が必要になる。つまり、子どものありのままを受け入れ、その人生が自然に開かれるのを待たなければならない。ということは、親が子どもに従うということだ。子どもたちは自分のあるべき姿を知っている。その姿を讃え、尊重するのが親の仕事だ。

子どもが小さいうちから尊重していれば、見返りは大きい。

幼いうちに子どもに主導させておくことは、親としての大切な訓練になる。この訓練をしておけば、子どもがもう少し大きくなったときにもっと難しいことに対処するスキルが備わる。

自分が何者かを見極める過程は、ひと筋縄ではいかないし、スパッと割り切れないこともある。子どもに主導させれば、寄り道も回り道もする。やりたいことや好きなことをすぐに見つけられる子どものほうが少ない。実のところ、どんな子どもにも、自分が何をやっているかがまったくわからない時期がある。

でも約束しよう。そのうちにきっと、自分の道を見つけるときがくる。

バイオテック投資部門の仕事を断って、ベビーシッターになると言い出したアン

黙って子どもを見守ることがどれほど大切かをわたしに教えてくれたのは、娘のアンだった。

イェール大学で生物学の学位を取ったアンは、パロアルトの自宅に戻ってきて、プロのベビー

シッターになると決めた。なんと、子守りをしたいのだと言う。「本気?」と聞いてしまった。「あんなに必死で勉強したのに? 生物学はどうするの?」。でも娘はわたしに何も言わずに地元のスイミング兼テニスクラブに手書きの広告を出し、すぐにふた組の素敵な家族に雇われて働きはじめた。

ひと月が経ち、ふた月が経った。わたしは娘が本当にやりたいことを見つけるまで、時間をあげようと思っていた。最近の大学生は早々と就職先を決めて稼ごうとする。わたしは娘に大学の在学中に就職活動をしなさいとせっつくことはなかった。大学教育は娘にとって大切な体験だ。それでも今こそ、わたしのアドバイスが少しは役に立つかもしれない。

ある朝、娘にこう言った。「アン、サンタクララで合同会社説明会があるんだって。行ってみたら?」。どんな仕事があるかくらいは知っておいても損はないはずだ。アンはその説明会に出かけたが、ただわたしに言われたから行ってみただけだった。帰宅すると「退屈なだけだった」とのたまった。

「おもしろそうな人に会わなかった?」と聞いてみた。実は、おもしろい人との出会いがあったのだと言う。アンはその投資家から、ニューヨークに面接に来ないかと誘われていた。アンはうれしがっていたけれど、それはまともな仕事につけるかもしれないからではなく、ニューヨークにタダで行けるからだった。もちろん、わたしは行きなさいと勧めた。会社が取ってくれた宿は42丁目にあるヘルムズレーホテルで、到着したその夜アンは電話をくれたが、大雨の中にいるようなものすごい音がしていた。「シャワーの中に電話がある！」。アンは興奮してホテルの備品を事細かに教えてくれた。

面接はうまくいき、1週間後にその会社のバイオテック投資ファンド部門で働かないかと正式に誘いを受けた。夫とわたしは大喜びだった。アンにぴったりの仕事じゃないか。ワクワクするようなキャリアの出発点として完璧な仕事に思えた。その時一瞬だが、わたしの親としての仕事はもう終わったと思ったほどだ。

「どうしようかな。今ベビーシッターしてるお宅の人たちがすごく好きなの」。アンはそう言い続けていた。わたしは心臓発作をおこしそうだった。頭の中で「この賢い娘が、これから30年間ベビーシッターを続けるなんてありえない」と思っていた。でも、ぐっとこらえて口をつぐんだ。親の我慢が必要なのはわかっていたし、たとえ親の望みとは違っていても娘の選択を尊重すべきだと思った。

アンは数日間考えて、結局内定を辞退した。こうなったらもう、わけを聞かずにいられない。娘と話し合うことにした。娘は今子守りしている子どもたちが大好きだからと言い続け、わたしはあれほど娘にぴったりの素敵な仕事はほかにないと言い返した。なんならわたしがやりたいくらいだ。でも、娘の望みは違っていた。わたしが頭を冷やしたほうがよさそうだった。そして、引き下がった。それから「最高のベビーシッター」とロゴの入ったTシャツを娘に買ってあげた。確かに娘は世界一のベビーシッターだった。少なくとも、子守りは生産的な仕事だ。

数週間が経ち、友だちや夫やわたしからのアドバイスが少しは効いたらしく、アンは判断を間違ったかもしれないと思いはじめたようだった。「ニューヨークの生活も楽しいんじゃない？仕事もおもしろそうだし」と言ってみた。

2週間後、娘はその会社にまた連絡してみた。「よかった。君を待ってたんだよ」と言われたものの、もう一度最終面接を受けてくれと言われた。今回は地元パロアルトでの面接だった。カリフォルニアっ子のアンはいつもの通り短パンとビーチサンダルで面接に行った。どんな偉い人が出てくるかわからないのに、短パンとビーサンで面接に行くなんて！　まだグーグル以前の時代で、アンは面接のイロハさえ調べていなかった。でもわたしたちは娘に判断をまかせた（し失敗もさせた）。そうしないと、娘自身が学べない。

面接の相手は有名なスウェーデン人投資家のマーカス・ウォレンバーグその人だった。娘の服装はともかくとして、面接はうまくいき、娘はウォレンバーグ家のバイオテックファンドで働くことになった。娘はこの仕事を心から楽しみ、これがきっかけでウォール街のキャリアが開けた。

アンの場合は最終的にうまくおさまったけれど、子どもによってもう少し導きが必要な場合もある。今どきの大学生は卒業して何がしたいのかまったくわからず、自宅に戻って何もしない人もいる。それはよろしくない。

いつ子どもにまかせるか、いつ口を出すかをどう判断したらいいだろう？　わたしはこう思う。

何でもいいから、子どもが何かをやっていればいい。

何もしないのは問題だ。「何か」といっても、ゲームのプログラマーになりたいなら別だが、ずっとビデオゲームをやっているのはよくない。何らかの形で社会に貢献していればいい。何かをしておカネを稼ぐか、そうでなければインターンをするべきだ。自宅にタダで住まわせてあげるのにも、期限を設けたほうがいい。自立できるまでの時間をあげて、半年かそこら経ったら少しでもいいので家賃を払わせるべきだろう。それも尊重のひとつの形だ。

子どもであっても一定の基準を設けてほしい。親が子どもを尊重していれば、子どもを応援しながら要求すべきことは要求できるはずだ。

スーザン、清掃バイトから学ぶ

わたしはバークレーの学生だったころ、きらびやかさとは縁遠い、掃除のアルバイトをしていた。報酬は悪くなかったし、お客様は満足していた。そのほかに、華やかなアルバイトもした。サンフランシスコの高級デパートでショーやカタログのモデルをした。報酬は破格だった。地元バークレーの公立小学校で遊び場の監視員のアルバイトもやった。どの仕事も何らかの形でこの世界に貢献するものだ。わたしはただじっと施しを待ったりはしなかった。わたしは責任ある社会の一員だったたし、大人になるためのスキルを身につけようとした。

スーザンは夏休みのあいだ、パロアルト清掃局でファイル整理と電話応対のアルバイトをし、市内のすべてのゴミ処理トラックと緊密に連絡を取り合っていた。トラックが決められた回収ルートを巡り、ゴミの回収が終わったらきちんと洗車するのを毎朝確かめるのがスーザンの仕事だった。華やかではないけれど、人の役に立つ大切な仕事だ。それに役得もあった。ある日スーザンがわたしに電話をかけてきて、作業員がきれいな赤いソファを拾ってきたので、学校で使いたいかと聞いてきた。もちろんありがたくいただくことにした。赤いソファはすぐ学校に届けられ、メディアセンターの中でもみんなが集まる人気のスポットになった。あの赤いソファに助けられた生徒は多いし、あそこで記事を書いた学生も多かった。

アルバイトを通して世界を見ることは、子どもたちにとって最高の教育になる。そこから偉大なアイデアが生まれることもある。友だちと旅行したり、外国でボランティア活動をしたり、数カ月かけて外国語を学んだり、チャリティで働いてみるのもいい。わたしはロードトリップ・ネイションという団体のアドバイザーを務めている。この団体を通して、子どもたちは国中を旅し、さまざまな背景を持つ人たちと会うことができる。もうひとつ、わたしがアドバイザーを務めるのがグローバル・シチズン・イヤーだ。ここではギャップイヤー〔訳注：進学や進級、就職の前に自分のしたいことをする期間〕のあいだに子どもたちとやりたいことをつなぐ活動を行なっている。わたしは自分の生徒たちにいつもこう言っている。「何でもいいから、とにかく何かやりなさい」と。親たちにも同じことを言いたい。「心を開いて、子どもに道を決めさせなさい」

科学者になってほしい父、デザイナーになりたい息子

16歳のグレッグはグラフィックデザインの天才だった。最初に彼の作品を見たのは、まだ彼が高校でわたしのジャーナリズムのクラスを取っていた1990年代で、特別な才能があることがはっきりと見てとれた。グレッグは風景や複雑な建築物を誰よりも美しく描き、学校新聞のレイアウトをデザインすることが大好きだった。当時はまだ紙でグラフィックデザインを行なっていた時代だったが、そのうちコンピュータベースのデザインが主流になるだろうとわたしは感じていた。そこでグレッグにコンピュータを使って描いてみるように勧めた。芸術にテクノロジーの助けを借りてみては？　と提案した。グレッグは大喜びで勧めに従った。

問題はグレッグの父親が医師で、母親が医学研究者だったことだ。息子が芸術方面に進むなんて両親にとっては悪夢で、グラフィックデザイナーは言うに及ばずだった。グレッグは医師か弁護士か、何より科学者になることを期待されていた。両親はグレッグに大学レベルの上級科学課目をいくつも取らせていたので、グレッグは一日のほとんどの時間を勉強に費やし、大好きなアートに熱中できる時間はほんの少ししかなかった。頭のいい生徒だったので成績はよかったけれど、ボロボロになっていた。周囲にもそれはわかった。高校の最上級生になるころには、暗く落ちこむようになっていた。

秋学期も半ばのある日、グレッグの母親がわたしに電話をかけてきた。成績のことで相談があると言う。わたしは両親を学校に招いて話し合うことにした。グレッグを心配していたし、助け

たいと思った。両親はわたしに、グレッグにとって科学はとても大切なものだと言う。もちろんふたりのしてきたことをわたしは尊敬していた。ふたりが息子に自分たちと同じ道を歩んでほしいと思っている理由もわかった。子どもに将来こうあってほしいと親が思い描くことは大切だ。親は子どものためにたくさんのことを犠牲にする。わたしは娘たちを育てるために10年間キャリアを中断し、夫は家族を養うために昼夜を問わず必死に働いた（もちろん、物理学に情熱を燃やしていたからでもある）。親の考えや意見は重要なものだ。それでも子どもが違う夢を持ち、別の道に進むことはある。

わたしはグレッグの両親と一緒に、ジャーナリズムを使って科学への情熱を掻き立てるにはどうしたらいいかと、さまざまな方法を考えてみた。「スタンフォード大学で行なっている研究について、記事を書かせてみたらどうでしょう?」と母親が提案する。ふたりとも、息子にどうにかして科学に「興味を持たせる」ことだけにしか目が向いていなかった。わたしは「考えてみますね」と言ったものの、グレッグの興味は別のところにあることを知っていた。両親はそのことを認めようともしなかった。

グレッグに科学関連の記事を何本か書かせてみたものの、それほど熱は入らなかった。グレッグは暇さえあれば絵を描き続けていた。ノートが何冊も、何冊も絵でいっぱいになった。グレッグにとって描くことは生きることであり、DNAの一部だった。わたしは父を思い出した。父は才能ある芸術家だったけれど、あまりにも貧乏だった。グレッグの両親が心配するのも無理はなかった。もし息子がアートの道を選べば、食べていけないかもしれない。でもグレッグは科学者にはなりたくなかったのだ。

親の知らない人生を子どもが望んだら

36年間教師をやってきて、同じような状況を繰り返し見てきた。親は自分の興味と経験だけで子どもの目標を勝手に決めてしまう。子どもに成功してほしいと思っているからだ。その気持ちはわかる。親はよかれと思ってやっている。親はまた、自分の恐れや心配を子どもに投影する。特に自分の知らない仕事や人生を子どもが選びたがれば、心配になる。新しい道を切り開くよりも、安全なことをやったほうがいいと思ってしまう。小学生の放課後のお稽古事はたいてい、子ども本人がやりたいことではなく、親が望むことだ。子どもは家に帰って、友だちと一緒に外で遊びたがっている。言い換えれば、子どもでいたいと望んでいる。高校生の親たちは、子どもと「距離ができてしまった」と心配するようになる。「距離ができてしまう」のは、子どもはいつも親にああしろこうしろと言われたくないからだ。子どもたちは自分の情熱を追いかけ、自分の人生を生きたいと願っている。それなのに、自分たちの意思は尊重されず、誤解されていると感じている。

グレッグの両親にはそれを理解してもらうことができなかった。母親は毎週わたしに電話してきて、「どうなったか」を訊ねるようになった。そしていつも「息子が心がわりするように、勧めてみてください」と言い続けていた。しばらくすると、親はグレッグをセラピストに通わせるようになった。何度か通っても、グレッグの気持ちは変わらなかった。ずっと彼なりの静かなやり方で親に反抗していた。学校では科学の授業をおとなしく受けていたが、一方でグラフィックデザインに打ちこんだ。親と言い争ったりはしなかったものの、親の言うことには従わなかった。とにかく医師にならないことだけがグレッグの存在意義になった。

いつでも生徒を応援するのがわたしの哲学だが、親の要求に応えるのもわたしの仕事だ。そのふたつを両立させるのは至難の業だけれど。グレッグには、「あなたがご両親に気を遣っているのはわかってるわ。心配しないでね。あなたを助けるから」と伝えた。わたしはその約束を守った。わたしの授業では、ありのままの姿でいることに専念してほしいとグレッグに言った。教師として長年経験を積んできたが、思い通りにいかないときに癇癪《かんしゃく》をおこすのは子どもではなく親のほうだ。

グレッグは科学の上級課目でのうさを晴らすように、わたしの授業に熱中した。何時間もかけて学校新聞のグラフィックデザインを作りあげた。チームのTシャツの背面を見事にデザインしてくれた。新聞紙面の中身のデザインもよりプロっぽく作り変えてくれた。グレッグはいつも雑誌に目を通し、斬新なアイデアを探していた。わたしは20誌ほどを購読し、読み終えたら教室に置いておいた。今でもそうしている。

それから20年が経ち、グレッグはグラフィック・アーティスト兼ウェブデザイナーとして有名になり、ロサンゼルスに会社を構えて大成功している。大学では親の手前いくつか物理の授業を取ってはみたものの、結局自分の夢を追いかけた。

スカーフをつけさせたい父、つけたくない娘

親は肝に銘じてほしい。子どもは親の言うことを聞く。親に認められ愛されたいからだ。でも、子どもが本当に幸せになるには、子ども自身の声に耳を傾ける必要がある。

ある生徒は、学校にスカーフをかぶっていくことを強いる父親といつもケンカしていた。彼女の一家はカイロからパロアルトに移住してきた人たちで、ここで新しい人生を歩むことを望みながらも、父親は宗教的な慣習に従うのが娘のためだと信じて譲らなかった。ほとんどの移民の親は子どもに母国の文化を引き継がせたいと願うものだし、それは理解できる。伝統は大切だ。わたしたちを支え、あるべき姿を決めてくれるのも伝統だ。でも一方で、移民の親たちは子どもに「アメリカ人」になってほしいとも願う。子どもはそこに矛盾を感じる。

親にも葛藤《かっとう》がある。移民の親たちは子どもによりよい人生を送らせるために、大きな犠牲を払ってアメリカにやってくる。それなのに、アメリカの文化をなかなか尊重できない。

わたしの祖父も、「アメリカ人」として成長するわたしを見るのがつらかったようだ。祖父母はサンランド・タジャンガのわたしたちの家の隣に住んでいたけれど、わたしを故郷のウクライナのチェルノフツィの敬虔《けいけん》なユダヤ人女性のように育てたいと思っていた。わたしがティーンエ

イジャーのころは、わたしのやることなすことすべてに反対していた。当たり前だが、わたしはウクライナ育ちの女性のようには振る舞わない。祖父母にとってはショックなことがふたつあった。ひとつはわたしの背が高かったことだ。わたしは180センチ近い長身だ。家族の女性たちはみんな160センチもなかったし男性でも170センチ足らずだった。日曜日に家族や親戚が集まると、いつも「エスターはまた背が伸びたのかね？」と聞かれていた。自意識の強い年ごろのわたしにとっては、それが嫌で仕方がなかった。赤ちゃんのときに病院で取り違えられたのではないかと悩んだりもしたけれど、弟のリーは190センチ近くになったのでやはり家系なのだと安心した。もうひとつ、祖父にとってショックだったのは、わたしがジャーナリストになりたがったことだ。当時は女性がジャーナリストになることなど考えられなかった。「記者は頭のいい男性の仕事だよ」とよく言われたし、そのころは実際にジャーナリズムの世界には男性しかいなかった。

どんな民族でも、子どもは親や祖父母に似るものとされている。身体的な特徴はもちろん、親の価値観や選択を子どもは踏襲するものだと思われている。価値観や選択が違うと、家族の関係にヒビが入る。

先ほど話したカイロから来た生徒は、わたしにすぐに相談にきたわけではない。わたしはコンピュータ室で泣いていた彼女を見つけて、お父さんに正直に悩みを打ち明けてみるようにうながした。彼女は父親と話し合ってみた。話し合いから数週間はうまくいっていたけれど、父親はまたスカーフをつけなさいと言うようになった。そこでふたりのケンカはおさまらなくなった。親の言うことに従わなければ家から追いだすと言われてしまった。

彼女は悩み、ホームレスのシェルターを探したり、友だちの家に居候させてもらえないかと聞くまでに追いつめられていた。16歳の女の子がひとりぼっちでホームレスのシェルターに移り住むことなど、想像できない。彼女は結局友だちの家に居候することになった。

父親のもとを離れたことで、ケンカはしなくてすむようになった。それでも、彼女は家族のもとを離れて淋しくてたまらなくなり、家族も彼女がいなくなって淋しがっていた。ティーンエイジャーとはいえまだ子どもだ。家族を恋しがるのは当たり前だった。数カ月して、父親が彼女にスカーフをつけるなら家に帰ってきてもいいと言い、彼女は父親に従うことにした。このことで家族全員が苦しんだ。

この生徒は、自分が正しいと思うことか、家族かの、どちらかを選ばなくてはならない立場に追いこまれた。この父親が娘のためを思っていたのはわかるけれど、ほかの国に暮らせばその土地の文化に順応すべきときもあるということを、父親は理解していなかった。

親なら覚えておいてほしいことがある。この手の闘いに親は勝てないということだ。「18歳になるまでは、わたしたちの言うことに黙って従いなさい」と言う親もいる。すると子どもは18歳になったとたんに、自分の意見を押し通すようになる。短期戦で勝っても、長期戦で負けてしまっては意味がない。

子どもは親の分身ではない

親は子どもを自分の分身のように思ってしまう。

子どもを作る原始的な理由のひとつも、そこにある。つまり、自分たちが引き継いできた知恵が失われないように、自分の分身を作って、自分が死んだあとでも目標や夢を永遠に生きながらえさせるということだ。

赤ちゃんが生まれると真っ先に話題になるのが「パパにそっくりじゃない？」という話だ。親は子どもの中に、自分や家族に似た特徴や性格がないかといつも探している。子どもが親にそっくりで、振る舞いまでまったく同じということもある。赤ちゃんが、亡くなった家族の生まれ変わりのように思えることもある。生まれた日に運命が決まっている場合もある。最近出会った男性は、数百年も続く医師の家系の10代目だと言う。彼は家族の伝統に誇りを持っていたし、それは当然だけれど、もし子どもが別の道を歩みたいときはどうなのだろうとわたしは考えずにいられなかった。

親が子どもを自分の分身のように思ってしまう心理を、心理学者なら親の「エゴ」と呼ぶかもしれない。

「娘は母親であるわたしのもの」と思ってしまう親もいる。子どもに自分や祖父母と同じ名前をつけるのも、典型的な親のエゴの表れだろう。

親は子どもを自分の身代わりに見立ててしまう。子どもがどんな立派なことをしたか、どんな高級車に乗っているか、どれだけおカネを稼いだかで、自分の価値を測ろうとする親もいる。そんなものは「ペットのショー」と同じだ。子どもを見せびらかして、自分のエゴを満たしているだけだ。「見て見て、うちの子すごいでしょ！　まだ2歳なのに、あんなこともできるのよ！」と。5歳で5カ国語を操る子どもや、6歳で九九を暗記している子どもの動画を見たこともある。あれのどこが楽しいのだろう？　うれしがっているのは親だけだ。子どもはうれしいのだろうか？

自分の子どもに勉強を教えるのが苦手な親がいるのはどうしてだかご存じだろうか？　それは子どもの中に不安で不完全な自分の姿を見てしまうからだ。子どもが教えたことをすぐに理解できなかったり、試験に落ちたりすると、そういう親はたちまち怒ったり不満をぶつけたりする。そんなことだから、子どもにとっていい教師になれない。

親が勧める職業が消滅する時代

子どもは親と同じ道を歩むはずだという思いこみは、この21世紀には危険でさえある。どんな職業が現れるかわからない中で、キャリアへの備えができなくなってしまうからだ。

10年前に3D印刷や合成生物学は考えられなかった。安定的な職業と思われていた医師の仕事も変わりつつある。電子カルテが普及し、手術をロボットに頼り、診察の際にはグーグルグラスで記録を取る。近い将来、レントゲン写真はロボットが正確に読み取ってくれるようになるだろう。会計士という職業があなたにとっては最高だったとしても、子どもに同じ仕事を勧めるのは、もしかしたら間違いかもしれない。会計の仕事自体がなくなってしまう可能性もある。

トーマス・フリードマンが言うように、今は自己学習と情熱の世紀だ。「情熱」こそ「成功」につながる時代なのだ。そして、情熱は強制からは育まれない。

うつ病、自殺……追いつめられる子どもたちをどう救う？

子どもを自分のクローンにしたいと願い、ありのままの子どもの姿を尊重できなければ、深刻な問題が起きかねない。

長年教師をしていると、年を追うごとに生徒たちがますます落ちこみ、追いつめられているのがわかる。アメリカ保健福祉省によると、12歳から17歳までのティーンエイジャーのうちおよそ３００万人が、２０１６年に少なくとも一度は深刻なうつ状態を経験したことがあると言う。その原因はさまざまだ。ソーシャルメディアにさらされる不安感もあれば、高校の授業で課される手に負えないほどの課題もあれば、志望大学に合格しなければならないというプレッシャーもある。志望大学といっても、自分ではなく親の望みだったりもする。

ストレスがあまりに重くのしかかってどうしようもなくなると、自殺に追いやられる子どももいる。アメリカ疾病予防管理《CDC》センターの２０１６年の統計によると、10歳から14歳までの子どもと、15歳から24歳までの若者の死亡原因の第2位はいずれも自殺だった。全体の風潮も気がかりだ。1999年から2016年のあいだに、自殺者数は28パーセントも増えている。

ここパロアルトでも、ティーンエイジャーの自殺がたて続けに起き、コミュニティを根底から揺るがせている。地元のふたつの高校では生徒への重圧を減らすため、思い切った施策を行なっている。パロアルト高校の校長だったキム・ディオリオは、スタンフォード大学で教育を専門に研究するデニス・ポープ教授の助けを借りて、素晴らしいプログラムを立ち上げた。このプログラムの目的は、子どもたちにかかる親や社会の重圧を取り除き、子どもがありのままの自分を尊重するように導き、子ども自身にとって大切なことに目を向けさせ、成績がBでも世界が破滅するわけではないと気づかせることだ。

だが、アメリカでも世界でもそんなプログラムを実践している学校がどれだけあるだろう？　どれほど多くの子どもたちがストレスを抱え、落ちこんでいるだろう？　どうしていいかわからず、理解されていないと感じている子どもたちがどれほどいるだろう？　そんな子どもはものすごい数にのぼる。

うつ状態と自殺が難しい問題だというのは、もちろんわかっている。ありとあらゆるリスク要因がここに絡んでくる。でも、問題の本質は、子どもたちに逃げ場がなく、自分らしくない人生を強いられていると感じていることではないだろうか？　そしてそこから抜けだせないことでは？

イェール大学の研究者がパロアルトのような富裕層地域の中高生を対象に、自殺に追いこまれるほどのプレッシャーの原因を調べたところ、大きくふたつの原因が浮かびあがった。ひとつは「学業でもそのほかの活動でも優秀でなければならないというプレッシャー」だった。こちらはわたしたちもわかっている。ただし、もうひとつは、親との断絶だった。子どもの考えや情熱や好みが尊重されないと、子どもは殻に閉じこもる。親に反抗できず、親を恐れて、自分の意思を伝えることをすべてあきらめてしまう。支えがいちばん必要な時期に、孤立してしまうのだ。

学校嫌いの問題児は何を考えているか？

ありのままの姿を認めてもらうことは、人として欠かせない。だから、誰かひとりでも、ほんの少しでも子どもに敬意を払えば、その子どもは救われる。

子どもの情熱を見つけてそれを育み、本当にその子どもを理解することがどんなに大切かを考えるときにいつも思い出すのは、ケレブという生徒のことだ。

ケレブは背の高いハンサムなアフリカ系アメリカ人の生徒で、わたしは1年生の英語のクラスで彼を受け持った。ケレブはいつもニコニコしていたけれど、その目はどこか悲しげだった。わたしの受け持ったクラスは英語のレベルがいちばん低い生徒のクラス（リーディング能力で2学年分かそれ以上遅れていた）で、男子が15人、女子が3人いた。わたしは自分からこのクラスの受け持ちに手を挙げた。あえて自分から火の中に飛びこんでいこうという先生はあまりいなかったからだ。わたしは遅れている生徒たちを助けたかった。それと、自分の教え方が、成績のよくない生徒たちにも効果があるかどうか知りたかったのだ。

学業面で遅れのある生徒たちは、生活面でもありとあらゆる問題を抱えていた。これまでの教育制度の中では、そうした生徒を励ますようなことをほとんど何もやれていなかった。

毎学期、問題を抱えた生徒はかならず何人かクラスにいる。ケレブもそのひとりで、まったく意欲のない生徒だった。普段は落ちこんでいる様子を見せなくても、うつうつとしていることはわかっていた。これまでの8年間、学校では問題ばかりおこしてきたし、この年も同じことの繰り返しだと彼自身考えていたはずだ。

ケレブには目標というものがなかった。ただ、ひとつだけ、目標らしきものはあった。授業を妨害することだ。彼が他人の注意を引くには、授業を妨害するしかなかったのだ。新学期がはじまって数週間もすると、ケレブにはやる気がなく、心ここにあらずの状態なのは、誰の目にも明らかだった。

ある日、授業のあとにケレブを呼び止めた。「ケレブ、学校が嫌でたまらないみたいね。当たってる？」と聞いてみた。

「うん。学校大嫌い」

「そうなの？　大嫌い？」

「うん、マジでムカつく」

スニーカー、昆虫、ゲーム……〝専門家〟になることで子どもは自信を持つ

そのまま話を続けていると、ケレブがイースト・パロアルトにある狭い2部屋のアパートメントに住んでいることがわかった。母親と妹は居間に寝て、ケレブが寝室に寝ているらしい。ありあまるほど金のある家庭の子どもたちと同じ学校にいるのは、つらかったはずだ。彼の母親は家政婦として働き、家族は生活費にも困っていた。「みんなが週末に何をしたとか、どれほど金があるかとか、聞いてるとムカつく」ケレブはうつむいて言った。彼が落ちこんでいるのはよくわかった。目が物語っていた。どんよりとして、輝きがなかった。自分が25歳まで生き延びるなんてありえないと考えていた。「黒人の男は早死にするんだ」。

「でも黒人の男の子みんながそうってわけじゃない」わたしは言った。「あなたは生き延びるのよ」。

わたしはケレブが何に興味をもっているか探すことにした。何かひとつくらいあるはずだ。それはスニーカーだった。どうしてスニーカー？　ケレブの仲間うちではスニーカーがステータスになっていたが、ケレブには高すぎて買えなかったからだ。あるブランドのスニーカーを履いていると、仲間うちで「かっこいい」と思ってもらえる。

次にわたしがやったのは、ケレブにスニーカーとその買い方に誰よりもくわしくなるよう励ますことだった。ケレブに欲しい種類のスニーカーを探させて、価格を比較させた。どのスニーカ

ーがいちばんかっこよくて、それはなぜなのか？　どのサイトが最安値か？　調べた結果を友だちの前で発表してもらった。ケレブも喜んでいた。

子どもは何かの専門家になれると、自信が持てる。ゲームの専門家でも、昆虫の専門家でも、好きなものなら何でもいい。専門家になれればそれでいい。

これはすごく単純で、人生が変わるようなものではない。でもケレブにはふたつのことが起きた。ひとつは「自分が誰よりもくわしい分野」を見つけたこと。もうひとつは、自分を信じてくれる先生を見つけたことだ。それから彼は遅刻しなくなった。学校に来たくなったからだ。顔つきも変わった。笑顔を見せるようになり、わたしといつも話したがった。宿題もしてくるようになった。

ケレブとは今も連絡を取り合っている。たまにランチに連れだすこともある。今は近くのコミュニティカレッジの2年生で、将来は電気工事の会社をはじめるつもりだ。

これは特別なケースではない。誰にでもチャンスはある。子どもを優しく気遣い、興味のあることを探し、信頼し尊重してあげれば、彼らを救うことはできる。どんな生徒にも可能性があり、救う価値がある。

「きょうだいで誰がいちばん好き？」と聞かれたら

自分の子どもを尊重するという簡単なことが、親にとってはなかなか難しい。

たとえば、子どもの順番を考えてみよう。親にとっては子どもをひとり育てるだけでも大変なのに、2人目ができるとなおさら大変だ。3人目、4人目ができたら、しっちゃかめっちゃかな毎日が待っている。親の手は2本しかないし、3人目は誰が抱えればいい？　どの子も特別で、それぞれに欲しがるものは違う。どの子もきょうだいと自分を区別したがるし、大きくなればみんな親に反抗しはじめる。

生まれ順は子どもの発達に大きく関わり、親への反抗の仕方も生まれ順で違う。

わたしはそれぞれ発達段階も欲しいものも違う3人の娘を育ててきた。第一子は最初に生まれただけでも特別だし、末っ子は家族の中ではいつも赤ちゃん扱いされる。でも真ん中の子どもはどうだろう？　性別が違っていればそこで自分を区別できるが、性別も同じ場合は別の何かで自分を区別したがる。

わたしの娘は3人とも抱っこされたがり、わたしの気を引き、1番になりがたり、わたしの「お気に入り」になりたがった。朝の6時半から「ママ、わたしのこといちばん好き？」とよく聞かれたものだ。まだ頭がボーっとしているときに聞かれても、答えに困る。わたしは半分眠ったまま手を持ちあげてこう答えていた。「どの指がいちばん好きかしら？　今日指を一本切り落とさなくちゃならないとしたら、どの指を切り落とせばいい？」。娘たちはそれで納得してくれたが、翌週になるとまた同じことを聞かれた。

わたしがいくら説明しても質問をやめなかったのは、真ん中の娘のジャネットだ。ジャネットはいつも1番になりたがった。長子でない子どもたちは親の注目を惹きつけるために次のふたつのいずれかの方法を使う。きょうだいと競争するか、反抗してきょうだいとはできるだけ違う個性を強調するかだ。ジャネットは競争するほうを選んだ。いつも長女のスーザンに勝ちたがり、たいていいつも勝っていた。姉よりも速く泳ぎ、速く走り、速く読み、速くしゃべり、もっとハグされ、もっとかわいがられたがった。小さいころから計算ができたし、4歳で幼稚園に入った。ジャネットの負けず嫌いには驚かされた。背の高さまで姉と競い合っていたが、残念ながら身長では負けてしまった。

末っ子のアンが生まれると、それまでスーザンと優秀さを競い合っていたジャネットが、それに加えてアンとかわいさを競い合うようにもなった。ジャネットのかわいさもなかなかだったが、アンにはかなわなかった。まだ1歳にもならないころから、アンには人を惹きつけて離さない生まれつきの魅力があった。アンは、かわいさを武器にして欲しいものを手に入れる才能のある賢い子どもだった。

誕生日パーティーもひと筋縄ではいかなかった。わたしはスーザンの誕生日にジャネットにプレゼントをあげ、ジャネットの誕生日にはスーザンにプレゼントをあげることにした。ふたりとも喜んでいた。アンが生まれると誕生日にみんなプレゼントをもらえることになった。3人とも大喜びだった。

“生まれ順”で性格が決まるのは本当か？

誕生順が子どもに与える影響についての研究は数多く、そのほとんどはわたしたちが直感的に知っていることを裏付けている。第一子は従順だという人は多い。ひとつには、ふたりの親がどちらも自分に注目するからだろう。でも、もうひとつには、親の言う通りにしておけば、妹や弟より自分が賢く見えることをわきまえるからかもしれない。

『The Birth Order Book（誕生順の本）』や『The Firstborn Advantage（第一子の強み）』を著した心理学者のケビン・レーマン博士によると、第一子は高い期待に応えようとするらしい。わが家はどうも違っていたようだ。次女のジャネットはとにかく1番になりたがり、実際それを成し遂げていた。真ん中の子どもは「仲裁役」になりがちで、たいていはほかの子どもより調子がよくソツがない。ほかの家庭ではそうかもしれないが、ジャネットはとても「仲裁役」とは言えなかった。いつもエキサイティングで楽しい何かを探していた。ジャネットは挑戦者で、刺激的で、奇想天外なことが大好きだった。下の子どものほうがあまのじゃくになりやすい。

こうした研究をよく読めばわかるが、はっきりと書かれていないのは、親の子どもに対する期待についてだ。第一子が何でも1番になる傾向があるとすれば、それは、親がそう期待するからだ。

わが家では、スーザンとジャネットの両方に、自分のやりたいことが上手にできるように期待したし、もしうまくできなければ娘たちは何度でも挑戦していた。失敗してもまたやり直せばいい。そう励ましていた。そうやって子どもたちは学んでいくし、大きな期待にも応えられるようになる。わたしはスーザンに高い水準を求めていたし、ジャネットにも同じだけのことを期待した。わたしの期待に応えられると思っていたし、アンが生まれたら、アンにも同じことを期待した。

このことは繰り返しておきたい。高い水準を設けることも尊重の一部だ。ただ甘やかすことは、子どもの能力を尊重していることにならない。

ただし、子どもが好きでもないことで1番になるよう無理やり努力させても、尊重していることにはならない。子ども自身が情熱を持てることにしか、高い水準を求めてもうまくいかないものだ。親ではなく子どもが自分で選んだことに、成功できるよう励ましてほしい。

親がその対象を勝手に選んでしまうのが、問題なのだ。親は子どもを導くことはできるが、押しつけてはいけない。

強制すると子どもは落ちこみ、怒りを抱えるようになる。スーザンが5人の子どもを導く姿を、わたしは見てきた。5人それぞれが違うことに興味があり、導くのも簡単ではないが、スーザンは子どもの選択を尊重し、選んだことが上手になれるように子どもたちを励ましている。ジェイコブは音楽が大好きなので、ピアノが上手になれるようにサポートする。アメリアは運動が得意なので、サッカーチームの活動を応援している。それぞれの子どもは好きなことを選んでいいが、子どもが選んだ場所でできる限りの力を発揮することを親は期待する。

子どもの日記を見たのがバレたら？

子どもが親への尊敬を失うこともある。そうなったら、修復すればいい。子どもが大きくなるにつれ修復は難しくなるが、それでも尊敬を取り戻すことはできる。

親としていちばん難しいのは、子どものプライバシーを尊重することだ。どんな子どもにもプライバシーが必要だ。幼児も例外ではない。

ジャネットが13歳のとき、部屋を片づけなさいと何度も繰り返し言い聞かせた。でもジャネットが言うことを聞かなかったので、わたしはうんざりして自分で片づけることにした。そのとき、ベッドの下にあった日記を見つけてしまった。実を言うと、わたしは誘惑に負けて、日記を読んでしまった。ジャネットがしていることや考えていることがわかったのはうれしかったが、自分が娘のプライバシーを侵してしまったのもすぐに自覚して、最悪の気分になった。

日記を元の場所に戻して、娘にしらばっくれておくこともできた。でもそれではよくないと思った。そこで、娘にきちんと白状することにした。

翌日、ジャネットが学校から戻ってきたときに、わたしは白状した。そして恐る恐る日記を娘に返した。娘はわたしに向かってわめいた。部屋のドアをバタンと閉めて、わたしを近くに寄せつけなかった。それでもわたしは謝り続けた。我慢できずに間違ったことをしてしまったこと、そんな自分を恥じていることを娘に伝えた。

ときには子どもに親の言い分を伝え、こちらの気持ちを理解してもらうようにつとめることも必要だ。わたしはもう二度とプライバシーを侵害しないと約束した。そして娘はわたしを許してくれた。

子どもの前で親が失敗してしまうことはある。子どもたちは、失敗そのものより、親がみずからの失敗にどう対応するかから、より多くのことを学ぶ。

また、ほかの親たちのいるパーティーに、わたしには来てほしくないと娘に言われたこともあった。「ママ、いつもしゃべりすぎなのよ。すごく偉そうにしてる」。

もちろんわたしは傷ついた。でも、娘たちがわたしにいてほしくないなら、その場所を侵してはいけないとも思った。それに、娘たちの言い分はもっともだった。わたしはしゃべりすぎる。だから、パーティーには行かず、そのことを根に持ったりもしなかった。

それでよかった。わたしは娘たちの気持ちを尊重し、それをきっかけに娘たちとの関係が変わったようだった。次のパーティーには呼んでもらえた。わたしはなるべくしゃべりすぎないようにがんばった（でも難しかった）。

振り返ると、娘たちは自分が主導権を握っていることを確認したかったのだと思う。ほんの一度でもわたしが娘に従ったことで、娘たちがどう人と付き合うかは自分で決めていいのだと確認できたのだろう。

言葉だけでは足りない。行動が何よりものを言う。一度のパーティーが次の機会につながったし、娘たちが言いたかったことが、わたしにもわかった。

親の背中を子どもは見ている

もちろん、親は子どもを尊重すべきだし、子どもも親を尊重してくれたら最高だ。

だが、あなたは自分がこの世界でどう生きるか、周囲の人にどう敬意を示すか、どんなふうに子どものお手本になっているかを真剣に考えたことがあるだろうか？

子どもたちはすべてを、本当に何もかも見ている。子どもはどんなことも見逃さない。あなたが配偶者に、ほかの家族に、近所の人たちに、友だちにどう敬意を示しているかを見て（感じて）いる。子どもたちはあなたが職場の上司や同僚について話すことを聞いている。あなた自身がどう自分を尊重しているかを見ている。そのひとつひとつが子どもの行動と価値観に表れる。

子どもに尊重を教えるということは、自分が誰かを尊重するということだ。しかも毎日の行動でそれを表すということだ。あなたが人生で出会うすべての人を尊重するということだ。

親が手本を示せば、子どもは従う。たいていの場合はそうだ。ただし、多少は導いてあげないといけない。

娘が間違った行動をとったとき、わたしは娘たちに反省文を書かせ、どうやったら改善できるかを考えさせた（最高裁判事のルース・ベイダー・ギンズバーグも子どもが粗相をしたら反省文を書かせていたらしい）。娘たちが問題をおこしたらかならず、謝らせていた。きょうだいゲンカをしたときも、何かに遅れたときも、家のことをやらなかったときもそうだ。書くことは考えることであり、考えることで変化が起きる。

「他者を尊重すること」がすべての基本

わたしはこれまで36年間、プロの新聞社員に接するように、生徒たちと接してきた。それがわたしのプログラムだ。本物の新聞作りに近い体験を生徒たちに与えてきた。生徒は実社会と同じ責任を持ち、実社会と同じ結果を経験する。

学校新聞は、自主的に運営されている。つまり、生徒たちが広告を売ってすべての発行費用をまかなっている。学期のはじめに生徒みんなに契約書と新聞を1部持たせてパロアルトの中心街に行き、その1年の広告を獲得させる。記事のネタを考えるのは、わたしではなく生徒たちだ。怪しいネタもたまにある。それでも、生徒主導のネタ会議のあいだに、あまりにひどいアイデアは自然に消滅する。生徒たちはいつも自力で答えを見つけだす。深く考え、周囲のフィードバックを聞くことで、自然にそうなるのだ。

次にどの生徒がどの記事を書くかを編集委員たちが決める。記事の中には、かなりデリケートな話題を扱ったものもある。たとえばこれまでに、先生の教え方の質の低さ、生徒のうつ、セックスに対する生徒の態度、学校の理事会の一貫性のなさといった話題を扱ってきた。最近の話題は、銃規制とパークランドの高校での銃撃事件、そして校長の辞任だ。

長年の経験からわかったのは、締め切りを守ってプレッシャーのもとで働くには、お互いを尊重する雰囲気が必要だということだ。ジャーナリズムには批判と修正がつきものだ。生徒たちにはみずからの限界を越えるように励ましている。わたしではなく、彼ら自身が自分とお互いを追いこんでいる。わたしが彼らを全面的に支援していることが彼らにもわかっているので、わたしも言葉をオブラートに包んだりはしない。論説や特集記事に関しては、はっきりとわたしの意見を伝える。「この締めの部分は書き直しが必要ね。わたしに助けてほしい？　それとも自分で考えたい？」と聞いて、改善方法を話し合う。

もちろん、努力している生徒たちに対しては、気を遣う。生徒とその努力にはもちろん敬意を払う。だが、全員が一等賞になる必要はないし、生徒たちもそのことを知っている。

わたしは毎号どの記事がいちばんいいと思うかを生徒たちに伝え、その理由を説明する。生徒たちも自分の意見を言い、彼らの意見は紙面に反映される。

新聞は生徒のもので、わたしのものではない。わたしはアドバイザーでしかない。生徒たちは、わたしが彼らの能力を上げようと努力していることを知っている。ここでの経験は、生徒たちが社会に出て、嫌でも批判を受けるときのための準備になる。仕事について誰かに批判されたとき、わたしの生徒なら「こんなことは前にもあった。もっとうまくやる必要があるし、きっとうまくできるはずだ」と考えられる。

逆に、社会に出て批判する側に立つこともあるだろう。編集委員になった生徒は、仲間の生徒たちが書いた記事についての話し合いをリードする責任がある。お互いの記事を読み批判してくる60人の生徒を、彼らがまとめなければならない。これがどれほど素晴らしい学びになるか、想像してほしい。

中でもいちばん大切な学びは、敬意を持って他者に接することだ。わたしは学期のはじめにいつもこう注意している。「仲間に尊重してもらいたければ、あなたがまず仲間を尊重しなさい。意地悪なことを言ってはいけません。みんなの前で誰かを辱《はずかし》めるようなことをしてはいけません」。そして、一度仲間からの敬意を失ったら、それを取り戻すのは不可能に近いと重ねて伝える。編集委員であっても仲間に怒鳴ることは許さないし、「黙れ」などとも言ってはいけない。そんな態度は仕事の邪魔になるだけだ。

敬意を欠く言葉や行動は職場環境を悪くする。生徒たちはわたしの言葉にピンとくるようだ。だから、わたしもくどくどと繰り返しはしない。みんな、ひとつの目標に向かって努力している。その目標とは、素晴らしい新聞を作ること。ティーンエイジャーが集団で学校に夜遅くまで居残りたがることなどあるだろうか？　生徒みずからが作るものに責任を持ち、完璧なものにこだわると、そうなる。人生をかけるほど熱が入ると、そんな力が生まれる。

2016年、パロアルト高校の新しい理事の選挙があった。パロアルト高校が発行する学校新聞のザ・カンパニールは毎回、どの候補に投票すべきかを推薦し、地元のコミュニティはこの推薦を真剣に受け止める。生徒たちとの話し合いの中で、どの候補を推薦すべきかについて、生徒の意見がわたしとはまったく違うことがわかった。わたしたちは、各候補の経験や専門性が理事会にどう役立つかについてそれぞれ意見をぶつけ合った。わたしは生徒の意見を尊重し、生徒たちもわたしの意見を尊重してくれた。だが、学校新聞は生徒のものだ。だから最後には生徒が勝った。学校新聞は生徒の推薦を掲載し、その記事は選挙に影響した。

頭がいいだけでは、よい先生になれない理由

もうひとつ、生徒から尊重を教わった例がある。わたしは長年、スタンフォード大学やノートルダムカレッジで学位を取ろうとしている教師たちの指導役《メンター》を務めてきた。いつもは最初の2週間で、彼らがいい教師になるのに苦労しそうかどうかがだいたいわかる。

わたしが注目するのは、生徒とつながり、生徒を尊重し、生徒を好きになり、自分自身を笑いとばせる力があるかどうかだ。成績評価や罰則を使って完璧を目指そうとするタイプは、なかなかいい教師になれない。

厳しい教師は、自分の言葉に従わない生徒を怒ることに多大なエネルギーを無駄使いし、生徒たちを押さえつけ、教師自身が決めたことを最初から最後まで守ろうとする。コミュニケーショ

ンの下手な元海兵隊曹長は、なかなかいい教師になれなかった。生徒に提供できることも多かったし、頭のいい先生でもあったのに、生徒たちは彼の授業を毛嫌いし、いつも別のクラスに移りたがった。逆に、高い水準を目指していても、改善や習熟によって生徒の手に届く目標を掲げている先生は、成功していた。

わたしは、すべての人を――生徒も、先生も、娘も、孫も――尊重することで、彼らも自分自身を尊重できるように励ましている。

自分を尊重できれば、信じられないことが起きる。自分への敬意は、リスクを取る自信を与えてくれ、独立した人間になる自信を与えてくれる。自分を尊重できなければ、恐れが先に立つ。他人がどう思うかばかりが気になり、自分の倫理観や情熱に従うことができなくなる。死に際に人々がいちばん後悔するのは、夢を追いかけず、誰かの期待する人生を送ってしまったことだ。誰も自分の子どもにはそんな後悔はさせたくないはずだ。

アンはまだ3歳のころから、アイススケートがうまかった。スタンもわたしもアイススケートはできなかった。スタンは氷の上を歩こうとして、何度も転んでいた。それなのに、アンはリンクの上をスイスイと滑ってまわっていた。その後、アンはシンクロナイズド・アイススケートのチームに入り、大学ではアイスホッケーの選手になり、氷の上で見せた恐れ知らずの姿勢でさまざまなことに挑戦し、情熱に従って、持って生まれた才能を生かせる人間になった。

わたしの生徒たちも、同じだった。メキシコ移民の息子のサミーには非凡なデザインの才能があった。ジャーナリズム・プログラムの全員に愛されていたサミーは、わたしの目の前で大きな成長を遂げていった。サミーはわたしのプログラムを通して自分への尊重と自信を身につけ、コミュニティメンターの助けを借りて生徒自身が選んだ分野を1年間勉強できる制度に応募してグラフィックデザインの専門家になり、サンフランシスコ州立大学へと進学した。サミーは家族ではじめて大学に入ったのだ。

詩人のハリール・ジブラーンはこう書いている。「あなたの子どもはあなたのものではない。子どもたちは生命の希求そのものの息子であり娘である。子どもたちはあなたからくるものではなく、あなたを通り過ぎる存在だ。そして子どもたちはあなたと一緒にいてもあなたの一部ではない」

親は子どもを尊重したいと思っていても、自信のなさからそれをためらってしまう。親にとって自信のなさを乗り越えるのがいちばん難しいが、基本を肝に銘じておけば敬意を持って子どもと接することはできる。

親とは違う子どもの望みと興味を尊重してほしい。子どもが選んだ活動で力を発揮するよう子どもを励ましてほしい。そして何よりも、子どもに愛と支えを与え、子どもが自信を持って自分の道を追求できるようにしてほしい。

T Trust

R Respect

I Independence——自立

C Collaboration

K Kindness

4章　子どもができることは、絶対やってあげてはいけない

スパルタ式の〝タイガー・マザー〟

２０１４年の秋、わたしはメキシコのプエブラで、照明の輝く舞台上にいた。横に座っていたのは、世界的なベストセラーになった『タイガー・マザー』（朝日出版社）の著者、エイミー・チュアだ。

エイミーは、中国やアジア諸国ではよくある厳格な子育て法を強く推奨する、スパルタ教育の提唱者だ。わたしたちが招かれたのは、教育と政策とテクノロジー分野の最先端の思想家たちが集まる、ＣＤＩカンファレンスの壇上だった。７０００人を超える聴衆が、わたしたちがどう娘を育てたかを聞くため、会場に詰めかけていた。

これほど巨大な会場の舞台にいるのは不思議な気分だったが、わたしの斬新な教育哲学と娘た

ちのシリコンバレーでの成功によって、わたしにも注目が集まっていた。わたしは2002年にカリフォルニア州の最優秀教師に選ばれ、教師と生徒の支援プラットフォームであるグーグルエデュの立ち上げを手伝った。長年にわたって、アメリカ教育省やヒューレット財団、またタイム誌の教育プログラムの相談役にもなってきた。これまで、子どもたちに力を与える活動を行ない、学校と家庭をどう変えたらいいかについて声をあげてきた。

わたしはベストセラーになったエイミー・チュアの本を読んで、心配になっていた。本に書かれていたエイミーの子育て法は、問題だらけだと思ったのだ。このところ注目を集めている実に間違った子育てが、その本に集約されていた。もちろん、この本に賛成できない親もいたはずだが、多くの親が自分もスパルタにならなければならないと考えていたようだった。

エイミーは、厳格で頭ごなしに子どもに命令することで知られていた。子どもに何がいちばんいいかを知っているのは親で、子どもを導くだけでなく成功につながる行動を強制するのが親の務めだと、彼女は説いていた。たとえば、学芸会は勉強の邪魔で役に立たないとして、娘たちに参加を禁じていた。娘の興味や嗜好を一切考えず、習い事は親が決めていた。Aマイナスの成績や、クラスで2番になることは許されなかった。オールAで1番でないといけなかった(「体育と演劇以外のすべての科目で」)。それでは、まったく楽しくなさそうだ。

あるとき、エイミーは3歳の娘ルルにピアノを教えようとしたが、ルルは鍵盤をゲンコツで叩くだけだった。無理もない。まだ3歳なのだから。エイミーは怒って勝手口のドアを開けた。外は凍えそうな寒さだ。エイミーは娘に自分に従うか外に出るかを選ばせた。３歳の娘はどっちがいいかを考えて、外にいるほうがまだマシだと決めた。

正直なところ、ルルの勇気はあっぱれだとわたしは感心した。それにエイミーが娘たちと真剣に向き合っていることも、素晴らしいと思う。わたしと同じように娘たちのことを大切に思っていなければ、ここまでのことはできないはずだ。でも問題は、エイミーの娘たちがどのくらい自分で人生の主導権を握っているか、つまり自立できているかということだ。彼女たちが若いころからものすごい成功をおさめていることは、もちろん明らかだ。娘のひとりはカーネギーホールでソリストとして演奏したし、それは非常に栄誉なことだけれど、娘本人はどれだけ幸せなのだろう？　それとも、それは母親の幸せのためでは？　ルルが反抗し、ロシアでの夕食中に怒りが爆発して、人生が嫌になったとグラスを床に叩きつけたのは、自分ではない何者かの殻に閉じこめられて身動きがとれなくなったと感じたからではないだろうか？

エイミーの考え方に共感する親は多い。毎年12月になると、生徒の親たちから商品券や高級デパートで買った高価なプレゼントやおいしい家庭料理がわたしのもとに届く。そうした贈り物はありがたいし、そこに込められた教師への感謝の気持ちをとてもうれしく思う。でも、親によって教師に期待することはそれぞれ違う。わたしは生徒の自立が何よりも大切だと思っているが、親たちは教育環境をコントロールしたがる。

エイミーとわたしの討論を報道したメディアは、わたしを「パンダ・マザー」と呼んでいた。

もちろん、マスコミは「タイガー・マザー」に並ぶ呼び名が必要だったからそう呼んだわけだが、わたしは自分をパンダ・マザーだとは思っていない。パンダは食べて寝るだけで、ほかにあまり何もしない動物だ。実際は違っても、パンダには「怠けもの」のイメージがある。わたしの子育ては、怠けているわけでも、ほったらかしているわけでもない。ただ、自立を大切に考えているだけだ。親は子どもの自立をうながすべきだし、自分で何かを始められるような人間を育てるべきだ。

“ヘリコプター・ペアレント問題”

「除雪車式（スノープラウ）子育て」もまた、エイミー流子育て法の一種だ。「除雪車式子育て」とは、子どもが出会うはずのすべての障害も難題も親が取り除くという手法で、親にとっては切実な方法でもある。

ヘリコプター・ペアレントという言葉を聞いたことのある人は多いだろう。ヘリコプター・ペアレントとは、過保護や過干渉の親という意味で、ジュリー・リスコット・ヘイムスがベストセラーの『大人の育て方──子どもの自立心を育む方法』（パンローリング）の中でくわしく説明しているコンセプトだ。長年スタンフォード大学の新入生担当学生部長を務めたジュリーは、自分の経験から「人間として何かが欠けている」大学生が増えていることに気がついた。「学生たちは、パパとママの外側だけをコピーしているように見えました。でも中身はなかったんです。

自力で生きていけない存在になっていました」

それはなぜだろう？　ジュリーによると、親が子どもの人生に干渉しすぎて、子どもがひとりでは何もできなくなってしまっているらしい。過干渉の理由は、恐れの文化が広まっていること、メディアが子どもへの脅威をあおりすぎること、子どもの数が減っていること、プライドが高すぎることなど、さまざまだ。

まさかということまでやる親もいる。子どもが入学した大学の近くに部屋を借りたり、就職面接にまでついていったりする人もいるらしい。冗談かと思ったが、本当のことだ。

支配されつづけると子どもは……

この残念な子育ての風潮についてジュリーと話したとき、子どもへの過干渉はだいたいよかれと思っての行為だと彼女は強調していたし、わたしもそう思う。親は子どもの成功を願う。だから子どもの失敗を見るのがつらいのだ。助けてあげてもいいじゃないか？　わが子が苦しまないように。親はそう思う。でも、むしろ大いにアダとなる。「それが子どもを無力にしてしまうんですよ。今の学生は子牛みたい。見ている分にはかわいらしいし頭もいい。でも大人として物事を考え抜くことができないんです」とジュリーは言っていた。

親の過保護が子どもの不安と落ちこみにつながり、大人として人生に対処する力をいちじるしく損なってしまうことが、彼女の本では説得力を持って描かれていた。

わたしも教師として、年々子どもたちが力を失い、自立できず、恐れを抱くようになってきたと感じる。意見を主張することを恐れ、間違うことを恐れ、異論のある話題を調査することを恐れ、何よりも失敗を恐れるようになっている。恐れが彼らを動かしているように見える。

特に深刻なのは（過保護な）親を失望させることへの恐れだ。

子どもたちは、優秀な成績を取り一流大学に入ることだけが大切なのだと教えられている。ジャーナリズム初級クラスの生徒の中には、署名記事を死ぬほど恐れている子もいる。なぜかというと、ほかの人からどう思われるかが心配だからだ。つまり、自信がないのだ。

そんな子どもたちは21世紀に成功するスキルを持ち合わせていない。わたしがこの本を書こうと思ったのも、こうした子育ての危機に向き合いたかったからだ。

子どもを指示待ち人間にしてはいけない

ここで、エイミーとの「討論」に戻ろう。といっても、ほとんど討論にはならなかった。割り当てられた30分のうち、最初の15分はエイミーが話し続けていた。自分の子ども時代を思い返し、「家で英語をひと言でも話すと、お箸《はし》でぴしゃりと叩かれた」「100点満点の99点を取ると、母親はミスした1点にこだわり、次回は必ず100点を取ることを命令された」などと語っていた。『タイガー・マザー』の中には、父親のこんな逸話もあった。「8年生のとき、歴史コンテストで2位になり、家族に授賞式に来てもらいました。最優秀賞を受賞したのは別の生徒でした。式のあと父はわたしにこう言ったんです。『二度とわたしに恥をかかせるな』」。

本の中でも舞台上でもエイミーは、親のやり方は結局成功したし、両親とはとてもいい関係だと言っていた。こうした厳格な環境で育った彼女が多くを学んだことは確かだろう。でも、果たしてこのやり方は、繰り返す価値のあるものなのか？

エイミーは、自分の娘も同じやり方で育てたと言い、自分の子育て法を弁護していた。「子育てはどんな仕事よりも難しかった」と本人も認めていた。エイミーにとって、子育てはとんでもなくつらい経験だったのだ。エイミーはふたつの文化に引き裂かれ、娘たちを支配しなければ、アメリカの特権に甘んじた凡庸な人間に育ってしまうと思いこんでいたのだろう。

「家庭の中の警察官にならなければ、子育てはそれほどつらくないはずですよ」とわたしは言った。わたしの経験は正反対だった。わたしにとって子育ては楽しい経験だったし、つらく苦しい闘いにならずにすむやり方もあるのだと、聴衆に話した。もちろん、子育てに大変なことはつきものだけれど、わたしは純粋に子育てを楽しんだ。

エイミー流子育ての問題点は、自立心と情熱を娘たちに植えつけられないことだ。彼女の娘たちは、自分が何に情熱を持っているかがよくわからず、指示に従うだけで精一杯だった。エイミーが何もかも指示していたので、娘たちは自分の頭で考える必要がなかった。

わたしは、子どもたちに指示がなければ動けない人間になってほしくなかった。クラスで1番になるということはつまり、すべてのルールに従順に従うことで、そんなことはまったく望んでいなかったのだ。娘たちには、自分の情熱を追いかける喜びを発見してもらいたかった。社会の問題に立ち向かい、これまでにない解決策を見つけてほしかった。人生の中で、親も含めた周囲の人たちと、あたたかく愛情に満ちた人間関係を築いてほしかった。

誰かに支配される人生を送りたい人はいない。もしわたしに母として、また教師として学んだことがひとつあるとすればそれは、どんな年齢の子どもにも自立が必要だということだ。

では、どうしたら子どもを自立させられるのだろう?

生まれた瞬間から自立させはじめよう

「母はわたしたちを自立させようと心に決めていた」リチャード・ブランソンは、自伝『ヴァージン　僕は世界を変えていく』(阪急コミュニケーションズ)にこう書いていた。「4歳のとき、母は自宅からまだ数マイルもある場所に車を停めて、僕に、畑を越えて家に帰りつくまでの道を探させた」。4歳でそこまでやらせるのはよくないかもしれないが、自立が大切ということについては、ブランソンの母親は正しかった。

若くして母親になったわたしも、同じことを感じた。それはおそらく、女性が本当に何の権利も持たなかった1950年代に育ったせいだろう。わたしの母にはお金も力もなかった。いつも父が望むことをやっていた。弟のデイビッドの診察を断った医師の言うことを鵜呑《うの》みにしたのも、それが理由のひとつだ。力のある人に逆らうことは、母にはできなかった。そしてわたしも、母と同じように振る舞うべきだと思われていた。

でもわたしは抵抗した。誰かが着るものを手渡してくれるのを待つよりも、自分で縫うことを学んだ。ティーンエイジャーになると、1ワードあたり3セントで記事を書き、当時は男性の職業と言われていたジャーナリストになる日を夢見ていた。大学時代にはモデルのアルバイトをした（細長い足がやっと役に立った）。でも、ある点では親の望みにも従うことになった。若いうちに結婚したからだ。

結婚式の前夜、義理の母が未来の夫をどうお世話したらいいかを見せてくれた。「ベッドメイクはこんなふうにね」と言いながら、見たこともないほどきちっとシーツを折り畳んだ。わたしには絶対に無理だと思った。それからタンスのほうに行って、服の整理の仕方を見せてくれた。朝食のメニューも教えてもらった。スクランブル・エッグと甘いケシの実ロールと濃いめのコーヒー。これは作り話じゃない。妻になるということは、男性の世話を引き継ぐことだと教えられたのだ。しかも、わたしにそう言った義母は、高度な教育を受け、博士号を持ち、その分野で第一人者となっていた女性だった。

でも、娘たちには、そうでない人生をわたしは望んだ。結婚もせず子どもも作らないという意味ではない。従順であれという教えを守らなくてもいい、自分を抑えつけることのない人生という意味だ。誰かに頼って、特に親に頼って選択肢が狭《せば》まってしまうのはもったいない。

親と子は一緒に寝るべきか？

自立は出だしが肝心だ。それは、生まれた瞬間からだ。赤ちゃんのときには親がそばにいて離れてはいけないと思われている。でも、自立はここからはじまる。

睡眠に話を戻そう。子どもの睡眠について誤解している親は多い。わたしは2章で、睡眠は信頼の第一歩だと言った。睡眠はまた、自立への第一歩だ。睡眠は、子どもが自分で自分をあやし、自分で自分の欲求を満たす最初の機会になる。

パメラ・ドラッカーマンは世界的なベストセラーになった『Bringing Up Bébé（赤ちゃん育て）』の中で、フランス流の「ひと呼吸置く」という習慣について語っている。フランス人は、赤ちゃんが夜中に起きると、あやす前に少し待つと言う。生まれたての赤ちゃんでも、家族に対する責任があると考えられている。親が眠れるように、子どもも寝ることを学ばなければならない。

わたしは「ひと呼吸置く」という習慣を知らなかったけれど、娘たちにはそうしていた。娘たちが小さいころにフランスとスイスにいたので、知らず知らずのうちにその文化に影響されていたのかもしれない。

フランス人が直感的に理解していたことを裏付ける最近の研究もある。小児科学誌に掲載された2017年の調査によると、4歳9カ月の幼児を比較したところ、ひとりで（自分の部屋で）眠る子どもは、「統合睡眠時間」（一度に眠る時間）が長くなる。残念ながら、アメリカ人の多くはこのことを知らない。

カリフォルニア州メンローパーク在住の有名な小児科医、ジャネスタ・ノーランド博士によると、8歳、9歳、10歳になっても夜中に何度も起きてしまう子どもは少なくないと言う。1歳、2歳、3歳の子どもでも、夜を通して眠れない子どももいる。なぜだろう？　それは眠り方を教わっていないからだ。「親が怖がって子どもに学びの機会を与えられないことがあるのです」とノーランド博士は言う。「（子どもをひとりにすると）子どもたちが傷つくのではないか、必要なときに支えられないのではないかと感じてしまうのです」。

赤ちゃんは3カ月か4カ月ごろには、なんとなくみずからを個人として認識しはじめるとノーランド博士は言う。「突然、赤ちゃんは自分が親とは違う個体だと気づくのです。親は赤ちゃんがこのことを学ぶ前に、ベッドを別にして、できれば部屋も別にしたほうがいいでしょう」。ドラッカーマンによると、フランス人は4カ月の赤ちゃんを個として認めているようだ。そのころまでにひとりで眠れるようにならないと、そのあとが難しくなる。グズったら親が駆けつけてくれると学んでしまうからだ。もちろん、特別に難しい赤ちゃん（夜泣き癖のある場合など）も中にはいる。しかし、大半の子どもは早いうちに夜中ずっと眠ることを身につけたほうがいい。何よりも、そのことが自立につながる。

子どもがある程度大きくなっても夜中に何度も起きるような場合には、まず子どもと話してみるといい。子どもは眠ることで成長すると説明しよう。すべてを理解することはできなくても、コミュニケーションが最初の一歩になる。また、話し合うことで、年齢に合った習慣を決め、それに従うこともできる。たとえば、寝る前に本を読んだり（特に眠りに関係する本）、歌を歌ったりするのはとてもいいことだ。楽しいし、子どももリラックスできる。そして、いちばん大切なのは、夜中に子どもが起きても、あわてて駆けよらないことだ。「ひと呼吸おく」習慣をつけよう。

子どもの癇癪にどう対応するか

いい睡眠の習慣をつけるには、親が手を出さないことが肝心だ。だが、子どもの癇癪に対しては、決まりごとを作って守らせたほうがいい。

子どもはなぜ癇癪をおこすのだろう？　周囲を支配したいからだ。子どもが自分と環境を支配したがるのは、自立への一歩だ。幼児は自分の感情をコントロールできない。だから泣きわめいたりジタバタしたりする。しかし、辛抱強く時間をかけて接してあげれば、泣きわめかなくても人に何かをお願いできるようになる。

とはいえ、子どもが欲しがるものをすんなりと与えたほうがいい場合もある。価値のあるものなら、与えてもいい。たとえば、子どもが図書館に行きたいと泣きわめいた場合には、わたしなら許してあげる。読書を好きになってほしいからだ（もちろん、泣きわめくのはやめさせる）。

あるとき、ディズニーランドで娘たちが「イッツ・ア・スモールワールド」のボートに乗りたがった。それも、午後中ずっと。1周するのに15分しかかからないので、10回以上は乗ったと思う。あの歌を頭から追い払うのに、何日もかかったほどだ。でも娘たちは楽しんだし、あの歌には力強いメッセージがあった。世界は小さく、人はみな似たもの同士。わたしには、娘たちが大切な教訓を学んでいると感じられた。

わたしは子どもたちが怒っても、譲らないルールをひとつだけ決めていた。「人前で癇癪を出すのは許さない」と。わたしが大切だと思わないものを子どもたちが欲しがった場合は、特にそうだった。

あるとき、デパートのメイシーズでジャネットが欲しいおもちゃを見つけて、だだをこねはじめた。わたしは絶対ダメと言い張った。そこでジャネットは最悪の癇癪をおこした。まるでわたしが針でも刺したように叫び声をあげたのだ。店から連れだして、かなり遠くまで行ってからやっと、ジャネットはあきらめた。

子どもは癇癪をおこすものだし、それは避けられない。でも、親がルールを決めて譲らなければ、どんな利《き》かん坊でもいつかはわかってくれる。

〝魔の2歳児〟に親がするべきこと

子どもが癇癪をおこしはじめるのは、自分で何でもやりたがるようになる2歳ごろだ。このころから自分で靴を履いたり、髪をとかしたり、服を着たりしはじめる。親が手を出そうとすると、怒りだす。癇癪をおこして、はじめから自分でやり直すと言ってきかなくなる。

では、どうしたらいい？　子どもにやらせてあげよう。時間がかかるし、見ていて本当にイライラするし、シャツを前後ろに着たり、靴を左右逆に履いたりするかもしれない。娘たちがとんでもない格好で外に出てしまったことも数えきれないが、娘たちには自力で何かができたと感じてほしかった。自立心を養うのに、これは大切なことだ。

いつも時間に余裕があるとは限らないが、たまには子どもたちに必要な時間を与えてほしい。少なくとも2割の時間は、自分で服を着たり、そのほかの簡単なことをやらせたほうがいい。子どもが何かを自分でやりたがるのはいい兆候だと思い出してほしい。

デパートから子どもを引きずり出さなければならなくなるほどひどい癇癪をおこすようなら、子どもに理屈を言い聞かせたほうがいい。

子どもはまったく理不尽だ。特に幼い子どもには、理屈は通らない。それでも、自分をコントロールすることを学ばなければ、自立できない。

わたしは娘に「言葉を使う」よう励ました。娘にこんなふうに言っていた。「悲しいのはわかるし、何かが欲しいのもわかる。でも癇癪をおこしていたら、助けられないの」。子どもたちは幼くても人間だ（脳はまだ発達中でも）。「ママにどうしてほしいか言葉で教えてちょうだい」と何度も言ってきかせた。そのうちに、子どもは自分の気持ちを言葉にできるようになる。

わたしは絶対に妥協しないと心に決めていた。子どもの癇癪に応じてしまったら、本当に困ったことになる。親のみなさん、くれぐれも気をつけてほしい。はっきりと一線を引いてほしい。ベビーカーに乗ったあのかわいい子どもは、自分が何をしているかをはっきりと自覚している。子どもたちは大人をコントロールするすべを知っているのだ。でも大人がそうさせなければいい。ただし、癇癪をおこすということは、あなたの前では癇癪をおこしても安全だと子どもが感じているということでもある。そのことも考えてほしい。

知らない人の前や、気楽になれない人の前では癇癪はおこさない。あなたが家に帰るまで待って癇癪をおこすのは、あなたを信頼しているからだ。騒がしいしイライラするかもしれないが、癇癪は自立への一歩だ。

ルールを決めて、子どもにまかせる

ときには、子どもの抵抗の中に、知恵が隠れていることもある。

1973年から74年にかけて、わたしたちはスイスで暮らし、ジャネットとスーザンはジュネーブの国連幼稚園に通っていた（スーザンは5歳でジャネットは3歳だった）。ふたりとも自立心にあふれた賢い子どもだったが、ジャネットはスーザンのやることをすべてやりたがった。言葉を話しはじめたのも、スーザンと同時期だった。そこまで、負けん気が強かったのだ。

幼稚園でも、同い年の子どもたちと同じクラスでは満足できなかった。でも国連幼稚園はジャネットの思い通りにしてくれない。3歳児は3歳児のクラスに入るものと決まっている。それでもジャネットはあきらめなかった。

ジャネットは勝手に自分から5歳児のクラスに混じった。いまだにどうしてそんなことができたのかわからないが、6週間も経ってからやっと、ジャネットのクラスが違うことに先生が気づいた。しかも、本人が3歳だと言っていたのを誰かが聞いてはじめて間違いがわかったのだ。

ジャネットは3歳児のクラスに戻されたが、納得しなかった。言い分も聞いてもらえず侮辱されたと思ったジャネットは、幼い子どもたちと一緒のクラスにされて辱められるよりも、幼稚園をやめるほうを選んだ。わたしたちが必死に言い聞かせても、戻らなかった。結局、ジャネットはフランス人幼稚園に入園した。フランス人幼稚園でも同い年の子どものクラスに入れられて不満だったものの、少なくともフランス語だったので、ジャネットにはいい挑戦になった。

翌年カリフォルニアに戻るころには、ジャネットはもう小学校に入る気満々だった。でも、公立校は4歳児を入学させてくれない。そこでフォードカントリー・デイスクール（私立校）に入学させた。ジャネットは成績優秀で、与えられたものをすべて読み尽くし、1年生の終わりには5年生の算数のカリキュラムを終えていた。

ジャネットはわたしに、子どもは自分にとって何がいちばんいいかを知っていると教えてくれた。

子どもの言うことに耳を傾けられるかどうかは親次第だ。ただし、理にかなう範囲で聞いてほしい。子どもが危険なことや理不尽なことを望んだら、止めたほうがいい。泳げないのにプールに飛びこもうとしたり、アイスクリームが冷たすぎて泣きやまなかったら、親が助けに入るべきだ。しかし、面倒でも理にかなったことなら、条件付きで許してあげることを考えてもいい。「もう一度滑り台で遊ばせてあげたいけど、おばあちゃまとお昼ごはんを食べると約束してしまったし、約束に遅れたくないの。明日また公園に戻ってきましょうね」とか。もし子どもが真剣に難しいことに挑戦したがったり、夢中になれることをやりたがったら、やらせてみたほうがいい。

ジャネットは1歳1カ月で泳げるようになった

子どもが幼児期を過ぎたら、親はどこまで子どもにまかせるか、どこでルールを守らせるかを子どもと話し合いながら、子どもが興味を持ったことをやらせてほしい。

わたしは、安全かどうかを基準にして、子どもにまかせることを決めていた。母親としてまず第一に考えたのは、子どもたちの安全だ。

カリフォルニアのわが家の庭には、幸運なことにプールがある。とはいえ、娘たちが幼いときはいつも心配だった。そこで早く泳ぎを覚えさせることにした。ただの水遊びではなくて、きちんと泳げるようにしたかった。プールの端から飛びこんで反対側の端まで泳ぎ、誰の助けもなしにプールから出ることができるようになってほしかった。水泳の先生を雇ったり、水泳教室に通わせたりする必要があるとは思わなかったので、『0歳からの水泳：子供の健康と安全と楽しみのために』(バージニア・ハント・ニューマン著、泰流社)という本を買ってきた。白黒の写真を見ると、簡単そうだった。子どもは自然に息を止めることができるとわかったし、水泳もほかのことと同じで親の態度に左右されることもわかった。最初は頭を水の中に入れるところからはじめて、次に犬かき、そしてクロールへと進んだ。もちろん、娘たちはすごく上手というわけではなかったが、水の中でいきいきとしていた。3人とも、2歳になるまでには泳げるようになっていた。ジャネットは13カ月で泳げるようになった(いつ何ができるようになるかは子どもによってそれぞれ違うので、親はそのことを頭に入れて安全を最優先してほしい)。

娘たちをスタンフォード大学の教員専用スイミングクラブに連れていって友だちに会うこともあった。ある4月の午後、ジャネットが15カ月のころ、あたたかい春の日にこのスイミングクラブに娘たちを連れていった。ジャネットは、当時3歳のスーザンとプールのまわりを走りまわっていた。するといきなり、ジャネットがプールに飛びこんだ。わたしはジャネットが泳げると知っていたので——自分で泳ぎ方を教えたのだから——心配しなかったけれど、近くに座っていた年長の男性が椅子から飛び起きて、ジャネットを「救う」ためにプールに飛びこんだ。ジャネットは「アッ」と驚いてものすごい表情を浮かべた。その男性の親切心はありがたかったが、ジャネットはひとりで泳ぎたかったのだ。15カ月のジャネットにその男性は謝って、泳ぎ去っていった。それからは、プールにいくとまわりの人にジャネットが泳げることを伝えておくことにした。

水の安全は譲れないが、ほかの習い事はほぼ娘の好きにさせた。ここが、いわゆるタイガー・ペアレントやヘリコプター・ペアレントとわたしの違うところだ。子どもがやりたくないことを何時間も強制することだけはしたくなかった。もちろん、子どもたちに新しいことに挑戦させて、難しくてもあきらめないよう励ますことは大切だけど、子どもの気持ちを尊重したほうがいい。そもそも習い事をするのは何のためかを思い出してほしい。子どもの興味や積極性を育て、人格を育成するためだ。娘たちの場合はどんな習い事でも、わたしはかまわなかった。何かをしていればいい。

わたしと夫は音楽好きだが、娘たちは違っていた。ピアノとバイオリンをしばらく習っていたが、娘たちは楽しんでいなかった。バイオリンは持ち運べてどこでも演奏できるから便利だと勧めてみたけれど効果はなく、レッスンを週に2回から1回に減らしてみたけれどダメだった。アンはアイススケートをしたがった。ジャネットは水泳が好きで、スーザンはテニスが好きだった。わたしは娘に選ばせることにした。娘が好きなことを追いかけるのが、わたしにとってはいちばん大切だった。

興味のないことは無理してやらせない

違いを認めることは、すべての基本になる。

孫のジェイコブは音楽の才能があり作曲もする。高校の最上級生のとき、「ワンズ・アンド・ゼロズ」という素晴らしいミュージカルを上演した。ジェイコブが音楽と脚本を担当し、演出も演技も手がけた。

だが、ジェイコブの兄弟も音楽好きというわけではない。妹のアメリアは楽器は演奏できないが、何年もダンスをやっていた。弟のレオンはチェスの名人で、レゴもうまいしゴルフが大好きだ。下のふたり、エマとアバはバレエに夢中だ。この世界にはやることがたくさんある。

もうひとつ、大切なことがある。何かをやり続けることは大切だが、子どもの興味が変わったらそれを認めたほうがいい。

習い事が嫌になってきたら、休みを取って見直してみるといい。子どもがそれでもやめたがっていたら、ほかの何かを探させるのもいい。

孫娘のアメリアは素晴らしいダンサーで、何年にもわたって全国大会で優勝していた。放課後に何時間も練習を続け、チームの一員として国中を旅した。そのアメリアが昨年、ダンスをやめてサッカーに集中したいと言いだした。親はシーズンが終わるまでは続けたほうがいいと励ました。シーズン途中で投げ出してはいけないと教えることも大切だった（それが人格形成にも役立つ）。だが、本人が本当にやりたいことは何かを、親は訊ねた。アメリアは、シーズンが終わるとダンスをやめた。せっかくここまでやったのだから（お金もたくさんかかったのだから）と強制的にダンスを続けさせる親もいるかもしれない。それでプロのダンサーになれたかもしれない。でも、そうなったとして、いったい誰の人生だろう？　それで自立したことになるだろうか？

幸せだろうか？

イーロン・マスクの母と意気投合。「親は子どもの宿題をしてはいけない」

もう何十年というもの、カリフォルニア州では4年生になると全員が「ミッションプロジェクト」に参加することになっている。このプロジェクトは社会科学習の一部で、カリフォルニア州の歴史を生徒たちに教えることを目的にしている。やることは単純だ。角砂糖で伝道所のミニチュアを作ること。と聞くと、歴史を身近に感じられる、楽しそうなプロジェクトに思えるかもしれない。

ところがどっこい。見事なミニチュアを提出する生徒もいる。細部まで凝った芸術作品と言えるようなものだ。アーチを描く回廊、鐘楼《しょうろう》、とんがった瓦《かわら》屋根。でも作っているのは誰だろう？生徒ではない。たいていは父親だ。

今どきの親たちは負けず嫌いで、何にでも手を出したがる。まさかということにまで、手も口も出してくる。子どもたちが自分でやらないことがわかっているので、このプロジェクトをやめてしまった教師もいるほどだ。親のためにプロジェクトを続けても意味がない。子どもにやらせてくださいと前もって親に注意する教師もいる。それで万事解決すると思われそうだが、例外もいる。多くの親は協力してくれるが、たまに博物館に所蔵したほうがよさそうな見事なミニチュアもある。誰が作ったのかは一目瞭然《いちもくりょうぜん》だ。

娘たちが4年生になったときには、3人とも自分で伝道所を作った。娘たちの作品を学校に持ち寄って、同級生たちの作品を見るまで、手伝うことなど思いもよらなかった。同級生の作品と比べると、アンの作った伝道所は、地震で崩れかけているように見えた。わたしは心の中で、歴史的リアリズム作品を作った娘を褒めてあげた。

わたしはいつも、宿題は娘にまかせていた。娘の宿題なのだから。みんなそれぞれの個室に大きな机があり、午後はそこで宿題をしているのはわかっていた。わたしが何も言わなくても、娘たちは自分から宿題を済ませていた。それが習慣になっていたからだ。もちろん、当時は携帯電話やタブレットなどに気を散らさずにすんだ時代だ。とはいえ、娘たちは宿題をやることも授業についていくことも、好きでやっていた。もし宿題をやらなかったとしても、それは娘たちの問題だ。

頼まれれば助けることもあったが、そのときはお互いに楽しんでやった。プロジェクトになると、ほかの親たちはずいぶんと手を出していたけれど、わたしは気にかけなかった。娘たちには、「あなたを信じているし、あなたなら上手にできると思う。どんなものでも、あなたの作品ならわたしは満足よ」と言っていた。娘たちが助けを求めたら、もちろん手を貸したけれど、主導権は娘に持たせた。わたしが娘の分まで何かをやってあげることはなかった。

栄養士でトップモデルでイーロン・マスクの母親でもある、メイ・マスクと話しているうちに、わたしたちが同じ考えなのがわかった。彼女も子どもの宿題をチェックしたりはしなかった。と言うより、できなかった。食べていくために5つも仕事を掛け持ちしていたからだ。親のサインが必要な宿題があるときには、子どもに親のを真似させて、サインさせていた。「時間がなかったの。それに、子どもたちがやるべきことだから」。そう彼女は言っていた。

子どもに必要なのはそれだ。常にコントロールされ保護されることではなく、自分の人生に責任を持たされることが必要なのだ。

つまり、親の立場で言うと、幼いころから頻繁に子どもに責任を与えることが必要になる。言い換えると、親が後ろに引き下がるということだ。導いたり、教えたりすることは必要だが、親が思うよりも子どもははるかに幼い年齢から、もっとたくさんのことができる。

子守り、皿洗い、買い出し……子どもにどんどん家事をやらせるべき

スーザンは18カ月のころからわたしの公式のお手伝いさんだった。当時まだ赤ちゃんモニターはなく、家は広かった。だから、スーザンが赤ちゃんモニターがわりになった。ジャネットが泣きだすと、スーザンが「ママ、ジャネットが泣いてる！」とわたしを呼んでくれた。スーザンはまだはっきりと話せなかったけれど、役目は果たせた。スーザンは責任を任されたことに誇りを持っていた。そして大切な家族の一員だと感じていた。オムツをたたむのも手伝ってくれた。スーザンにとってみればゲームのようなものだった。

少し大きくなると、スーザンは「ジャネットの先生」になった。ジャネットにおもちゃを与え、ガラガラの使い方を教え、いつも何かの活動ができるよう見張ってくれた。ジュネーブ時代は、スーザンがつぶしたバナナをアンに食べさせているのを見るのが楽しかった。バナナのほとんどはアンの顔に張りついていたが、スーザンはほんの少しでも家族に貢献できて喜んでいた。

皿洗いは、わが家では重要な仕事だった。夕食後は娘たちがみんなシンクの前で小さな台の上に立ち、お皿を洗った。もちろん、すべてをピカピカにはできなかったけれど、家族の責任を学ぶことにはなった。孫たちもまたこのわが家の伝統を受け継いでいる。4歳のアバはスツールを持ってきて、兄のレオンの皿洗いを手伝っている。朝のベッドメイクもまた、娘たちの仕事だった。とは言っても、娘たちがベッドメイクしたあとのベッドはまだ、誰かが眠っているように見えた。それでも、わたしは文句を言わなかった。ベッドメイクらしきものをしている限りはよしとしてあげた。

スーパーマーケットに買い物に行けば、娘たちにりんごを2ポンド分カートに入れるように頼んだ。今は子どもサイズの小さなカートもある。だが、当時はなかったので娘たちは普通の大きなカートを使わなければならなかった。わたしが教えた方法でおいしそうなりんごを選び、2ポンド分を量ってカートに入れる。娘たちには予算も教えておいた。もし予算オーバーしてしまったら、どの品物を棚に戻すかも考えてもらった。

幼いころから娘たちにはある程度の自由を与え、それに伴う責任も意識させていた。たとえば、部屋のインテリアも（ある程度まで）娘にやらせた。どんな部屋にするかを娘たちが決めていいが、いったん決めたらそれで通さなければならない。当時は床を一面カーペットにするのが流行りだった。みんなでカーペット屋に行き、娘たちに好きなカーペットを選ばせた。6歳のスーザンは、毛足の長い鮮やかなピンクのカーペットを選んだ。だからそのカーペットでずっと過ごさなければならなかった（スーザンはそのカーペットをずっと気に入っていた。わたしとは趣味が違っていたのだ）。大人になってスーザンが家を買ったとき、インテリアデザインについては多少の経験があった（今回はもっとおとなしい色合いにしていたので、安心した）。ジャネットもこのチャンスを逃すまいと、鮮やかなブルーのカーペットを選んだ。こちらはまだわたしの趣味に合っていたけれど、ジャネットの部屋なのでジャネットの好きにすることが大切だった。アンも6歳になると自分のカーペットを選ぶことになった。アンは毛足の長い黄緑のカーペットを気に入った。

誤解のないように言っておきたい。子どもに理解できない責任を与えたり、できないことをやらせたりするのはよくないし、安全でもないのに道端で遊ばせたり、危険な地域の店にお遣いにやることを勧めているわけでもない。片方の子どもがティーンエイジャーでもない限り、年上の子どもにひとりで下の子どもの面倒を見させるのもお勧めしない。

その準備ができていないのにひとりでなにかをやらせても、自立できないし、むしろトラウマになる場合もある。だが、目くじらをたてすぎるのもよくない。

メリーランドでは10歳の兄と6歳の妹が自宅から数ブロックのところを子どもだけで歩いている途中で警察に保護された。シカゴでは、母親が8歳の娘にひとりで犬を散歩させていたとして、警察に通報された。最近ニューヨーク・タイムズの社説には、4歳の息子を5分間だけ車の中にひとりにした（涼しい日で、窓には風を通す隙間があり、ドアにはチャイルドロックがかかっていて、警報機もオンになっていた）として母親が逮捕された話が載っていた。母親が急いで何かを買いに店に入った瞬間に、通行人が警察に通報したそうだ。これにはさすがに母親をかばう声もあがった。２０１８年5月に、ユタ州は「子どもの自由を広げる法案」を可決し、学校に歩いていったり、外でひとりで遊んだりといった、それまで法律で許されていなかったことを許すことにした。「育児放棄」の定義を見直し、多くの人が基本的な子どもの自由だと考えることを、育児放棄とは見なさないと決めたのだった。

緊急時にどうするか確認しておく

自立には、土台になるものと支えが必要だとわたしは思っている。

子どもに家事や責任を教えてあげて、完璧でなくてもよしとしなければならない。

近所を自由にうろついてもいいけれど（本当に安全な場合に限る）、定期的な連絡と確認は必ずしなければならない。娘たちは地元のプールからよく公衆電話で連絡してきた。公衆電話を使うには、爪先立ちになって手を伸ばさなければ届かなかった。今は携帯電話があるから便利だ。また、子どもたちがいつでも緊急連絡先に連絡できるようにしておかなければならない。壁に連絡先を貼っておいてもいいが、大切な番号と住所は暗記しておくほうがいい。

緊急時にどうするかを子どもがわかっていることが必要だ。子どもたちだけの場合もそうだし、親といる場合でも緊急時の対応を決めておくほうがいい（親の身に何かあったらどうする？）。

近所の人たちの存在も忘れてはいけない。子どもが自立していく上で、隣人は大きな支えになれる。はじめて子どもたちだけでお留守番をさせる場合には、親の携帯番号を子どもたちがきちんとわかっているかどうかを確かめてほしい。あなたがいないあいだにすべきことを子どもたちに与えて、いつ帰るかを教えよう。留守番のあいだの活動を組み立てよう。そのうちに、子どもたちも自分で自分の世話ができるようになるはずだが、最初は導いてあげることが必要だ。子どもたちは訓練によって大人になることを思い出してほしい。

スティーブ・ジョブズが差し入れたオーガニックごはん

もうひとつ、理解しておいたほうがいいことがある。子どもたちが自力ですべてをやろうとすると、多少の混乱は避けられない。

学校新聞を発行する週にメディア・アーツセンターに入るたびに、いつもこのことを思い知らされる。メディア・アーツセンターはまるで大学キャンパスの一部のように見えるが、ここはパロアルトの公立高校だ。このセンターの設立は2015年。ここでジャーナリズムを教える教師は全員、理事会とパロアルト市民がこのセンターの建設を支えてくれたことに、心から感謝している。この建物ができるまで、わたしは30年というものエアコンがしょっちゅう故障し、剝《は》がれかけたリノリウムが敷かれた移動教室を使っていた。移動教室とは、トレイラーのようなものだ。というか、トレイラーそのものだ。高校のキャンパス内にトレイラーを駐車し、そこに電気を引きこんで、教室と呼んでいただけの代物だった。

新聞発行日にはいつも、午後3時ごろからてんやわんやが始まる。朝からずっとそこにいる生徒もいるし、前夜の夜中までここにいた生徒もいる。そうでない生徒も3時ごろに詰めかけてくる。ビーンバッグチェアの上でノートPCに向かう生徒、教室の中でコンピュータの上にかがみこむ生徒、直前になって間違いを見つける生徒、カラーページの色調に文句を言う生徒、広告が入稿されずに心配する生徒もいる。あちこちでいろいろな音楽も聞こえる。大人にはとうていわからないことまで、ここの高校生たちは心配している。食べ物もある。しかもたくさん。午後中おやつがなくならないように、わたしがしっかりと補充し（コストコ万歳！）、夕食は親たちが差し入れてくれる。ハンバーガーのこともある。またインド料理のことも、エジプト料理のことも、お手製のスパゲティやラザニアのこともある。これまでに伝説になった食事もある。たとえば、スティーブ・ジョブズとローレン・パウエル・ジョブズは、娘のリサがいた1990年代の半ばにオーガニック尽くしの夕食を差し入れてくれた。

ドタバタに見える（し聞こえる）けれど、みんなやることはやっている。この36年間で学校新聞が発行できなかった週は一度もない。締め切りに遅れて発行日が1日ずれてしまったことは何度かある。そのときには、追加で資金を調達し、印刷屋さんに500ドルの遅延料金を支払うことになったが、かならず新聞を発行していたし、いつも上出来だった。

ただし、とんでもない事件もあった。25年前になるが、ある生徒がおもしろがって、その週の新聞に載せる理事の写真に角《つの》とヒゲを落書きした。もちろん、発行前に落書きは消すつもりだった。それなのに、消すのを忘れて印刷に回してしまった。出来上がった新聞を見たわたしは、「あぁ、どうしよう?」と焦った。ディスカウントストアまで車を走らせて、黒いマジックを100本買った。そして午後から夜にかけて生徒に2500部すべての角と口髭を塗りつぶさせた。そのときはとんでもないと思ったが、今では楽しい思い出だ。

前向きな失敗から学ぶ

この角とヒゲ事件は、親としてまた教師としてわたしがいちばん大事にしている哲学のひとつを思い出させてくれる。それは、スキル習得の仕組みだ。

人が実際にどう学ぶかを理解していない親や教師は驚くほど多い。大切なのは、失敗が学びの一部だという点だ。

最初から完璧にできたら、何も学べない。失敗はいいことだ。シリコンバレーの合言葉を思い出してほしい。「素早く、頻繁に、そして前向きに失敗しよう」。子どもは大失敗して当たり前。子どものときに失敗するからこそ大人になって失敗が減る。

家庭と学校は学びを支える場所でなければならない。ということは、失敗を許さなければならない。それなのに、数学の小テストでいい点が取れなかったら大学に入れないとビクビクしている子どもが多すぎる。学級委員に選ばれなかったら、親ががっかりすると恐れている。自力でやりたいという気持ちと、失敗したくないという気持ちのあいだで葛藤している子どもは多い。それはおかしい。どこまで完璧を求めたら気がすむのだろう？　実際の学びをどれだけ先送りするつもりだろう？　失敗を怖がっていたら、自立どころか普通の生活も送れないのでは？

何かを習得するということは、きちんとできるようになるまで何度でもやってみるということだ。

何かが自動的に身につくということはない。学びはプロセスだ。文章の書き方を教えていると、それがよくわかる。わたしが自分流のメソッドを開発していた１９８０年代と90年代には、いい教師と言えば、クラスを完全に掌握していることに加えて、採点が厳しくたくさんの生徒を落第させる先生だとされていた。各学期にどれだけの生徒を落第させたかが、教師の評価基準になっていた。今では信じられないが、当時はそれが当たり前だった。

わたしはそんなやり方には従えなかった。感覚的に合わないし、優しくない。はじめてのテストで落第点をつけられた生徒は、どうやっても追いつけないと思ってしまう。出鼻をくじかれてやる気をなくし、がんばろうとも思えなくなるはずだ。
わたしは生徒に何度でも好きなだけ書き直すチャンスを与えた。最終的な成績は、最後に提出したものをもとに採点した。わたしは、最初から正解を出させるより、学びと努力が報われるようにしたかった。すると、「スランプ」がなくなった。生徒は失敗を恐れなくなり、あまり苦しまずに文章を書けるようになった。英語学科では、わたしが甘すぎて生徒がきちんと学べないと責められた。でも、標準テストでわたしの生徒たちは州全体の上位1割の成績を取っていた。

長年の経験から、教師もミスをするということを生徒が知っていることが大切だとわかってきた。人は一生学び続ける。教え方がわかりにくければ、わたしはうまくできなかったことを謝って、もう一度やり直すことにしている。

生徒がわたしの校正に食ってかかることもあるし、学校新聞にどの記事を載せるかで反論が出ることもある。わたしは自分が間違っていたらきちんと認める。

これまでに、新しいソフトウェアを次々と生徒に試させて、どれもうまくいかなかった。でも、だからどうだというのだろう？　先生も何もかも知っているわけでないと認めることは、生徒のためになる。子どもたちは先生や親を完璧で絶対にやり損なわない存在だと祭り上げるものだ。それでも、真実を知れば子どももずっと楽になる。完璧な人などいないし、誰でも学ぶことができる、と。

わたしたちはみんな失敗するし、子どもならなおさらだ。でも、ご存じだろうか？　子どもたちこそ、大人よりいいアイデアを思いつくことを。

携帯電話を使うときのルール

数年前、9人の孫たちと一緒に家族総出でナパバレーのカルネロスという美しいリゾートで休暇を過ごした。ここには子ども向けのアクティビティもたくさんあった。問題は、子どもたちが携帯電話から離れられないことだった。何か特別なものを見せたいと思って子どもを連れだしても、携帯電話べったりというのは、親にとってはおなじみの光景だ。当然、親はカンカンになる。

携帯電話を没収するしかないと考えた家族もいた。リオ・デ・ジャネイロやフランスでは、学校に携帯電話を持ちこめないことになっている。２０１７年にフランス政府はすべての小学校と中学校で携帯電話を禁止した。小学校に携帯電話を持ちこむべきではないという研究には賛成だが、年長の子どもから携帯電話を没収することがいいとは思えない。テクノロジーは自制を学ぶためのいいツールになるからだ。何かを禁止すれば、ますます欲しくなるものだ。禁酒法はまさにそのいい例だ。

わたしは孫たちと話すことにした。「携帯べったりにならないようにするにはどうしたらいいかを考えてみて」。子どもたちが決めていいのだと知って、孫たちの顔がパッと輝いた。孫たちはみんなで集まって、話し合い、口論し、やっと答えが出た。さて、どんな答えを出しただろう？　朝9時から夜9時まで携帯電話を禁止すると決めたのだ。わたしでもそんな厳しいことは言わなかったはずだが、わたしたち全員が子どもたちの決定に従った。

親からよく聞かれることのひとつが、テクノロジーとの付き合い方だ。親たちが心配するのは無理もない。若者のうつ状態や自殺率は、画面を見ている時間に比例して増えていることが2017年の調査でもわかっている。これは危機と言ってもいいし、わたしたちみんなが対処法を身につける必要がある。そこで、わたしが考えたテクノロジー10カ条を紹介しよう。お役に立てば幸いだ。

テクノロジーとのつきあい方10カ条

①親が勝手に決めるのではなく、子どもと一緒に計画を立てよう。

②自宅でも外でも食事中は携帯電話をいじらない。2018年の研究では、食事中に携帯電話を使っていた人は気が散って食事をあまり楽しめていないことがわかっている。

③就寝時間を過ぎたら、携帯電話を使わない。子どもには睡眠が必要で、携帯電話は睡眠の邪魔になる。脳の発達に睡眠が欠かせないことを説明し、寝なければ大きくなれないことを思

い出させよう。

④子どもが幼い場合には、親が使い方を決めていい。4歳を過ぎた子どもには、緊急時の携帯電話の使い方を教えてほしい。どうやって助けを求めるかを教えよう。4歳児は賢いし、学ぶ能力もある。3年生以上の子どもには、宿題のための携帯電話の使い方や家の中での適切な使い方を教えよう。

⑤家族休暇や週末のイベントや人が集まる場所などでは、子どもたち自身に携帯電話のルールを決めさせたほうがいい。ルールを破ったときの罰則も、子どもたちに決めさせよう（罰として携帯電話の利用時間を減らすことなどは、ルールに従う習慣をつけさせるいい方法だ）。

⑥小さな子どもの場合には、携帯電話に保護者による制限をかけてもいい。ただし、8歳を超えたら、自制心を身につけさせたほうがいい。子どもが信頼を裏切ったり約束を破ったりしたら、もう一度保護者による制限をかければいい。

⑦親は子どもの手本になるようにテクノロジーを使わなければならない。四六時中携帯電話にかじりついていながら、それを「家族の時間」と呼ぶ親もいる。それは家族の時間とは言え

ない。

⑧どの写真なら撮っていいか、どの音声なら録音していいかを子どもと話し合おう。常識がわからない子どももいる。オンラインの活動はすべて(書いたものでも、どんな媒体でも)デジタルフットプリントとして残るので、誰に見られても困らないものしかオンラインにあげてはいけない。

⑨ネットいじめについて説明し、それが他人だけでなく自分にも悪い影響を与えることを理解させよう。子どもたちがとんでもないものをおもしろがることもある。ユーモアの定義を子どもに教えるのは難しいが、一線を引くことは教えたほうがいい。わたしのルールは、「友だちを笑い者にするのではなく、友だちと一緒に笑う」というものだ。

⑩個人情報を外に出さないことを、子どもに教えよう。

いちばん難しい宿題とは?

1980年代、わが家の娘たちは近所でレモン娘として有名だった。ある日娘たちはお隣のレモンの木に気づいた。娘たちはお隣の人に了解を取り、レモンを使って商売をはじめる計画を立てた。値段を決めて（1個50セント）、個別訪問でレモンを売りはじめた。レモンの木の持ち主のお隣さんにもレモンを売りつけたほどだった。貯金箱がいっぱいになると、お気に入りの近所の雑貨屋さんでお小遣いを使った。

起業家精神はわが家の遺伝らしく、孫娘のミアもスライムを作って売って儲けていた。そう、あのベタベタするスライムだ。でも子どもたちには、虹色のきらきらスライムは大人気だった。ミアは9歳でこれまでにないようなスライムをデザインし、売りこんでいた。孫息子のレオンは13歳で近所のゲームセンターで働きはじめた。ゲームセンターで働きたいと言ったのは孫息子自身で、親が決めたわけではない。レオンはお客さんにトークンを売り、ゲームのやり方を教え、マシンを再起動したり修理したりもしている。このところ夢中になっているのはビットコインだ。仮想通貨については専門家並みにくわしい。

こうした孫たちの活動はすべて、好奇心から生まれたものだ。好奇心のきっかけは、自分の頭で考えることだ。

生徒たちにとっていちばん難しい宿題をご存じだろうか？　自分で考えたトピックについて書くことだ。何について書いてもいいというのがいちばん難しい。

生徒たちは、何がおもしろいトピックかがわからないと文句を言う。関心があるのは、「Aを取れる」トピックかどうかだ。わたしは生徒たちに、どんなトピックでも、自分が関心を持っている限りはいいトピックだと伝えている。自分が関心を持てないことを、他人が読みたがるはずはない。

わたしが英語教育の監督責任者だった1990年代には、好奇心がない生徒や、自由課題を選べない生徒をよく見かけた。そこで、パロアルト高校では自由課題の作文を全生徒に毎日書かせることにした。わたしは量販店の新学期セールを狙って、2000冊のノートを買いこんだ。わたしのような客は想定外だったらしく、当時はひとりあたりの数量制限がなく、何冊でも買えた（今は上限がある！）。あまりにたくさん買ったので、店の人が驚いて、転売屋かと聞いてきた。「違いますよ。わたしは高校の教師で、生徒全員にノートを買ってあげてるの」と答えた。そう聞いたとたんに彼らは親切に助けてくれた。

最初の数週間は、わたしが生徒に難しい数学の問題でも解かせているのかと思われてもおかしくないような様子だった。わたしはただ、授業の最初の10分に何でも好きなことについて自由に書いてほしかっただけだ。そんなに大変なことではないはずだ。

でも、実際には本当に大変だった。わたしが新聞に載った話題を持ちだすこともあった。「昨日何があったか知ってる？」「今日のこの記事についてどう思う？」といった具合に。でも生徒たちはそうした話題さえ知らなかった。だがそのうち急に周囲の世界に関心を持ちはじめ、自分の意見を書きはじめた。ノートに書きこむのが大好きになり、毎日の書きこみは授業のはじめの決まりごとになり、生徒たちは自信を持ってさらさらと文章を書けるようになった。この練習は生徒たちが自分の頭で考えるきっかけになった。

「なぜ学ぶのか」にどう答える？

なぜ学ぶのかがわからない生徒は多い。「なぜ」と問うのは子どもたちにとって大切なことで、「テストに出るから」などという答えには意味がない。中学生になるころには子どもたちは「なぜ」と聞かなくなり、いい成績を取ることに集中するようになる。

だが好奇心を育てるには、「なぜ」に答えてあげなければならない。なぜハムレットを読むの？　なぜ二次方程式を解くの？　教師がこうした質問に答えることで、子どもたちは学ぶことの意味をもっと深く考えるようになる。

親もまた、同じような方法で子どもの好奇心を引き出すことができる。いつも正しい答えを知っている必要はないが、子どもたちが正しい質問をできるように励まさなければならない。

もし親が答えを知らなくても、「じゃあ一緒に調べてみよう。まず少しグーグルで検索して、そこから調査をはじめましょう」と言うことはできる。

孫息子のノアはいつも星や惑星や世界について聞きたがる。「ブラックホールって何？」「音速の壁ってどんな意味？」そういった難しい質問は、物理学者の夫にまかせることにしている。ノアは数学についても、複雑で哲学的な質問をする。この手の質問もわたしの夫か、おそらく父親のセルゲイ・ブリンのほうがきちんと答えられるだろう。

イーロン・マスクが「学校は拷問だ」と言った理由

好奇心を育てると、子どもの想像力も発達する。それは創造性につながる。創造性は自立と好奇心の素敵な副産物だ。

残念ながら、今の子どもたちは創造性とイノベーション不足に苦しんでいる。ある研究では、NASAがエンジニアと宇宙科学者の採用に使っている問題をベースにしたテストで、幼児の創造性とイノベーティブ思考を測ってみた。テストを受けた5歳児の98パーセントは天才並みの想像力があった。それなのに、10歳になると、同じ能力のある子どもは30パーセントに減っていた。

では、今の教育システムで学んだ大人のどれだけがクリエイティブ思考の能力を保っているだろう？　わずか2パーセントだ。イーロン・マスクが「子どものころ、学校が大嫌いだった。僕にとっては拷問《ごうもん》だった」と言ったのも無理はない。学校が嫌いすぎて、自分の息子を教育するために、自分で学校を作ってしまったほどだ。彼の作った学校は、アド・アストラ・スクールという。この学校では生徒が自分で選んだことを学び、問題を解決し、起業家精神を育んでいる。人工知能の倫理を教える授業まである。

マスクの学校は、彼の家族に合った解決法だ。ほかの家族にはほかのやり方がある。たとえば、ここ数十年で増えてきたホームスクールが合う子どももいる。なぜ子どもを普通の学校に通わせないのだろう？　それは親自身が学校でさんざんな目にあって、自分の子どもに合う教育を探しているからだ。

ティーンエイジャー専門スタートアップのためのインキュベーター（起業支援者）、リーンギャップのCEO、エディ・ゾンは、自分が作った最初のテクノロジー企業を、16歳で売却し120万ドルを手に入れ、大学の在学中にまた自分の会社を売却した。ゾンは、学校が子どもたちの知性と創造性を損ねていると言う。彼はTEDトークでこう言っている。「今、子どもたちに大学に行っていい仕事を見つけて成功しろって言う大人が多すぎる。もっと可能性を追いかけろ、起業家になれって励ましてくれる人があまりいない。でも、言いつけを守ってたら世界なんか変えられない」

わたしの授業に参加したスティーブ・ジョブズ

学校が子どもの創造性を育ててくれなくても、親としてできることはある。

わたしは昔、娘たちのために、キッチンのテーブルの上にいろいろな画材を並べておいたものだ。マジック、色紙、本、粘土、組紐の糸、そのほかの画材や手芸用品。娘たちは学校から帰ると、何でも好きなものを作ることができた。わたしは娘たちが自分でデザインして組み立てられるようなおもちゃをいつも探していた。

ユーチューブキッズというアプリには、ありとあらゆるクリエイティブな活動についての説明ビデオがある。孫娘のエマは見事な動物の絵を描く。7歳でも売り物になるほど素晴らしい絵だ。

どうやって覚えたのだろう？　ユーチューブビデオを見て、やってみたのだ。子どもに科学実験を教えるビデオは無数にある。孫息子のレオンは錯覚の実験が大好きだ。

グーグルで検索クオリティとユーザー満足度を統括するコンピュータ科学者のダン・ラッセルは、自分の幼い娘がオンラインで時間を使いすぎていることを心配していた。でも、その娘は自力で5カ国を話せるようになっていたのだ！

こうした活動を通して、子どもは想像し、実験し、そして何よりも遊ぶ。創造性は遊びから生まれるし、子どもにそれを教えるのは簡単だ。コツを教えよう。子どもを子どもらしいままにしておくこと。

子どもたちは親が何も言わなくても、自分で想像の世界を作りだす。子どもを浜辺で遊ばせておくと、おもしろいゲームや冒険を次から次へと作りだすものだ。貝殻や石を拾ってきたり、砂の城を作ったり、飛び石で遊んだり、波と戯《たわむ》れたりする。子どもはそんなときがいちばん幸せだ（必要なスキルもそうやって身につける）。

ルールに従わせるのは遊びとは言えないが、警官ごっこなら別だ。忘れてはいけないのは、親が子どもと一緒に遊ぶこと。

最近、孫のひとりがわたしを家族でいちばんの「変人」と認定してくれた。それはわたしが孫と同じレベルに降りて遊んでいるからだ。昔からわたしは、子どもたちと一緒にテーブルの下を這いまわったり、犬と一緒に吠えたり、猫と真剣に濃い会話を交わす変な人間として知られていた。セルゲイ（・ブリン）にも似たような遊び心があり、そのせいで家族で2番目に「変人」だと認定されてしまった。スティーブ・ジョブズも同じような人生観を持っていて、学校は創造性を殺すと娘のリサに言っていた。学校にも来てくれて、混み合った教室の中でベージュのビーンバッグチェアに窮屈そうに座っていた姿を思い出す。スティーブは生徒たちに話しかけ、コンピュータで遊び、ぶらぶらしていた。彼は遊びと探求をやめなかった。彼の想像力が世界に何をもたらしたかは、見てのとおりだ。

親は用なしでいい

とんでもないと思われるかもしれないが、教師としてまた親としてのわたしの究極の目標は、「用のない人間になる」ことだ。

そう。子どもたちが自立すれば、わたしは必要なくなる。これまでの教育では、教師が祭壇に祭り上げられていた。教師は何でも知っている。子どもは言うことを聞いておけばいいとされている。それはわたしの目標ではないし、わたしのやり方でもない。

もちろん、子どもたちが小さいころは先生の役目もしたが、そのときでもわたしの目標は子どもたちが自分の頭で考えられるようにすることだった。

ただ黙って言うことを聞いていたり、誰かが何かをしているのを見ているだけでは、何も学べない。有名な教育学者のジョン・デューイは、20世紀のはじめに「学ぶことは、行動すること」だと言った。それはもっともだ。

自分で経験しなければ、十分に理解することはできない。それに、自分の力でやることもできない。だからわたしは「脇で見守るガイド役」に徹する。

とは言っても、子どもたちにわたしを無視してほしいとか、認めなくていいと言っているわけではない。ただ、子どもたちが自信を持って自力で何でもできるようになってほしいのだ。

もちろん、子どもたちの人生の一部にはなりたいし、愛され尊重される存在でもありたいとは思う。でも同時に、子どもたちには力を与えられたと感じてほしいし、自然に自分で行動できるようになってほしい。わたしは子どもたちを助け、励ますだけだ。主導権を握るのは子どもたちで、わたしではない。

では具体的にどうしているか？　わたしのクラスを運営するのは、生徒から選ばれた編集委員たちだ。編集委員たちが出席を取り、授業をはじめ、クラスの雰囲気を作り、その日の計画を決める。それでいいじゃないの？　こうしたことは、わたしがいなくても生徒たちが自分でできるし、生徒たちは力を与えられたと感じられる。教室の前に5つ椅子を並べて編集委員が座り、彼らが議論を導く。どの記事を載せるか、載せないか、ぎりぎりの変更が必要なのはどの点かを、みんなで決める。わたしのクラスにくると、みんなこのやり方に最初はびっくりする。

最初に編集委員になった生徒たちのことは、今も覚えている。生徒にとってもわたしにとってもはじめての経験だった。１９９1年に生徒たちが書いた最初の記事のひとつは、ティーンエイジャーの妊娠が急速に増えているという、生徒たちにとって気になる話題だった。その記事では、生徒たちが避妊具の使い方を学ぶべきだということを論じていた。少々大胆なトピックだとは思ったが、大切なことでもあった。

当時は、学生の言論の自由を制限するヘイゼルウッド判決を最高裁が１９８８年に出したあとだった。この判決では、学校新聞の記事を校長や発行者が検閲することが許されるとされた。わたしは、この種の検閲はバカバカしいし、アメリカ的でないとも思っていた。そこでわたしは判決を無視したし、カリフォルニア州も判決に反対していた。州上院が反ヘイゼルウッド教育法を可決し、最高裁の判決を無効としたときはありがたかった（だが今も36州では有効だ）。学生がすべての市民と同じ権利を持てないのはおかしい。言論の自由を認めずに、どうして社会に貢献するような意見を形成できるというのだろう？

生徒の性行為についての記事は、高校のカリキュラムに大きな影響を与えた。このシリーズ記事の影響で、パロアルト学区では「生き方のスキル」という新しい教科が必修になった。この科目は、30年経った今も必修科目として教えられている。性感染症や望まぬ妊娠から自分の身をどう守るかを教えるのがこの科目の狙いだが、それ以外にも料理や家計といった、生きていくうえで大切なスキルもここで教えている。

それもすべて、生徒たちが自分にとって大切なことを自由に記事にできたからだ。

よりよい社会をつくるためのクリエイティブな革命家になる

生徒たちが何かにのめりこみ、力を与えられたら、できないことはない。娘たちの成長を見ていて何より感動したのは、それぞれが情熱を持ち創造性のある革命家になったことだ。

娘たちの目標はすべての人々、すべての国、すべての経済階層にとってよりよい世界を作ることだ。スーザンは、ユーチューブが人生を変えるプラットフォームだと感じ、グーグルを説得して買収し、努力を重ねてユーチューブのCEOになった。動画を民主化し、世界中の人々に人生や仕事や意見や考えや製品やサービスを公開するチャンスを与えることが、スーザンの夢だ。つまりそれは、すべての人に声を与えることだ。人々がお互いの物語に耳を傾け、物語を共有し、コミュニティを作れば、世界はもっといい場所になるというのが、ユーチューブの理念でもある。

ジャネットは、子どもと大人の肥満を撲滅するという大胆な使命を掲げ、飲料業界と闘っている。世界中を飛び回り、最も虐《しいた》げられた貧しいコミュニティを訪ね、砂糖の危険を人々に伝えている。特に妊婦、乳幼児、年長児の健康と、未来の世代への砂糖の悪影響を訴えることに力を入れている。ジャネットはこれまでに、肥満が授乳に与える影響や、アラスカの先住民が持つ慢性疾患など、健康に関するさまざまなトピックについて100本を超える論文を書いている。

アンは男性中心の金融業界をあとにして、23アンドミーを起業し、医療の世界で道を切り開いた。一般の人々が自分の健康についての必要な情報を手に入れて、賢い選択ができるようにするのがアンの目標だ。モットーのひとつは「誰よりも自分の身体を気にかけているのは、自分だ」ということ。全米医師協会や食品医薬品局（FDA）を説得するのは並大抵のことではなかったが、アンは協会や監督官庁と協力し、パーキンソン病やアルツハイマーや乳がんなどの遺伝的な疾患のリスクを患者個人に伝えることの重要性を示した。個人がその情報を手に入れられれば、ライフスタイルを変えてリスクを大幅に減らすことができる。23アンドミーは患者の知識と力を根底から変えた。この会社のコンセプトは画期的で、アンの冒険はまだはじまったばかりだ。

創造性を持ち自分の頭で考えられる革命家が今ほど必要とされている時代はない。

今の子どもたちはこれからいくつもの難題に直面することになる。やってみて、リスクを取り、自分の頭で考えなければ、これからは生き残れない。

しかし、親や教師が子どもを支配し過保護に育てれば、子どもたちは何もできなくなってしまう。これまでにないほど予測不可能な世紀に、子どもたちがすくすくと成長していけるよう、自由を与えてほしい。

5章　やり抜く力＝グリットをどう育てるか

挫折してもハーバード大学に合格した生徒

ゲイディ・エプスタインは、ダメと言われてもあきらめなかった。

兄のアミールがわたしのクラスにいたため、弟のゲイディも同じクラスに入りたかったのだ。問題は、わたしのジャーナリズム初級クラスがゲイディのスケジュールに合わなかったこと。それでもゲイディは、すぐにわたしの授業を受けたがった。まだ14歳のゲイディは好奇心とエネルギーに満ちていた。しかも、粘り強かった。わたしは会ったとたんに彼が気に入った。

そこで、ゲイディの自由時間にふたりだけで特別授業をすることにした。ゲイディも喜んだし、わたしも楽しかった。個人授業ならお互いをよく知れるし、生徒の関心もよくわかる。ゲイディは昼休みにわたしを見つけて、自分が書いた文章をどう思ったかをよく聞きにきた。キャンパスの反対側からでもわたしを見つけて、飛んできた。ゲイディの熱意に、わたしは感動した。

ゲイディは最初から、書くことと調べることが大好きだった。新聞もよく読んでいた。わたしは地元紙を教室に持ち込み、たまにニューヨーク・タイムズも持ってきた。ゲイディはいつも、ネタ探しのミーティングに参加した。いつもたくさんのアイデアを提案してくれた。そして、何度でも満足するまで喜んで文章を書き直していた。

11年生になると、ゲイディはジャーナリズム上級クラスに入った。チームの中で活躍し、その年の春には5人の編集委員のうちのひとりを決める選挙に立候補した。ゲイディの情熱とこれまでの努力を考えれば、立候補は当然だった。ゲイディには本物の才能があった。わたしは彼が選ばれるだろうと思いこんでいた。ゲイディもそう思っていたはずだ。選挙のプロセスはジャーナリズムの生徒たちが100パーセント自主的に管理していたし、現在の編集委員たちの票もそれぞれにまかされていた。ゲイディの文章力と統率力は誰もが認めていたが、結局、編集委員にはなれなかった。

どれほど才能のある生徒でも、こういうことはある。ゲイディが動揺しているのはわかったし、わたしも驚いた。それでも、生徒たちの意見を尊重するしかない。

それから数週間は、ゲイディのことが心配だった。本人もひどく落ちこんでいた。ジャーナリストになりたいと誰よりも心から願っていたのだから。そんなある日、ゲイディがこう言った。「これからもザ・カンパニールを最高の学校新聞にするために、僕はがんばる」。わたしは、「わかったわ」と答えた。彼の態度に感動したが、まだ少し心配だった。ティーンエイジャーの気分は変わりやすい。しかし、ゲイディはその言葉通りに行動した。高い目的意識を持って仕事に没頭し、わからないことがあるとみんながゲイディに聞きにいった。全員が彼を頼りにしていた。ゲイディは最高の記事を書き、助けを求められたらみんなを助けていた。同級生のオリバー・ワイズバーグと地元のビデオ店に張りこみ、未成年にポルノビデオを販売していたことまで突き止めた。彼らの書いた記事がきっかけで、警察がこの店を捜査し、店は廃業に追いまれた。

最上級生になったゲイディはハーバード大学を受験することにした。成績はオールAではなかったし、編集委員にも選ばれなかったけれど、挑戦することを決めたのだ。わたしは喜んで推薦状を引き受け、その中で編集委員の選挙に負けてもチームの一員として情熱を持って新聞づくりに取り組んだ話について書いた。ゲイディが挫折を乗り越えて素晴らしい仕事をしたことや、彼の文章力が卓越していることを伝えた。わたしの熱意が伝わったのか、ハーバード大から電話があって、ゲイディについて話を聞きたいと言う。信じられないことだった。それまで一度もハーバード大の入試担当者から電話をもらったことなどなかった。わたしはゲイディが挫折を乗り越えて卓越した力を発揮したことを、相手に説明した。

ハーバード大はよほどわたしの話が気に入ったに違いない。ゲイディは合格した。編集委員の肩書きも、オールAの成績も必要なかった。ゲイディの粘り強さと意志の固さが評価されたのだ。編集委員の選挙については、さまざまなエピソードがある。この選挙は生徒たちが挫折や逆風にどう対処するかを知る、リトマス試験になった。わたしは毎年、生徒たちにゲイディ・エプスタインの話をする。ゲイディのエピソードは、挫折とどう向き合うか、負けてもまた立ち上がるにはどうするか、そして何より、目標を見失わないためにはどうしたらいいかを教えてくれる。

人はみな挫折と失望を繰り返す。だからゲイディの話はすべての人に役に立つ。失望にどう反応するかが大切で、対処の仕方はあなた次第だ。実のところ、それだけがあなたにコントロールできることなのだ。

ゲイディはハーバード大学に入学し、国際関係を専攻し、ジャーナリストになる夢を追いかけた。ボルティモア・サンやフォーブスといったメディアで働き、フォーブスの北京支局長になり、今はエコノミスト誌の編集委員を務めている。

ゲイディの話は、特別な例外ではない。毎年彼のような生徒がクラスにいるし、長年教えることにワクワクし続けられるのは、そういう生徒がいるからだ。ゲイディは意義ある目標に突き動かされて、ジャーナリズムへのこころざしを貫徹した。ゲイディが持っていたのは、ビジョンとやり抜く力だった。

「グリット＝やり抜く力」とは何か

「やり抜く力」は、子育てと教育の分野ではよく知られた常套句《じょうとうく》だ。どんなに大変でも何かをあきらめないことや、逆境を克服して何かを達成することを意味している。わたしはそう理解している。

このコンセプトは、心理学者で研究者のアンジェラ・ダックワースが2016年に出版しベストセラーとなった『やり抜く力――人生のあらゆる成功を決める「究極の能力」を身につける』（ダイヤモンド社）で紹介されたものだ。ダックワースはアメリカ陸軍士官学校の士官候補生、シカゴの貧困地域の高校生、販売員、全米スペリング大会の出場者などを研究した。進む道は違っても成功する人たちの特徴を調べたところ、「どんな分野であっても、大きな成功をおさめている人はとてつもなく意志が強く、それがふたつの形で表に現れていた。ひとつは、粘り強く努力すること。もうひとつは、自分のやりたいことが心底よくわかっているということ。彼らは意志が強いだけでなく、自分のやりたいことがわかっていた。この粘り強さと情熱の組み合わせが、際立った成功のカギだった。それをひとことで表すと、やり抜く力《グリット》になる」。

最近、この「やり抜く力」は誠実さと粘り強さの組み合わせだとする研究もある。誠実さと粘り強さは人格心理学の分野で長年研究されてきた特徴だ。わたしも、このふたつの要素は「やり抜く力」に欠かせないものだとは思うが、自制心、目先の欲求を辛抱する力、我慢強さ、勇気といった要素も「やり抜く力」に含まれる。それらについても、この本で説明していこう。ダックワースの理論はわたしの信念に通じる。やり抜く力は、情熱と結びついたときに最も強くなる。


成功する移民一世と二世、甘やかされて失敗する三世

もともと情熱とやる気が強い人もいる。わたしの両親やそのほか多くの移民たちの多くは、猛烈なやる気を持っている。母国を捨てて人生をやり直すために苦闘する人たちに共通するのは、意志の固さと集中力、つまりハングリー精神だ。エイミー・チュアは自分を成功に導いたハングリー精神を、娘たちが失いつつあるのではないかと心配していた。『タイガー・マザー』の中で、移民三世についてチュアはこう書いている。

三世たちは、中流層の豊かな家庭に生まれる。（中略）友だちは金持ちで、成績が悪くても食べていける。私立学校に通い、たいていはブランドものの高価な服を当たり前のように身につけている。何より問題なのは、アメリカ憲法で個人の権利を守られていると思いこみ、親に反抗したりキャリアの助言を無視したりする。要するに、そうした要素すべてが、この世代が堕落に向かっていることを示している。

チュアが言うほど、若者たちが「堕落」しているわけではないが、生活の中で「やり抜く力」を自然に身につける機会が多くないことは確かだ。「名主の三代草だらけ」という古いことわざがある。農民の息子が大学に入って仕事で出世し、その子どもは親に従順に従うが、孫の代になると甘やかされ、やる気を失って、また労働階級に戻るという意味だ。移民の三世は、前の世代や来たばかりの移民に比べて成績が悪いという証拠もある。1万7955人の若者を対象にした調査では、アメリカ国外で生まれた子どもたちは、親が国内生まれの外国人またはアメリカ人の子どもたちに比べて、学業成績がよく、学校で活躍しているという。それは当然だ。アメリカにやって来たときの情熱は、いつかそのうち希薄になる。産業界の変化にも、それが現れている。テクノロジー産業を見てみると、2016年時点で10億ドル規模のスタートアップの半分は、創業者または共同創業者が移民だ。2017年にアメリカ起業家センターが行なった研究によると、フォーチュン500企業の上位35社のうち57パーセントは、移民か移民二世が創業または共同創業している。セルゲイ・ブリンは移民だし、イーロン・マスクもそうだ。もちろん、アルバート・アインシュタインも。成功の要因はさまざまではあるものの、やり抜く力が移民に自然に備わっていることと、それが成功につながっていることは無視できない。

トラウマを経験して強くなる

逆境はそれ自体がやり抜く力を育むものだ。状況に屈するか、歯を食いしばって逆境を乗り越えるか、道はどちらかしかない。

この場合、やり抜く力とは、生き延びようとする意志そのものだ。「トラウマ後の成長」に関する研究では、幼くして難病に苦しんだ子どもは、大人になるとより前向きになり、打たれ強くなるという。そんな事例には事欠かない。オプラ・ウィンフリーがいい例だ。オプラは子どものころに性的虐待と貧困に苦しみ、その後メディア界の大物として世界で最も影響力のある女性億万長者になった。ソニア・ソトマイヨールもそうだ。7歳で1型糖尿病を発症し、自分でインシュリン注射を打ち続けなければならなかった。父親は小学校の3年までしか教育を受けていないアルコール依存症患者で、ソニアが9歳のときに他界した。わたしと同じで、貧困から抜けだすために教育を受け、2009年にヒスパニック系アメリカ人ではじめての最高裁判事になった。

2018年の夏、洪水でタイのタムルアン洞窟に地元のサッカーチームが閉じこめられた事故に、全世界が釘付けになった。チームメンバーのひとり、14歳のアドゥン・サムオンは、国籍のない奨学生だった。息子にもっといい人生を送らせたいと、両親がミャンマーからタイへと送ったのだ。アダルはイギリス人ダイバーたちと英語で話せたので、救助活動で中心的な役割を果たすことになった。それまでのアドゥンの人生はまさに、「やり抜く力」の実践だった。文字を読めない貧しい家庭をあとにして、牧師夫妻と一緒に住んで学校に通い、予想に反して学業で成果をあげ、最優秀生徒になり、スポーツでも数々の賞に輝いていた。アドゥンが経験した逆境こそが、彼をタフで打たれ強く勇気ある人間にしたことは間違いない。

わたしはこうした人たちに心を動かされる。ひとつには、彼らの人生にわたし自身の道のりを重ね合わせるからだろう。娘のアンが言うように、わたしはあきらめない人間だ。子どものころから闘う気持ちにあふれていた。人生の中で苦しいこともたくさんあったが、環境に支配されていたら、これからの人生を素晴らしいものにできないと娘たちに教えてきた。

トラウマや苦労を子どもたちに無理に与えなさいと言っているわけではない。つらい体験は心にも身体にも悪い影響があり、大人になっても苦しむこともある。しかし、苦境を乗り越えることで人は知らず知らずのうちに強くなり、困難を抱えた子どもたちはやり抜く力や打たれ強さや忍耐力やそのほかの人生に役立つスキルを身につけるものだ。

過保護な親に育てられると「やり抜く力」が不足する

では、わたしたちのような普通の人間はどうしたらいい？　何不自由のない家庭で育つ子どもに、どうしたらやり抜く力を身につけさせることができるだろう？　あなたは子どもの才能より、努力を褒めているだろうか？　挫折は大切な学びの機会だと教えているだろうか？

おそらく、やっていないはずだ。過保護な親のもとで育つ子どもたちは、自分で何をしたらいいかわからず、恐れや困難や失敗を乗り越えることができなくなる。欲しいおやつやおもちゃをもらえなければ泣く。たいしたことでもないのに、親に一大事のように思わせる。親は自分のワガママに屈するものだと思いこむ。居心地の悪いことに挑戦させられることもなく、思春期になっても保守的で恐怖心が強い。

結果だけを求める教育制度のせいで、学校も役に立っていない。ほとんどの教師はテストの点数と成績にしか目がいかない。というのも、自分の評価がそこにかかっているからだ。教師も従順に指示に従うよう訓練されている。教育制度全体が、失敗やリスクテイクを奨励しないものになっている。もともとやり抜く力のある生徒でも、制度に耐えることにその力を使い、自分の情熱を追いかけることに力を使えない。

もちろん、決意と粘り強さがない生徒ばかりだというわけではない。見上げた根性を持ち、何事かをやり遂げる生徒はいるが、ゲイディのように挫折を乗り越えられる生徒は年々減っている。物事がうまくいかないと、周囲の誰かを責める生徒も多い。毎学期、わたしのクラスに入る新しい生徒は羊のように怯えている。彼らが自分自身を見つけ出し、自信を持つのには、助けが必要だ。生徒が進んでリスクを取るときに、何かを学ぶことができる。丸暗記は学びではない。

「マインドセット」の心理学

こうした生徒の変化に気づいているのはわたしだけではない。最近、わたしはスタンフォード大学のキャロル・ドゥエックの研究室を訪ねる機会があった。キャロルは、人がどう挫折を乗り越えるかについての研究の第一人者だ。2006年に出版された『マインドセット：「やればできる！」の研究』（草思社）では、成功者の心理学について、画期的な考察を打ちだした。

キャロルはこの本で、2種類のものの見方について説明している。ひとつはしなやかマインドセットで、もうひとつは硬直マインドセットだ。硬直マインドセットにとらわれている人は、持って生まれた才能はどんなことをしても変わらないと考える。世の中には天才とそうでない人がいて、それを変えることはできないと。ではなぜそう信じこむのだろう？　親と教師にそう教えられたからだ。キャロルの研究によると、硬直マインドセットを持つ人は、「世の中には賢い人とそうでない人がいる。失敗した自分は賢くない。単純なことだ」と思いこんでいるという。一方で、しなやかマインドセットを持つ人たちは、努力と集中によって成功できると信じ、失敗はあきらめる理由にならないと考える。能力ではなく努力や献身を褒められてきた人に、このしなやかマインドセットは育っている。このタイプの人たちは、「知的能力といった人間の資質は努力によって育つことを知っている。（中略）だから失敗してもあきらめず、失敗だとも感じていない。それを学びだと考えている」とキャロルは言う。

このプロセスは、わたしが説明した「スキル習得の仕組み」にそっくりだ。学びには失敗がつきもので、できるようになるまで努力すればいい。しなやかマインドセットを持てば、困難と失敗の意味が変わることが、キャロルの研究からわかる。しなやかマインドセットはやり抜く力を与えてくれる。そしてしなやかマインドセットは誰でも身につけることができる。

キャロルは、彼女自身が感じている学生の変化についても語ってくれた。「過干渉の親が子どもをダメにしているとは思いません。ただし、子どもたちを無力にしているんです。親が子どもべったりで、子どもに自由がないのです。だから、社会に出たとたん自力で何かをしろと言っても無理なんです。真剣にひとつの仕事に打ちこむ人も少なくなっています。あれもこれも中途半端に手を出すだけです。そうなったのは本人が悪いわけじゃありません。これまでずっと失敗を許されず不安を抱えながら生きてきて、もう不安になりたくないということしか頭にないんですから」。不安を避けたいという気持ちがやる気につながるだろうか？　それは、意義ある目標を追いかけるための正しいマインドセットだろうか？　それで子どもたちのやり抜く力が育つだろうか？

キャロルは2005年にはじめた新入生のための文章講座の話をしてくれた。このクラスでは毎週、学生たちに自分のことについてのエッセイを書かせる。読むのはキャロルひとりだ。この講座をはじめたころは、不安や恐れについて書く学生をたまに見かける程度だった。「でも5年くらい前から、男女にかかわらずすべての学生が失敗を恐れ、至らない自分をさらけだすことを恐れ、本当の姿を見つけられることを恐れるようになりました」と言っていた。わたしのクラスでも同じだ。ビクビクしている新入生に、キャロルはこうアドバイスする。「あなたたちがビクビクしているのは、スタンフォードがあなたたちを天才だと思って入学させたと勘違いしているからです。そうじゃありませんよ。あなたたちは天才じゃありません。スタンフォードは、あなたたちがこの学校と、そして世界に貢献できると思ったから受け入れたんです」。そう言うと、全員が胸をなでおろしたように、深いため息が漏れる。

キャンプもトレーニングの機会に

事業経営者もまた、同じような話をしていた。有名なファッションデザイナーで、高級ブランドのアリス＋オリビアを経営するステイシー・ベンデット・アイズナーは、このところいい人材を採用するのがますます難しくなってきたと言う。「わたしより優秀で、いろいろなことがわかっている次世代の人たちを育てたいといつも言っています。もっといい人材を採用したいんです。でも今の世代は何でもやってくれる親に育てられています。金持ちでもそうでなくてもね。そんな子どもたちが社会に出ると、批判を受け止めることができず、自分の力で何かを成し遂げることもできず、誰かが手を貸してくれることが当たり前だと思っているので、職場がとんでもないことになってしまいます」

ジェイミー・サイモンは、ヨセミテ国立公園近くの広大な自然の中で行なわれる、キャンプ・タウォンガのエグゼクティブディレクターだ。このキャンプの土台になるのが「やり抜く力」だ。子どもたちはグループ全員に責任を持ち、さまざまな任務をまかされる。任務と言っても、みんなにきちんと日焼け止めを塗るよう徹底させたり、必要な薬を飲んでいることを確認したり、グループ活動の時間割を決めたり、楽しさと親切心を育てるようなルールを考えたりと、その範囲は幅広い。7歳の子どもでも、装備（クマよけのスプレー缶も！）を自分でリュックに詰めて自分で背負い、食事の準備と料理をし、キャンプに寝泊まりする。すべての子どもにこんな体験ができればと思う。皮肉なことに、やり抜く力に注目したこのキャンプでも、大学生カウンセラーの変化にサイモンは気づいた。昔は、キャンプ専属の心理学者は、キャンプに参加する子どもたちだけを診《み》ていればよかったが、最近ではカウンセラーを診る必要も出てきたと言う。どうしてだろう？　それは彼らに自信がなく、落ちこみ、「やり抜く力」が失われているからだ。でも大学生が悪いのではない。そんなふうに育てられてきたことが問題なのだ。

〝親に愛されない恐れ〟が原動力で果たしてよいか？

もうひとつ、深刻な問題がある。それは、やり抜く力がないこととと正反対の問題だ。ありえないほど高い目標をいくつも掲げて子どもに強制するような、よくいるタイプのスパルタ的な親や過保護な親を思い浮かべてほしい。それでうまくいくこともある。そうした親は、すべての活動で1番になることを子どもに期待し、見栄えのいい「やり抜く力」を子どもに植えつけようとする。子どもは完璧な生徒になり、一流大学に進学する。もしかしたら、次のモーツァルトになるかもしれない。プレッシャーに負けず、困難を乗り越える子どもは多い。とんでもない目標を達成し、期待を超える子どももいる。彼らはタフで、打たれ強く、多くのことを達成する。しかし、こうした環境で育つ子どもにとって、「やり抜く力」の源《みなもと》は恐れだ。失敗への恐れ。もし成績がBプラスだったら親に愛されないのではないかという恐れ。次のモーツァルトになれないかもしれないという恐れ（なれるはずがないのに）。彼らのやり抜く力と固い意志は、意義を持って幸せに生きることへの障害になる。彼らは洗脳され、支配され、誰かに勝手に人生の目標を決められ、決められた道からはずれると人生がバラバラになると感じている。

子ども自身の情熱から生まれる「やり抜く力」は、それとは対極にある。子どもを、独自の意見と興味と目的を持つ人間として見ている親もいる。そうした親は、子どもの目的に賛成できなくても、子どもの目的は子どもに選ばせる。子どもたちは情熱を追いかけ、自分で目標を立てていい。失敗したら、それは学びの一部だと教えられ、努力し続けるよう励ましてもらえる。障害にひるむことはない。そのうちに、失敗や退屈や動揺や脅威といった、人生のさまざまな経験に耐えられる強さを身につける。恐れではなく情熱に突き動かされているので、何があっても前に進んでいく。誰かの強制ではなく、自分の中にある目標がやる気のもとになっている。

そんな「やり抜く力」のある生徒のひとりが、17歳のソフトウェア開発者、カイロだ。カイロは聴覚障害者を助けるアプリを開発中だ。もちろん簡単ではないし、無理と言われたことも一度や二度ではないはずだ。それでもカイロはアプリを作って耳の聞こえない人たちを助けようと固く心に決めている。だから、彼はがむしゃらにがんばれる。

子どもたちから引きだしたいのは、このタイプの「やり抜く力」だ。熱くほとばしる情熱から生まれ、子どもたちに障害を乗り越えさせるような力。打たれ強さ。タフさ。あきらめない力。そうした「やり抜く力」こそ、子どもたちに必要なのだ。

マシュマロ実験に参加していたスーザン

スタンフォード大学のキャンパスの東側に、ビング幼稚園がある。ゲームやおもちゃや広大な屋外の遊び場があることで大人気の幼稚園だ。1972年春にスーザンはこの幼稚園に入り、およそ2年のあいだ、楽しそうな教育実験に参加していた。スーザンはこのとき4歳だった。

「今日、マシュマロ実験やったよ」。駐車場まで歩きながら、スーザンがうれしそうに教えてくれた。「わたし、マシュマロ2個もらったの」。スーザンは特別なゲーム室でマシュマロをもらったと言う。「もしすぐに食べないで待ってたら、2個目をもらえるの」。スーザンは我慢してご褒美をもらえたことに、鼻高々だった。その実験について、延々と話し続けていた。

スーザンが参加したのが、例の有名なマシュマロ実験だったことを知ったのは、あとになってからだ。ウォルター・ミシェルが行なったこの実験は、グーグルで200万回も検索されている。ミシェルは、子どもたちがどのくらい目の前の欲求を先送りにして自制心を発揮できるかを調査し、この資質が大人になってどう影響するかを研究した。ある意味で、ミシェルは幼稚園児たちを、優しくいじめていたとも言える。

ミシェルの研究チームは、4歳児と5歳児を何もない教室に連れていく。すると、ご褒美が机の上に置かれている。普段はマシュマロを使っていたが、チョコやクッキーやそのほかのものが使われることもあった。マシュマロを今すぐに食べてもいいし、誰かが戻るまで食べずに待っていれば（待たされるのは15分。子どもにとっては永遠とも思えるほど長い時間だ）2個目のマシュマロをもらえることになっている。すぐに手を出した子どももいた。我慢できなかったのだ。ずっと待っていた子どもたちは、いろいろな工夫をして気を紛らわせていた。歌を歌ったり、踊ったり、手をお尻の下に置いたり、マシュマロから目をそらしたり。

しかし、最も衝撃的だったのは、子どもたちのその後を追跡した結果だった。マイケルたちは子どもたちを40年にわたって追跡し、幼いころに欲求を先送りできた子どもは、「思春期には学業も友だち関係もうまくいき」、大人になってもＢＭＩ（肥満度）が低く、人間関係の問題も少ないことを突き止めた。

幼稚園から娘を連れて帰ろうとしていると、研究者のひとりがわたしの車まで走ってきて、スーザンが園児の中でいちばん長時間待っていられたと教えてくれた。その研究者は誇らしげだった。当時は意味がわからなかったけれど、今ならなるほどと思う。スーザンは家族や知り合いの中で最も我慢強く論理的な人間だ。プレッシャーのもとでも驚くほど落ち着いていられる。カッとなることがない。自制心のかたまりなのだ。そして、自分が信頼し尊重する社員たちを自分のまわりに置いている。若いころからそうだったけれど、そんなふうに生まれついたわけではなく、それは本人の努力のたまものだ。

「やり抜く力」はたくさんの異なるスキルが集まった力だ。パズルのピースと同じで、そのひとつひとつが重要だ。カギになるのは、自分をよく理解して感情と行動を抑制し、目標を見据えてブレないことだ。

スーザンがマシュマロ実験を受けるはるか以前から、わたしは意図せずに、自宅で子どもたちに欲求を先送りすることを教えていた。たとえば、食事にはかならず順番があった。おかずと一緒にデザートもテーブルの上に並べていたが、夕食を食べ終えるまでデザートには手をつけないことになっていた。いつもそう決めていた。ほかにも作戦があった。娘たちが何かを欲しがったら、どうやったら手に入れられるかを教えていた。でもだいたい時間をかけた。たとえば、娘たちが泳ぎにいきたがったら、「もうちょっと外があたたかくなるまで待ったほうがいいんじゃない？」と言う。「外で遊んでもいい？」と聞かれたら、「カメ（か犬）に餌をあげた？」とか「昨日描きかけていた絵はもう描き終わったの？」とはぐらかした。なぜそんな返事をしていたのか、自分でもうまく説明できないが、子どもたちがデザートやほかのものが欲しくなっても、できるだけ小さいうちから我慢することを覚えさせたほうがいいと直感的に思っていたのだ。

娘たちは1セントずつの貯金を覚えた

我慢強さはパズルのもうひとつの要素だ。これもまた、わたしが娘たちに教えたことだ。待つことと貯めることは、わたしたちの生活の一部だった。娘たちが小さいころはあまりお金がなかったので、自分たちが欲しいものを買うために貯金していた。娘たちはそれぞれ貯金箱を持っていて、1セントずつ貯めていた。毎週日曜には新聞からクーポンを切り取っていた。アンは独自のクーポン整理術を編みだし、買い物の途中にすぐに見つけられるようにしていた。

我慢強さを教えることの対極にある姿は、よく見かける。車の中でもレストランでも夕食の席でも、24時間365日子どもを携帯電話漬けにしておくことだ。もしわたしが、車の中では携帯電話禁止にして我慢させなさいと言い渡したら、90パーセントの親が毎日やっていることができなくなる。それはわかっている。今の世の中で、携帯電話を取り上げるのは現実的ではない。でも、わたしのメソッドが役立つときもある。子どもが携帯電話で何をしているかを教えてもらったり、旅行の動画を作ってもらうこともできる。携帯電話もタブレットもなかった「昔に戻る」日を作って、子どもたちがどんなことを思いつくかを見てみるといい。「おじいちゃんとおばあちゃんが子どもだった時代に戻ったつもりになってみようか。車の中で何をしてたと思う?」。歌を歌わされる覚悟はしておこう。

退屈になったらどうするか?

自分が熱くなれる目標を追いかけていても、飽きてしまうことは誰にでもある。退屈との付き合い方を学ぶことは、やり抜く力を育てるための大切な一歩だ。わたしの授業でも、特に講義の最中に(そう、ジャーナリズム初級クラスでは基本的なスキルを教えるために講義もする)、生徒たちがわたしの話に飽きてしまうことがある。生徒たちとは正直に話し合える関係を築いているので、すぐに「先生、しゃべりすぎ。飽きちゃいます。何かほかのことをしませんか?」と言いだす生徒もいる。教壇に立っているときにそう言われるといい気持ちはしないが、怒ったりはしない。これをいい学びの機会ととらえることにしている。「おうちに帰ってご両親に聞いてほしいの。仕事に飽きることがあるかって。飽きることなんて絶対にないって親御さんがおっしゃったら、わたしの講義には出なくていいわよ」と伝える。すると、生徒たちはだいたいピンとくる。

「人生には退屈がつきもの。今、みんなは退屈との付き合い方を練習しているのよ」。そう言うと生徒たちは笑いながら、理解する。人生は時として、退屈なものだ。

そのうえ、退屈な時間をどう活かすかを、わたしは生徒たちに教えている。天井を見上げて染みを数えたり、ぼーっと夢を見ることもできる。あるいは、目標について考えることもできる。次に何をしたらいいだろう？　障害になるものは何だろう？　新たな目標は何だろう？　いちばんワクワクすること、いちばん待ち望むことは何だろう？　退屈な時間にそうしたことに考えを巡らせてもいい。退屈はあなたを意外な場所に連れていってくれる可能性がある。それが次の大きな情熱につながるかもしれない。

銃撃予告に対抗した高校生たち

やり抜く力が強く表に出ると、勇気になる。勇気とは、ある意味で、自分を忘れるほどの決意だ。自制心と忍耐力も勇気の一部であり、そこには自分がやらなければという意識と、正義のために立ち上がる意志が必要になる。

フロリダ州パークランドの高校で起きた悲惨な銃撃事件のあと、多くの高校生が安全を求めて立ち上がりはじめた。抗議行動を起こすには勇気がいる。人前に立たなければならないし、大人と政治的な議論も交わさなければならなくなる。彼らのおかげで、全国の子どもたちは今、自分に何ができるのかを目にしている。自分の信じることのために、立ち上がれるとわかりはじめたのだ。全国の学校が彼らから学べるもうひとつのことは、議論とジャーナリズムと演劇を教えることの重要性だ。これらの科目がパークランドの高校の生徒たちに立ち上がることを教え、自分たちの力を社会のために使うことを教えた。彼らはブログやオンラインで意見を公開した。集会で演説もした。街に出て抗議活動も行なった。「命の行進」というミッションを掲げ、国中を旅して銃規制を訴え、人々の心をひとつにしようと努力した。今や彼らは民主的なプロセスの重要な参加者になり、全国の高校生のお手本になっている。

２０１８年3月29日、パークランドの高校銃撃事件から6週間後、パロアルト高校に一本の電話がかかった。電話を取ったのは管理部門のジェニーだ。男性の声で、「学校に銃を持ちこんだ人間がいる。今日の午後に銃撃する」と警告した。

学校はすぐ閉鎖された。生徒たちにとっては、地獄の90分だった。自分たちの教室と学校が次の銃撃事件の舞台になるのではないかと恐れた。結局はいたずら電話だったことがわかったが、生徒たちはその90分間苦しむことになった。パロアルト高校メディア・アーツセンターで発行している10種類の刊行物のひとつ、ヴェルデ誌の次の号には、80ページを貫通する銃痕のような穴が開いていた。どのページをめくっても、その穴が目に入った。それはわたしたちが感じていた気持ちだった。いつまでも衝撃が残っていたのだ。ジュリー・コーンフィールド、エマ・コッカレル、サウリン・ホールドハイム（全員17歳）とアドバイザーのポール・カンデルが編集したこの雑誌は全国的な話題になった。CNN、CNBC、そしてABCでも、この話題が取り上げられた。アメリカ中の生徒が日々感じているストレスと恐れを、この雑誌が目に見える形にしていた。また、高校生たちが批判的に考え、自分たちが手綱《たづな》を握り、無差別な暴力に対して斬新さと創造性で対抗できることを、この雑誌は示していた。

勇気のある人間に育てるには

わたしたちは子どもたちを勇気ある人間に育てたいと願っている。声をあげ、立ち上がり、人々に耳を傾けてもらえるような人間になってほしいと思っている。

まずは、勇敢な人たちについて話し、彼らに勇気ある経験を語ってもらうことからはじめてもいい。自分が信じることのために立ち上がった人の例をテレビで見ることもできる。親のあなた自身が、少数意見であっても信じる価値観を守るために声をあげ、勇気を示してもいい。攻撃的になる必要はない。礼儀正しく、粘り強いほうがはるかにインパクトがある。そうすれば、勇気が実際に何をもたらすかを、子どもたちは見ることができる。

正義のために立ち上がるよう、小さなうちから子どもたちを励ましてほしい。敬意を示している限り、子どもは反論してもいい。子どもを黙らせる親は、間違ったスキルを教えている。

そんな親は、子どもにとって大切なことについて、意見を言わないように教えているということだ。もちろん、敬意は大切だが、意見を持つことも大切だ。誰も友だちになりたがらない子と友だちになるように、あなたの子どもを導こう。自分とは違う考えを持つ子どもと友だちになり、話し合うように勧めよう。かっこ悪くても先生を助け、同級生に心を打ち明けるように教えよう。

あなたの子どもが勇気を出したら、かならずそのことを褒めてあげよう。みんながバカにしている子どものために、あなたの子どもが立ち上がったら、それが勇気と共感だと認めてほしい。

16億5000万ドルの競合買収を決めたスーザン

粘り強さと勇気は十分でも、ときにはやめどきを知ることが、「やり抜く力」を意味する場合もある。いさぎよく引き下がるときにも、ある意味の「やり抜く力」が必要になる。引き下がることもまた、変革を起こすために必要な強さだ。

スーザンは、グーグルビデオを軌道に乗せようとしているときに、このことを学んだ。グーグルビデオは、2005年1月25日にグーグルが立ち上げた無料の動画サービスプラットフォームだ。だが、2006年に、スーザンはユーチューブというプラットフォームがあることに気づいた。しかも、ユーチューブはグーグルビデオより急激に成長していた。ユーチューブも無料の動画プラットフォームだったが、グーグルビデオにない機能があった。スーザンは難しい決断を迫られた。すでに長い時間と資金を投入していたグーグルビデオを続けるか、それとも急成長しているユーチューブを買収するか。16億5000万ドルという買収金額を考えると、巨大な案件だ。今振り返ると買収が正しい判断だったことは誰の目にも明らかだが、当時のスーザンにとっては目の前のプロジェクトをあきらめて競合会社を買収するには、相当の「やり抜く力」が必要だったに違いない。

大人は子どもたちに、途中であきらめてもいいし、もしダメなら失敗してもかまわないと教えなければならない。もしプロジェクトがうまくいってないなら、それをすぐに認めて、早めに失敗することも、賢い行動だ。

わたしが文章の書き方を教えるときに使っている、スキル習得システムを思い出してほしい。最初に書く文章は完璧でないのが当たり前だし、2度目でもまだ完璧にはできない。プログラミングも同じだ。最初にバグがあるのは当たり前だ。失敗の大切さを聞きつけた親が、わたしにこう尋ねたことがある。「どうやったら、子どもに失敗させるよう計画できますか?」。嘘のようだが本当の話だ。もちろん、よかれと思ってそう聞いていたのだ、学びとはそんなものではない。大人が失敗を画策しても意味がない。大人がしなければならないのは、子ども自身が選んだプロジェクトを追いかけることを許し、いつ別のことに挑戦するかを本人に決めさせることだ。

失敗は学びの一部であり、自力で何かをやることが学びにつながる。失敗は当たり前。ほとんどの人はかならずどこかで何かに失敗するものだ。失敗しても立ち上がり、前に進む人が、最後に成功する。

お金がないから創意工夫する

全米貧困児童センターによると、アメリカ人児童の21パーセントは貧困線以下の収入で暮らし、43パーセントの子どもは基本的な生活費の支払いに苦労する低収入家庭で暮らしている。

貧困はつらい。わたし自身も経験から知っている。だがどんなつらいことにもいい面がある。貧困のいい面とは、やり抜く力がつくことだ。手に入るものがあまりなかったり、何もなかったりすると、頭の中で欲しいものをあれこれ想像し、創意工夫でなんとかするしかない。

わたしはティーンエイジャーのころ、ベッド脇に置くテーブルが欲しかった。でも買うお金はない。そこで、食料品店から無料のみかん箱をもらい、それをカラフルに色づけして、テーブルにした。そのテーブルはとっても素敵だった。子どものころ、わたしは靴を1足しか持っていなかった。わが家にとって靴は高価だったのだ。父はよく、「足は2本しかないんだから、靴は2足もいらないだろ?」と言っていた。わたしは1足しかない靴を毎晩磨いていた。うちは貧乏だったけれど、靴はいつも新品のようにピカピカだった。今貧困にある子どもたちはきっと、わたしよりずっとうまく創意工夫しているはずだ。

子どものころに身につけた「やり抜く力」は、その後の人生にずっと役立ってきた。やり抜く力とは、ある種の世界の見方であり、世界をよりよくするための手段でもある。

貧しい家に育つと、苦労が絶えず、全員で力を合わせて問題を解決しなくてはならなくなるが、そんな中でがんばる子どもたちは大切な人生のスキルとやり抜く力を身につけていることを、わかってほしい。これからの人生でずっと、こうしたスキルに助けられるはずだ。

反対に、極端に裕福な環境では、「やり抜く力」がなかなか育たない。

おもちゃをふんだんに与えてもらえる子どもたちも多い。ビデオゲーム、レゴ、高性能の自転車、まったく使いもしないようなもので部屋がいっぱいになっている。収入の低い家庭の子どもでさえ、ありあまるほどおもちゃを持っている。

もちろん、親は子どもにいい人生、豊かな人生を送ってほしいと思うものだが、甘やかしすぎると何かのために努力する意欲を子どもから奪ってしまう。欲しいものが何でも手に入ったとしたら、苦労も経験せず、何かを追いかけることの本当の価値も理解できず、創造性とやり抜く力も身につかない。

高価なおもちゃより、ハイキング、ボードゲーム、料理を

そんな子育てとおさらばすることもできる。おもちゃを買うのはもうやめよう！（わたしも孫ができたときに、もう一度このことを学び直さなければならなかった）。まずは、今あるおもちゃで楽しく遊んでほしい。買い物が子どもとのいちばんの娯楽になったのは、いつからだろう？ 店に子どもを連れていけば、子どもは新しいものを次々と欲しがるだけだ。公園やハイキングに行くのはどうだろう？ 家のまわりで何かをやらせたり、友だちと遊ばせてはどうだろう？ ボードゲームをしたり、料理をしてはどうだろう？

もし料理が好きなら、子どもに自分のお誕生日ケーキを作らせてみてもいい。派手な誕生日パーティーを開きたい気持ちはわからなくもないが、今どきの誕生日イベントは結婚式かと見紛《みまご》うほどだ。「アナと雪の女王」をテーマにしたパーティーでは、エルサにふんした俳優がポーズを取り、ポニーを引き連れたサーカス団までいた。子どもは大喜びだが、そこまでしなくても、同じくらい楽しいイベントはできる。子どもに誕生日パーティーのコンセプトを考えさせ、装飾をさせ、すべての企画をまかせるといい。予算を与えて、どんなパーティーにするかを本人に決めさせよう。インターネットで必要なものを検索させよう。価格を比較させて、賢く買い物をさせよう。マジックが見たかったら、近所の子どもを雇えるかどうかを調べさせてもいい。

学費の重みを子どもに感じてもらう

子どもは自分の教育の主導権も握るべきだ。学費を払うのが誰であっても、子ども本人が学びに責任を持つべきだ。自分が主導権を握っていれば、学ぶことに気持ちが入る。借家と持ち家とでは、扱い方が違うのと同じことだ。自分の家なら、大切に扱うだろう。

大学の学費を親が払ってはいけないというわけではない。わが家は幸い、娘たちの大学の学費を支払うことができたし、教育の価値を信じてもいた。ただし、大学院の学費は娘たちに支払わせた。わたしたちが大学院の学費を払わないと聞いて、スーザンは動揺した。スーザンなら奨学金をもらうか、講義助手の手当をもらえるはずだとわたしは思っていた。もし学費の目処《めど》がつかなかったら、お金を「貸して」あげるつもりだった。与えるのではない。貸すのと与えるのでは大違いだ。スーザンは長女だったので、下のふたりにとってはスーザンがいい前例になる。大人になった娘たちなら何とかできるだろうと思ったし、実際にできた。スーザンとジャネットは自分で学費を捻出したり、奨学金をもらったりした。スーザンは苦労したが、ここで勉強と仕事を両立させることを学んだ。わたしたちが学費を支払っていたら、そうはならなかっただろう。もちろん、この経験で大きな達成感を感じ、自信もついた。スーザンはやり遂げたのだ。

もしあなたが、子どもの大学の学費のために数十年間コツコツ貯金してきたならば、もちろん学費を支払ってあげるのはいい。でもこうやってみてほしい。あなたの口座からにしろ、子ども自身に学費を支払わせよう。子ども自身が小切手に金額を書きこみ、あなたがサインすればいい。金額を書きこむだけでも、親が何を犠牲にしているかに気がつくはずだ。いくらかかっているかを、その目で見ることになる。心理的なインパクトは絶大だ。子どもはいつまでも忘れないだろう。娘たちの大学時代にそれを思いついていればよかったと思う(娘たちは大学教育に真剣に取り組んでいたので、特に衝撃を与える必要はなかったけれど)。

ティーンエイジャーはみなアルバイトをして世の中を知るべき

お金持ちでも貧乏でも、ティーンエイジャーになればみんな、仕事をしたほうがいいと思う。世の中の現実を知るのに、これほどいい方法はない。

娘たちはみんな高校時代から働いていた。スーザンはゴミ処理トラックの管理をしていたし（前述の通り）、パロアルトの鮮魚レストランでウェイトレスもやっていた。友だちがみんなここに食べにくるので、スーザンはこの仕事を楽しんでいた。ジャネットとアンはベビーシッターのアルバイトをした。今はベンチャー・キャピタリストであり、起業家でもあるハイディ・ロイゼンは、高校時代に誕生日パーティーを回って人形劇をしてお小遣いを稼いでいた。人形劇で月に800ドルも稼いでいたが、スタンフォードを卒業して最初の仕事の給料は人形劇とあまり変わらない1000ドルほどだった。

高校生を雇うのは、とても楽しい。熱意があり、創造性があり、率直に意見を言ってくれる。高校生は思ったことをそのまま口に出す。わたしのウェブサイトをデザインしてくれたのは生徒たちだし、ついこのあいだ庭の水まきに雇ったのも高校生だ。生徒たちが社会に飛び立つきっかけを作るのは、わたしの喜びだ。わたしのところで初めての仕事について、そこから大きく成長していく子どもたちもいる。アンが創業した遺伝子検査会社の23アンドミーでは、起業してまもなくわたしの生徒たちをチームで雇い入れ、カンファレンスの運営にあたらせた。わたしの生徒たちが、50歳以上の人たちの水泳大会をスタンフォード大学で主催したこともある。孫のジェイコブは、大学入学前に10週間キャンプの料理人として働いていた。1日8時間立ちっぱなしで、一度に300人の子どもに食事を出す仕事だ。実際に働いている姿も見た。大変な仕事だった。でもジェイコブはその仕事を楽しみ、やり抜く力を身につけていた。

家の手入れをする親の姿が手本に

親が子どものお手本になれることも、思い出してほしい。わが家は豊かではなかったので、わたしのやり方は必要に迫られてのものだった。でもどんな子どもにも、どんな家庭でも、この考え方は使える。

やり抜く力はわたしの性格の一部だ。１９５０年代にロサンゼルスで暮らしていれば、運転しないわけにはいかなかった。わたしは16歳の誕生日に運転免許を取り、お決まりのお祝いをもらった。１９４８年製の深緑のポンコツ中古車を３００ドルで親に買ってもらい、アマチュア整備工の父親に手入れ方法を教えてもらった。車を整備に出すおカネはなかったので、すべて自分でやるのが前提だった。オイルやタイヤや点火プラグの交換もやり方を覚え、きちんと整備していた。ずっとあとになってスタンフォードのキャンパスに住んでいたとき、わたしが車の下にもぐってオイルを交換しているのを隣の人が見て、びっくりしていた。わたしは家の屋根に登って、雨どいを掃除することでも驚かれていた。わたしはそうやって育てられてきた。娘たちもそんなわたしを見ていた。娘たちは、母親が（ほぼ）何でも自分でできる姿を見て育った。

また、娘たちはわたしの粘り強さと自制心も見て育った。こと食べ物について、わたしはものすごく節制できる。家族全員に十分な食べ物がない中で育ったので、食べ物を大切にすることを学んだのだと思う。また何を自分の口に入れるかで、健康を管理することも知った。それをコントロールできるのは、ほかでもない自分だけだ。美食が目の前に並ぶ夕食会でも、食べずにいることができる。おなかがすいていなければ、食べない。それだけだ。娘たちにも同じように節制を教えた。食べ物をストレス発散に使ってほしくなかった。食事は栄養であり、わが家の糧《かて》だ。

もうひとつ、娘たちに見せたわたしのやり抜く力の例がある。わたしは何かを思いつくと、何が何でもやり遂げようとする。誰もわたしを止められない。わが家のキッチンとファミリールームの床は、引っ越したときからリノリウム貼りだった。それはわたしの失敗で、自分でそのリノリウムを選んだのだ。当時は、高級な床材など知らなかったからだ。でも数年経つと、その床が気に入らなくなった。心底嫌気がさしてきた。リノリウムの床を全部とっぱがして、フローリングにしたくなった。でも高価な床材を買うお金はない。家具も最低限しかなかったし、家にかける予算はなかった。夫はリノリウムに満足していたので、夫を説得するのは無理だと思った。だから、自力で何とかすることにした。1年かけて、毎週食費の中から少しずつお金を貯めていった。娘たちも、そのすべてのプロセスと、わたしの粘り強さと意志の強さを（もちろん夫には秘密だったが）ずっと見ていた。その夏、夫がヨーロッパに2週間出張することになったので、わたしはいよいよ計画を実行することにした。夫に反論する暇を与えたくなかったので、全部自力で準備した。それまでに最安値の床材を探し回り、工務店を見つけ、夫が出張に出たその日から工事を開始する予定を立てた。夫は帰宅してキッチンに足を踏み入れると、美しいフローリングの床を見てアッと驚いた。「いいでしょ？　どう？」とわたし。夫は言葉も出なかった。お金をどうやって捻出したのかがわからなかったので、うかつに「いい」とは言えなかったのだろう。でも、夫は素敵だということは認めてくれて、費用はもう支払い済だと知って喜んでいた。40年後の今もわが家の床はそのままだし、すごく気に入っている。

安売り広告の店での買い物も訓練になる

わたしは、賢く買い物することと、店に問題があったら意見することも、娘たちに見せてきた。わたしは、自分もいい体験をしたいし、ほかの買い物客のためにもなりたいと思っている。たとえば、安売りの広告を出していても、レジに行くと高い値段になっていることがある。「すみません。価格が変わりました」とか、「値札が間違っていました」とか言われる。わたしは絶対に受け入れなかった。店長を呼び、チラシの価格を守るように訴えていた。買い物に行くときは、かならずチラシを持参していた。もし誰も文句を言わなかったら、わたしだけでなく買い物客全員が損をする。「誤解させるような広告を出して、ウソで客を釣っていいわけがない」と思ったのだ。娘たちは恥ずかしがってどこかに隠れてしまっていた。でもそのおかげで店はチラシの価格に慎重になるし、間違った価格を広告していれば、客の得になる。店の態度が変わってきたのは、わたしのようなうるさい客のおかげなのだ！　娘たちもごまかしを見抜き、自分と普通の人たちのために声をあげ、企業に広告に誠実になり顧客を公正に扱うよう責任を取らせることを学んだことを願っている。

やり抜く力のいちばん大切な面は、それが人や社会のためになるというところだ。やり抜く力は個人の資質として見られがちだが、それが自分だけでなく、ちょっとしたことでも壮大なことでも、世界を変える力になることを理解してほしい。

ゲイディ(・エプスタイン)も、自分のすべてを新聞作りに関わる全員のために注いでいた。パークランドの高校の生徒たちも、大勢の人たちを巻きこんで、最終的にはわたしたち全員に関わる法律を変えようと努力している。

成功はひとりのものではない。ということは、やり抜く力もまた、個人の利益を超越するような、世の中のためになる力だと言える。大勢の人がそのしなやかな力を見つけることができれば、すべての人にとっていい世の中になるだろう。

T Trust

R Respect

I Independence

C Collaboration——協力

K Kindness

6章　独裁者にならず、一緒に働こう

教師失格？

教師として教えはじめた年、自分にこの仕事は無理だとあきらめかけた。わたしは毎日、5クラス125人の生徒たちに英語とジャーナリズムを教えていたが、その全員を厳しく監督することが求められていた。文章の書き方から文法から報道倫理まで、すべてが講義形式で、わたしは自分の言葉に興味を持っているふりをしなければならなかった。もちろん、どんな英語教師にも負けないくらい文法は好きだが、日に5回も同じ講義を繰り返すのはつらかった。（同じ科目を教えている場合は）毎時間同じ話を繰り返すのが高校教師の仕事だ。それがすごく得意な人もいた。わたしは違った。飽きてしまうのだ。これまでも、誰かに言われたことをそっくりそのまま毎日繰り返せるような人間ではなかった。もっと難しいことに挑戦させたほうがいいクラスもあれば、もっと時間をかけて新しい概念を説明したほうがいいクラスもあったのに、そんなことはおかまいなしに授業を進めなければならなかった。それよりも嫌だったのは、いつも「お偉い先生」のふりをしてみんなの前に立ち続けなければならなかったことだ。わたしは生徒を抑えつけるのではなく、生徒と一緒に学びたかった。

わたしが講義をしていないとき、生徒は自分たちで勉強するものとされていた。みんな同じ教科書を見ながら、（たいていは）ノートをとって、各章の終わりの練習問題をやることになっていた。朝、わたしは自分で追加の練習問題をタイプして、ガリ版で印刷していたので、いつも指先が紫色になっていた。どうしてそんな面倒なことをやっていたかというと、教科書の練習問題が終わった生徒に、何かをさせていなければならなかったからだ。これ以上ないほど退屈な練習問題をやっと終えたと思ったら（文法の教科書を作る人には、創造性を伸ばす授業を受けてほしいものだ）、わたしが近づいてきて同じようなドリルをやらされる生徒の身にもなってほしい。当時の「学び」とはただの暗記で、その中でわたしも生徒も一緒に苦しんでいた。

教える側はボスでいいのか？

新学期がはじまって2カ月も経つころには、ストレスが高じて胃が痛くなったり、何度も風邪をひいたりしていた。年長の教師からは、「少しお休みしたほうがいいですよ。すごく具合が悪そう」と言われた。確かに具合は悪かったし、いかにも病気に見えた。でも、本当のところはどうしていいかわからなくなっていたのだ。わたしは指導要領にきちんと従い、大学院で学んだことを実践していた。1960年代のカリフォルニア大学バークレー校の教育大学院では、すべての教師が同じ訓練を受けていた。そこで学んだのは、教師はボスだということ。クラス運営と生徒管理の方法については、いろいろな授業で学んできた。その昔は、『How to Maintain Control of Your Classes（クラス支配を維持する方法）』という教科書まであったほどだ。教師の評価は、クラス管理がどれだけきちんとできているかが基準になっていた。生徒たちがどれだけ行儀よくしているか、生徒がどれだけ課題に集中しているか、話す前にきちんと手を挙げているか。それが大切だった。つまり、教師が支配者だということを生徒に徹底的に教えこまなければならないとされていたのだ。教師は絶対的な存在でなければならなかった。教務課から言われたことで、今も忘れられないのは、「クリスマスまで笑顔は控えてください」という指示だ。これは作り話でも何でもない。カリフォルニア大学バークレー校でもほかの大学でも、20年前まではそれが常識だった。

わたしの生徒たちは、退屈していただけではない。怖がっていた。わたしが罰を与えたり、落第させるのではないかと恐れていたのだ。怖いのはわたしも同じだった。化けの皮が剝がれるんじゃないか、つい口がすべってひょうきんな自分を出してしまうのではないか、そんなことになったらクビになるんじゃないかとヒヤヒヤしていた。わたしが近づいてくるのを見た生徒が、突然鉛筆を握って文法テストを喜んで受けるフリをしたのを見て、わたしは席に戻って深いため息をついた。そのとき、今ここで変わらなくちゃと決心した。何もかも支配し続けることはできないし、このままでは正気を保てない。選択肢は3つ。仕事をやめて身体を休めるか、セラピーに通って心を休めるか、クビを覚悟でやりたいことをやるか。

ひょうきん教師キャラで生徒にブレイク

意外なことに、すぐに心は決まった。まずは、講義だけで通すのはやめて、授業の一部をグループワークにすることにした。古くさい教科書で退屈な文法を覚えなければならないとしたら、グループでやるほうが少しはマシなはずだ。当時、グループワークは伝統からはずれたやり方だったし、認められてもいなかった。学問への冒瀆《ぼうとく》だったのだ。一方、わたしは大学を出たてのひよっこ教師のくせに、ルールを破ろうとしていた。とんでもないことだ。でも、授業をもっとおもしろくしないと、わたしがやっていられなかった。そこで、生徒にグループを作らせて、文法と綴り方を少人数で一緒に練習することにした。

わたしの心は少しだけ軽くなった。そのあたりから、わたしのひょうきんさも表に出はじめた。お笑いネタのようなとんでもない文章をひねり出し、生徒たちに句読点をつけさせた。生徒たちにも、それぞれ文章を書いてもらった。月曜の授業では、「週末にやったことを教えてちょうだい。それを書きだして、パートナーに句読点をつけてもらってね」と言っていた。本当の話でもいいし、かなり誇張した話でもいい。どちらも歓迎だった。ビアポン〔訳注：ビールの入ったコップにピンポン玉を投げ入れ合うゲーム」の話（わたしはやったことはないが、生徒から聞かされてくわしくなった）、変わったことをやり遂げた話（チョコレートバーを25本も一気に食べた生徒がいた）、そしてご想像通りセックスの話も。そこで、セックスの話はなしと生徒に釘をさした。生徒はそれに不満だったらしいが、「親御さんは、あなたがセックスのセの字も知らないと思ってるのよ。わたしをゴタゴタに巻きこまないでね」と言っておいた。授業中に笑いが起きることも多かったし、生徒を叱るべきときには遠慮せず叱ることができた。わたしがいつも変なことをやっているので、生徒はわたしに注意を向けていたし、わたしを信頼してくれてもいた。

抜き打ち検査と校長からの警告

そんなある日、校長が抜き打ちで教室に入ってきて、後ろの席に座った。校長は教室をざっと見回して、生徒が2人のペアか3人のグループで勉強しているのに気づいた。わたしはパニックになった。頭の中に、「講義！」の警報が鳴り響いた。わたしは教室のいちばん前に駆け寄って、セミコロンの大切さについて話しはじめた。生徒たちはキョトンとしていた。教室を支配しているように見せなければと思い、精一杯の威厳を持って「鉛筆を置いて、話を聞きましょう」と言った。聞いてくれた生徒もいたが、ふたりは聞いていなかった。校長は所見に「クラス運営ができておらず、勉強せずにおしゃべりしている生徒が多い」と書きこんだ。当時、それは深刻な問題とされていた。

校長は3週間以内に「生徒たちを掌握するように」とわたしに命じた。つまり、生徒たちにおとなしく黙って座っていさせろということだ。わたしが話しているときには、ひとりとして口を開いてはいけない。全員がノートをとっていなければならない。授業時間中ずっとそうしていなければならない。わたしはうろたえて、また辞めたほうがいいかもと悩んだ。教師に向いていないのかもしれない。今もそう感じている教師は多いはずだ。生徒のテスト成績を伸ばさなければならないとプレッシャーをかけられ、同じ教材を繰り返し教えるだけの毎日。今では教材を繰り返すのはコンピュータが助けてくれるが、やり方は同じだ。柔軟性も創造性もなく、生徒たちと協力する機会もほとんどない。

生徒と共犯者になり助けてもらう

そこに、わたしの反骨精神が顔を出し、とんでもないアイデアが思い浮かんだ。生徒たちにわたしの悩みを打ち明けることにしたのだ。次に校長が見回りにきたら、とにかく静かにしてほしいと頼みこんだ。そうでないとクビになってしまう、と。生徒たちを信頼していたし、失うものは何もなかった。「今のままの授業を続けてほしいなら、わたしにこのまま教えてほしかったら、助けてちょうだい」と頼んだ。大胆にも、生徒たちをわたしの策略に引きずりこんだのだ。生徒と力を合わせれば、何とか乗り切れるかもしれないと思った。

そこで、普段の授業はこれまでと同じやり方で生徒と協力しながらやるが、校長が姿を見せたらすぐに、スイッチを切り替えることにした。わたしは講義に切り替えて、生徒はおしゃべりをやめて黒板のほうを向く計画を立てた。数日後、校長が廊下を歩いてくるのが見えたので、わたしたちは模擬練習をやってみた。わたしはさっと教室の前に移動し、生徒たちはすぐにおしゃべりをやめた。大成功だ！　生徒たちは楽しんで策略に乗ってくれた。元生徒で、今はカリフォルニア州立大学チコ校で彫刻を教えるローレン・ルースは、こう語っていた。「ウォジがやったのは、教室の序列を壊すことでした。いつも制度を破っていましたね。先生は、親とは違う特別な存在でした。共犯者みたいでした。生徒を信頼していたからこそ、共犯になれたんです。それは、ウキウキするような体験でした」

3週間後、校長が教室に戻ってきて授業を視察した。生徒たちは静かだった。水を打ったような沈黙だった。教室がまるで死体置き場になったようだった。そんなわけで、校長は大満足だった。「クラスを統制できてよかった」と校長は言っていた。ほんの数週間で、どうやって授業態度をこれほど変えることができたのかを知りたがっていた。わたしは、簡単でしたよと校長に言った。「生徒にわたしがボスだということをしっかりと教えたんです。大学院で学んだとおり、笑顔もやめました」

1986年、マッキントッシュ7台をいちはやく教室に導入

それをきっかけに、わたしは大胆になった。

1986年、ロスアルトスのショッピングセンターである店の前を通りかかったとき、店頭にマッキントッシュのコンピュータが置いてあるのが見えた。スクリーンには「こんにちは」の文字が映し出されていて、そのコンピュータはわたしに話しかけているようだった。パーソナルコンピュータらしきものをそれまで見たことはなかったが、生徒たちが使っていた旧式のタイプライターよりは絶対にマシに違いないことはわかった。それまで、学校新聞の記事をタイプするのに、何時間もかかっていた。タイプができない生徒もいたので、時給制でほかの生徒を雇って、記事をタイプさせていたほどだ。タイプミスがあると、またタイプをし直していた。そんなときに見つけたマッキントッシュコンピュータは神様からの贈り物に見えた。

しかし、資金がなかった。でも偶然にカリフォルニア州の特別補助金を申請できることがわかった。そこでマッキントッシュのコンピュータ7台分の補助金を申請してみた。高校からは、州政府の補助金は競争が厳しくてなかなか獲得できないと言われてはいた。ダメだとあきらめそうになっていたが、意外にも1987年の秋に補助金を獲得できて、7台の新しいコンピュータがわたしの移動教室に届いた。

どうやって電源を入れたらいいかもわからなかったけれど、ワクワクして仕方なかった。そのコンピュータを数週間も教室の後ろのほうに置きっぱなしにしたあとで、やっと生徒たちにこう告げた。「うれしいお知らせよ。州の補助金が降りて、新しいコンピュータが7台届いたの!」。生徒たちはコンピュータが何かということは知っていても、マッキントッシュを近くで見たことはなかった。使い方を知っている人は学校にはひとりもいなかった。高校の管理部門の人たちからは、コンピュータなど「一時的な流行りもの」で、手助けできるスタッフはいないと言われた。わたしは政治と英語は勉強してきたけれど、テクノロジーのことは何ひとつ知らなかった。普通なら、落ちこんだり、怖がったりしてもおかしくないはずだ。わたしは本当にテクノロジー音痴だった。はじめてマッキントッシュを使おうとしたとき、タイプしたはずの文字が目の前から消えて、どこにいったかわからなくなってしまった。スクロールしすぎていただけだったのだが、そのときは「スクロール」の意味さえ知らなかったのだ！　でも生徒はわたしよりずっとわかっていたし、喜んで手助けしてくれた。

高校の管理部門には、「大丈夫です。生徒とわたしで何とかできますから」と言ってしまった。そんなわけで、わたしと生徒たちは放課後や週末の空いた時間をすべて使って、そのコンピュータを立ち上げ、使い方を覚えた。双子のギル兄弟がほかの生徒たちと一緒にマックの使い方を解明しようとしていた姿は、今でもよく覚えている。ソフトウェア開発のアルダス社に勤めていたギル兄弟の父親が、土曜日に学校にやってきてページメーカーという編集ソフトの使い方を教えてくれた。それは、新聞のレイアウトを作るのに、もってこいのソフトウェアだった。そのアルダス社のソフト——当時はフロッピーディスクに入っていた——をありがたくいただいて、新聞の編集から印刷まで行なうようになった。このデジタル編集技術を使ってできたのが、学校新聞のザ・カンパニールだ。データの保存ももちろん、生徒たちがやってくれた。

7台のコンピュータを設置し、プリンタを見つけ、機器をつなぎ、ファイルを整理するのに、およそ6週間かかった。当時としては、かなり革新的な取り組みだった。何かが壊れたり、手助けが必要になると（しょっちゅう困っていた）、生徒を何人か連れて近所のフライズという電器店に行っていた。わたしたちはその電器店の常連になり、生徒たちは驚くほどＩＴに精通するようになった。それはＩＴという言葉が世の中に知られるようになる前の話だ。パロアルトのフライズ電器店は、地元の名物店だ。入り口には後ろ足を蹴り上げている馬の巨大な像が置かれている。それはわたしにとって、これからやってくる技術革命へのワクワク感を表していた。何か大きなことが起きていて、わたしたちはその一部だと感じられた。

その年、ジャーナリズム・プログラムのオリジナルＴシャツを作ることをはじめて思いついた。スポーツをやっている生徒たちは、チームＴシャツがあったし、わたしたちもまさにチームだったからだ。この30年というものずっと、生徒たちが見事なＴシャツをデザインしてくれた。高校の管理部門がある建物をわたしが踏み潰そうとしているイラスト入りだった。Ｔシャツの前面には大きな硬貨が描かれ、背中には「ＷＯＪを信頼せよ」と文字が描かれていたが。最近はその背中の文字が、「ＷＯＪ流を実践せよ」に変わった。生徒たちは、高校でも街中でもそのＴシャツを着て歩いていた。

生徒同士が教え合うとうまくいく

文法を教えはじめたあの日から、先端のテクノロジーを利用したジャーナリズムを教えている今日まで、わたしの教室で起きたことはすべて、協力のたまものだ。

協力は、信頼と尊重と自立という強固な土台があってはじめて可能になる。また、生徒たちが情熱を持てるはっきりとした目標も必要だ。生徒が力を合わせ、お互いを指導しあう場を作るには、こうした要素がなければならない。わたしの生徒たちはこのスキルを毎日実践し、お互いを支え合い、教え合い、刺激し合っている。そんな生徒の姿に、わたしはいつも圧倒される。

質の高い出版物を制作するためには、ジャーナリズムの裏も表も知る必要がある。机上の空論ではいけない。わたしの生徒は、テストのために本を丸暗記して数日後には忘れてしまうような勉強はやっていなかった。プロと同じように記事を書き、編集し、紙面をデザインしていた。だから、生徒たちもプロ並みのスキルを身につける必要があった。以前はわたしがアドビのページメーカーとフォトショップの使い方を生徒にレクチャーしていた。生徒はわたしの話を聞いてノートをしっかり取るのだが、いざ使おうとすると使えない。いくらレクチャーを聞いても、使いこなせるようにはならない。そこで、講義と実践を混ぜることにした。わたしが機能を説明し、ひと機能ごとに実際に生徒にやらせてみて、次の段階に進む。そのほうがうまくいったが、結局いちばん効果があったのは、生徒同士がお互いに教え合うやり方だった。

〝メンター制度〟を導入

スキルのある生徒と初心者を組ませることにした。わたしたちは愛情をこめて初心者を「カビーちゃん」と呼んでいた。上級者が初心者のパートナーを選んで、責任を持って何でもひとりでできるようになるまで教えることにした。わたしは何をするかを決めて、生徒たちにアナウンスする。たとえば、「今日は特集記事のレベルアップが課題」とか、「今日はもっといい論説を書く練習」といった具合にやることを決める。それからお手本になるような記事を一緒に読んだあと、初心者は上級者の手を借りながら下書きを書く。

ほとんどの場合はそれでうまくいったが、うまくいかないこともあった。書き直しが必要な場合は、上級者にこう言っていた、「残念。もうひと息。パートナーのところに戻って書き直しを手伝ってね」。そう伝えればたいていの上級者は従ってくれたが、「無理です」とか「どこが悪いかわかりません」と答えた場合には、どうしたらいいかがわかるまでもっと話し合った。

つまり、生徒たちにできるだけ仕事をまかせていたわけだが、それが大成功につながった。7年生（中学1年）のときに中国から移民としてここにやってきて今も在学中のバイロン・チャンは、こうして指導してもらったことが、すべての学びにどれだけ役立ったかをわたしに語ってくれた。バイロンはずっと英語の会話にも文章にもコンプレックスを持っていたが、メンター役の生徒の手助けによって自分の能力に自信がついたと言う。また、ほかの学年の生徒と親しくなれたことも助かったと言っていた。わたしの授業以外では、そんなチャンスはなかったのだ。

長年こうやって教えてきたが、ここぞというときに力を出してくれなかった生徒はひとりもいない。生徒を信頼し、時間とやることの整理を手助けすれば、生徒はかならずやってくれる。だが、子どもの力を信じることができなかったり、不安を持ったりすると、子どもは力を出せなくなる。

その後、このメンター制度を拡充し、普通のライティングの授業にも取り入れた。1日に150人もの生徒の文章をわたしひとりで個別に批評し訂正することはできないが、生徒同士がお互いに批評しあうことはできる。1年をかけて生徒たちは格段に上手に書けるようになり、本人にもパートナーにもいい結果になった。当時ライトリー（Writely）と呼ばれていたグーグルの新しいソフトがあった。これを使えば、生徒たちが一緒に文章を書いて共有し、お互いの文章を直すことができるようになる。わたしは幸いグーグルにフィードバックをできる立場にあり、これがのちにグーグルドキュメントになった。わたしの生徒たちはこのソフトの最も初期のユーザーで、今では何億人もがこのソフトを使っている。

繰り返しになるが、いつもすべてが順調に進むことはない。ティーンエイジャーを教えていれば予想もしなかったことが起きるものだ。大人数のグループで一緒に作業を進める場合にはもちろん、混乱はつきものだ。でも、わたしは混乱が嫌いではない。長年のあいだに混乱への耐性が身についたのだろう。新聞の発行が迫ると、生徒たちは大きな音で音楽をかけたり、部屋の反対側にいる人に声を張りあげていたり、3台の端末を同時に使っていたりする。わたしはその真ん中に座って、自分のやるべき仕事をやっている。

このメソッドが生徒にどのようなインパクトを与えているかは、なかなか表現しにくい。生徒が自分には先生と協力する力があると感じられたら、自己肯定感が大きく上がり、ものすごい自信になる。誰かが支えてくれるとわかれば、何でもできるような気持ちになる。また、自分がどんな形であれチームの一員として認められているとわかっていれば、挫折を乗り越えやすくなる。

今年、とても才能のある生徒が編集委員に立候補して敗れてしまった。彼女はもちろんがっかりして落ちこんだが、それもほんの少しのあいだだけだった。今は、高校理事会の生徒代表役員という大切な役割を果たしている。つまり、高校の理事会すべてに出席し、生徒に大きな影響を与える理事会の決定について、生徒たちに報告している。また、ジャーナリズム学科で行なう夏キャンプのカウンセラーもつとめている。わたしと新聞に関わるすべての人が彼女の能力を認めていることを、彼女自身がわかっているし、やる気になるには、それだけで十分なのだ。

専制型、権威型、迎合型、そして放任型タイプの親

多くの人が誤解していることがある。それは、家庭でも学校でも、子どものすべてを管理するのがいちばんいい教育法だという考え方だ。

大人は、「子どもたちは幼くて何も知らない。だから親が道が示してあげるべきだ」と考えて

いる。もちろん、何らかのルールは必要だが、ルールで縛りすぎると心の健康が蝕《むしば》まれるという研究もある。1971年に発達心理学者のダイアナ・バウムリンドは146人の幼稚園児とその親たちを分析した。その結果、4つの異なる子育てのスタイルがあることがわかった。専制型、権威型、迎合型、そして放任型だ。最初のふたつのタイプから見ていこう。

専制型の親は、独裁者のように振る舞う。従順でルールに従うことを子どもに求めるのが、このタイプだ。このタイプは自分のやり方が絶対だと信じ、それ以外は認めない。

権威型の親はそれとは違って、子どもとのあいだに、前向きであたたかく強固な関係を作ろうとする。このタイプは子どもの意見を考慮に入れ、子どもとの議論や討論を尊重し、それが社会的スキルの発達を助ける。シリコンバレーで小児科医を務めるジャネスタ・ノーランドは言う。「権威型の親は、子どもと深く関わりながらも、ダメなことはダメとはっきり言います。そんな親は子どもの親友ではありませんが、子どもを気遣わない人間でもなく、子どもをただ支配しようとすることはなく、大きな期待で子どもを窒息させる存在でもありません」。バウムリンドの研究によると、権威型の親のもとで育つと、男の子も女の子も、自立し、目的を持って行動し、社会的な責任感が強くなる傾向があるとされている。1991年に行なわれた追跡調査からは、このタイプの子どもは思春期になっても薬物使用の問題がなかった。このことからも、子育てのスタイルが子どもに長期的な影響を与えることが証明されている。

あとのふたつのタイプは、読んで字のごとしだ。迎合型の親は、子どもを甘やかしすぎ、ルールも期待も課さず、子どもの人生を後部座席から見物しているだけだ。わたしの流儀を「迎合型」または何でもありだと誤解する人もいるが、大きな違いがひとつある。わたしはかならず制約やルールを設けたうえで、自由を与えていた。生徒がメディアセンターで野放図に大騒ぎすることは許さなかった。記事を書くときには大胆なアイデアを求めたが、ニュース記事の書き方の基本を教え、明確な締め切りを設けていた。そして高い期待を掲げていた。そして、その高い期待に見合う結果を出す方法を見つけることを生徒に求めた。

放任型の親は責任を放棄し、気遣いも愛も導きも与えず、子どもをほったらかしている。もちろん、協力者としては失格だし、養育者としても問題だ。

どのタイプの子育てにも適切な時期と場所があるが、いずれもあまり極端すぎるとよろしくない。危険な状況では、子どもの注意を引いて瞬時に命令に従わせるために独裁者のように振る舞う必要があるかもしれない。いつもほったらかしで、子どもが出かけるときにどこに行くのかも何時に帰るのかも気にかけないようではダメだが、何も言わず、黙って見守るのが必要な瞬間もある。子どもたちがまだ幼く、これからトリックの要素を身につけはじめるときなら、権威型の親のように毅然《きぜん》とした態度をとったほうがいいだろう。頼れる誰かがいれば、小さな子どもでも安心できる。それが秩序と方向性を与えてくれる。

子どもの敵ではなく協力者になろう

しかし、わたしはもうひとつ別のタイプがあると思っている。それは協力型の親だ。このタイプの親は、子どもがある程度大きくなり、基本を理解したら、お互いを尊重することを元にした関係を築く。

たとえば、もし子ども部屋の壁を塗り替えるとしたら、権威型の親なら「はい、これがペンキ。まずわたしが塗るのを見て、同じようにしてね」と言うだろう。だが、協力型の親は子どもにもっと大きな裁量を与え、「一緒にペンキ屋さんに行って色を選ぼうね。どの色が好き？　あと刷《は》毛《け》も選んでね」と頼んでみるだろう。

このやり方には時間がかかるが、子どもは自分を労働力ではなく、協力者と感じられる。子どもにちょっとしたことを決めさせるだけでも、大きなインパクトがある。

子どもたちは自然とこのことを理解しているようだ。幼児は自分のことしか見えていないと誤解されているが、２０１７年の研究では2歳児でもほかの子どもの目標達成を助けたときには自分が目標を達成したときと同じだけの喜びを感じていることがわかっている。また別の研究でも、子どもは3歳にもなるとパートナーの責任を理解し、自分の視点と合わせて他者の視点を持てるようになることがわかっている。

協力は自然な衝動だという考え方は理にかなっている。人間が生き残れたのは、力を合わせることを学んだからだ。大勢の人が協力すると、大きな力が生まれる。協力とは絶大な力とも言える。

それならなぜ、命令したがるのだろう？　なぜ子どもを支配したがるのだろう？　民主主義社会で活動し、他者と共に生活し働くことを子どもに教えるのが親の役目では？　大人がそうできないのは、子どもに裁量を持たせる練習がどれほど大切かを忘れているからだ。でも、子どもたちと家族のために、親は子どもに協力することの大切さを教えなければならない。

子どもの目の前で配偶者を攻撃してはいけない

トリックの原則はすべてそうだが、協力もまた、あなたから、つまり親からはじまる。親が他人の意見に耳を傾けられなかったり、いつも偉そうに配偶者を攻撃しているようでは、お手本になれるわけがない。子どもを産み育てることはチーム努力だ。配偶者は敵ではない。そしてあなたの振る舞いを、子どもはそっくりそのまま真似する。子どもはいつも親を見ている。

もちろん、賛成できないことがあるのは当たり前だ。子どもはお行儀が悪いこともあるし、とんでもないことをやらかすこともある。生まれたときからマナーをわきまえた赤ちゃんなどいないし、小さな子どもは自分勝手なものだ。でも大きくなるにつれて子どもは周囲を観察し、まわりの大人が他者を思いやる様子を見て、自分も他者への気遣いを学んでいく。

子どもが食べ物を床に放り投げたり、おもちゃ屋で泣きわめいたりしたときに、どう反応するかは親次第だ。わたしのアドバイスをここに書いておこう。配偶者と大ゲンカしたくなってもぐっとこらえてほしい（10まで数えよう）。子どもの前ではもちろん、罵《のの》り合いは厳禁だ。とはいえ、日常生活の中でイライラすることや賛成できないことはある。それは隠さないほうがいい。あなたがそれにどう対処しているかを子どもに見せてほしい。大人の苦労を子どもは察しているし、大人が苦労をどう乗り越えるかを子どもは観察し、そこから学んでいる。あなたが動揺しているということ自体は隠さなくてもいいが、意見の違いを問題の解決に役立てるようなお手本になってほしい。

たとえば、配偶者が帰宅して外食に出かけたがったが、あなたはすでに時間をかけてごちそうを作っていたとしよう。配偶者は「いつも同じ食べ物ばかりで飽きちゃったよ。今日は外食にしよう」と言い張る。夫婦のあいだではよくあることだ。一日の終わりでお互いに不機嫌になっている。子どもはそれを見ている。ではどう反応したらいい？　落としどころをどこかに見つけよう。それが人間関係というものだ。今晩ではなく、明日出かけることにしてもいいし、今晩出かけることにして、作った料理は明日まで保存しておくことにしてもいい。ささいなことで大騒ぎしないほうがいい。落ち着いて、落としどころを見つけよう。外食するかどうかなんて、天地がひっくり返るほどのおおごとではない。子どもはつねに親の姿を見続けていることを思い出してほしい。あなたは自分の行動を通して、子どもにどんな教訓を教えているだろう？

「命令」ではなく「提案」する

また、家庭内の協力は、正しいコミュニケーションの習慣が築けるかどうかにかかっている。子どもに協力者として話しかけることで、子どもはチームの一員だと感じられる。家族はまさにチームなのだ。

特に、子どもがまだ幼いときには、どう話しかけてもあまり変わらないように思えるが、実は大違いだ。「水着を着なさい。これから泳ぎますよ」と命令するのではなく、こう提案してみよう。「今日は暑いわね。これから一緒に泳ぎにいかない?」。もちろん、言うことをきかせなければならないこともある。2歳児や3歳児は隙あらば家中を走りまわりたがるものだ。だが子どもを無理やり従わせるよりも、何をやるかについて子どもの意見も聞いてみたらどうだろう? そうすれば、幼いころから、親を通して他人の意見を聞き尊重する姿勢が学べる。こんなふうに聞いてみてはどうだろう。「公園に行きたい? それとも動物園? レゴで遊びたい? おやつの支度を手伝いたい?」。子どもの答えが聞こえるようだ。「アイスクリーム買いにいきたい」。すると親はダメと言ってしまう。だが、子どもの答えが役に立つこともある。

親が人前で子どもに頭ごなしに命令する場面をしょっちゅう目にする。でも、友だちには絶対話さないような口調で、子どもに話すのはやめてほしい。「車に乗れ!」「携帯やめろ!」「こっち来い」などと言わなくても、もっと協力的に意思を伝えることはできるはずだ。

それから、「バカなことやるんじゃない」などといった、あとあとまで傷が残るようなことを言ってはいけない。大人だってバカなことをやるし、そんなことを言っても状況がさらに悪くなるだけだ。「こんなふうに話してほしいと他人に望むような話し方で、自分は子どもに話しているか?」といつも自問してほしい。

親は召使いではないし、子どもも召使いではない

深刻なことでなくても、一大事でなくても、協力はできる。日常生活の習慣として協力を取り入れてほしい。

たとえば、スーザンは毎日家族と一緒に夕食を食べる。テーブルを囲んで全員が順番にその日あったことをひとつ話す。4歳のアバも、その日の出来事を話す。その習慣が家族をひとつにまとめ、子どもたちひとりひとりを尊重することにつながっている。

家事や雑用といったお手伝いはすべて、小さなタスクに分解して子どもたちと協力して行なうことができる。夕食の準備も、子どもが活躍できる場面だ。食卓の準備をし、レシピを選び、料理を手伝い、食事のあとにお片づけもできる。家の掃除も協力してできる。

子どもにはっきりとした役割を持たせるといい。掃除機をかけるのは誰? 洗濯物は誰? ゴミ出しは? 洗車は? 雪かきは? つまり家は家族全員のものだということを教え、みんなで一緒に居心地よく保つ必要があることを伝えるべきだ。

親は召使いではなく、子どもも召使いではない。それぞれが責任を持ち、決められた役割を果たす必要がある。

学校も同じだ。日本の学校では、生徒がみんなで教室を片づけ、床を拭き、ゴミを出す姿にとても感銘を受けた。清掃員はいない。全員で教室をきれいにしている。アメリカの現状は日本とはほど遠いが、昼食の後片づけを生徒にやらせるくらいはどんな学校でも試してみるべきだ。パロアルトの学校では、生徒たちがゴミを分別（リサイクルできるものとそうでないものを分ける）し、キャンパスをきれいにしておくために清掃員を手助けしている。ジャーナリズムを学ぶわたしの学生たちは、新聞の発行日が近づいて夜遅くまで居残るようになると自分たちで食事の準備をし、食べたあとをきれいに片づける責任を負っている。たいていは生徒たちがきちんと責任を果たしてくれている。わたしは生徒が清掃員を知り、その仕事をありがたく思うよう、徹底させている。わたしたち全員が責任を分担し、わたしたち全員が思いやりを持つことが大切だ。

休暇の計画を子どもに立てさせる

家族の協力を実践するのにもってこいなのが、休暇の計画だ。一緒に休暇の計画を立てると、子どもはとても喜ぶ。子どもにいくつか選択肢を与えて調査させ、場所を決めて、そこで何をするかを選ばせるといい。そうすれば、親が何かをやりなさいと強制しなくてもよくなるので、一石二鳥だ。

わが家では、夫が主導して休暇の計画を立てていた。夫にはいつもいいアイデアがあったので、夫を信頼しておけば非日常的な旅を企画してくれた。ツアー旅行をしたことは一度もない。夫がツアーガイドになってくれたが、いつも子どもからの情報をあてにしていた。娘たちがすべての場面で提案をくれた。スペインに行ったときは当時5歳だったスーザンがレストランを決めてくれた。旅行中ずっとスーザンはレストラン探しを楽しんでいた。どうやって決めていたのかよくわからないが、どのレストランの食事もおいしかった。スイスアルプスにハイキング旅行をしたときも、娘たちに何でも決めさせた。「遠回りと近道とどっちのルートがいい？ もちろん、短いルートのほうが傾斜は険しいわよ。さあ、どうする？」。また、どの美術館を見てまわるかも、娘たちにパンフレットを見せて決めさせた。そうやって自分たちで決めると、美術館巡りをとても楽しむことができた。娘たちの意見を聞かなかったときは、大失敗だった。美術館に行くのに、歯医者に連れていくような感じになってしまった。子どもとは別に、夫とわたしがやりたいこともあった。そこで、娘たちに時間帯と活動を選ばせることにした。「朝と昼と夜に分けて、一日の計画を立てようね。3つの時間帯のうち、ひとつだけみんなの意見を聞くから、どの時間帯にするか選んでいいわよ」。娘たちはああでもないこうでもないと3人で話し合い、時間帯を決めた。わたしたちはいつも娘たちの決めたことを守ったが、たまに夫が反対することもあった。「自分はいちばん年寄りだ。もうここに来ることもないかもしれないから（決めさせてほしい）」と夫が言えば、娘たちはだいたい譲歩していた。

お隣の老夫婦と親友になった2歳児のアン

子どもたちにとって友情がどれだけ大切かは、どれほど話しても話し足りないくらいだ。

人生は人との協力の連続だ。最初は親と、そして家族や友だちと、それから先生と協力し、大人になれば上司や同僚や地域の人たちと協力することになる。

娘たちは毎日、近所の子どもたちと遊んだり、何らかの芸術や科学のプロジェクトをやっていた。そうやって、友だちを作り、何かを共有し、他人とうまくやっていくことを学んでいた。近所の人たちは、子どもの隠れた支えになっている。現代の忙しい社会ではこのことが見過ごされやすい。

子どもの友だちは子どもとは限らない。子どもはどんな年齢の人とも友だちになれる。

わが家のみんなはお隣の老夫婦ととても仲がよく、その老夫婦は娘たちをとてもかわいがってくれていた。娘たちはしょっちゅう好きなときにお隣に遊びにいっていた。あとでわかったのだが、隣に住んでいたジョージ・ダンツィーグはテクノロジー業界では世界的に有名な学者だった。わたしたちはずっとそのことを知らなかったし、本人ももちろんそんなことは言わなかった。ジョージと妻のアンはとても親切で気さくな夫婦で、世界的な有名人だとは露ほども気がつかなかった。でもある日、書斎に入りきらないほどたくさんの賞状や世界中の大学からの名誉学位が置いてあるのを見つけた。「なんだかすごい人なのかな？」とはじめて気がついた。ジョージはシンプレックス法と呼ばれるアルゴリズムを開発して線形計画問題を解決し、これがインターネットの発展につながった。彼はとても謙虚な人だった。

ある晩、まだ2歳くらいだったアンはお人形を持ってお隣さんに遊びにいくことにした。玄関に鍵がかかっていなかったのをいいことに、アンは勝手に外に出た。しかも、真っ裸で。ちょうどイヤイヤの出る年ごろで、服を着るのもいつも嫌がっていたのだ。絶対に何も着ようとしなかった。そのときは真夏で、とても暑かった。2階にいたわたしは玄関の開く音が聞こえたので窓の外を見てみると、アンがベビーカーを押してお隣に歩いていくのが見えた。わたしは疲れていて、服を着なさいと説教する気になれなかったので、そのままにしておいた。あのご夫妻なら気にしないはずだと思ったのだ。あとで知ったのだが、そのときお隣にはフランスからの大切なお客様が夕食に来ていた。アンは玄関のベルを押して、「遊びに来たの」と宣言し、真っ裸のままでずんずんと家に入っていき、食卓についた。みんなびっくり仰天したらしく、その話はご近所の語り草になった。

5歳から水泳チームに所属

子どもが少し大きくなれば、スポーツが、チームワークと他者への責任を教えるのに最適な機会になる。

どんな子どもも、どこかの時点でスポーツに関わるといい。個人競技ではやり抜く力と忍耐力と技術面のスキルが身につく。団体競技ではさらに、チームの一員となりチームに貢献することを学ぶ。

娘たちは5歳ごろから、スタンフォードの教職員の家族が所属する水泳チームに入っていた。毎晩1時間ずっと、プールを何往復もしていた。だから、夜はいつもぐっすり眠っていた。週末になるとチームの一員としてリレーをしていた。5歳児のチームが、平泳ぎ、バタフライ、背泳ぎ、クロールで必死に泳ぐ姿を思い浮かべてほしい。見ていてとてもおもしろかったし、子どもたちにとってはとても実践的な社会勉強になっていた。

娘たちが水泳やテニスやサッカーで身につけた姿勢は、ずっとあとになっても生活のさまざまな場面で役立っていた。娘たちは、以前よりもほかの人のことを気にかけ、意見が衝突しても相手を理解しようとつとめ、周囲の人を助けようと手を差し伸べることができるようになった。

とはいえ、よその親たちがこうした教えに背《そむ》くような行動をすることもあった。大人のエゴが出てしまうと、スポーツが親同士の競争のようになる。ほかのチームを侮辱したり、ほかの親を非難したり、自分の子どもが目標に届かなかったら怒鳴りつけたりする親もいた。子どもにはスポーツマン精神の尊さを教え、得点にかかわらずかならず相手チームの健闘を讃えることを教えてほしい。言うは易し行なうは難しだが、迷ったときにはこう肝に銘じよう。親は脇役だということを。

生活で直面する難問を、協力のチャンスととらえる

もうひとつ、言っておきたいことがある。子どもにアドバイスを与えるときは、協力（命令で

はない）のチャンスだということを忘れてはいけない。

娘たちは高校時代、よりによって物理が苦手だった。父親は物理学の教授だというのに、物理が苦手というのは決まりが悪い。だが、学校の物理の授業は娘たちにとってはチンプンカンプンだったようだ。

そこでわたしは選択肢を３つ与えて娘たちに選ばせた。ひとつは、放課後に居残って物理の先生に助けてもらって勉強すること。次に、父親に教えてもらうこと。だが夫はとても忙しく、あまり時間は取れない。３つ目は、家庭教師を雇うことだ。娘たちは家庭教師を選んだ。そこで、スタンフォード大学の物理学教室に張り紙をして大学院生を雇い、週に3回自宅にきてもらうことにした。こうやって、家族で協力して問題を解決できた。

ジャネットがチアリーダーの入団テストを受けたときにも、同じように協力して問題を解決した。ジャネットは入団テストに合格し、わたしはとても誇らしかった。でも、ちょっとした問題が起きた。ジャネットには合わなかったのだ。ここでまた、わたしが相談役になった。「どうしたい？」と聞いてみると、「やめたい」と言う。そこでふたりで話し合った。「今あなたがやめたら、チームにどんな影響があると思う？」と聞いてみた。「あなたはどんな気持ちになるかしら？チームは今シーズンのメンバーとしてあなたを選んだのよね。あなたのほうも約束をまっとうしたいという気持ちがあるんじゃない？」。ジャネットはわたしの言い分を理解して、そのシーズンの最後までやめなかった。

子どもたちは毎日の生活のなかでたくさんの難問に突き当たる。親ならよくわかるはずだ。いつも何かの問題が持ち上がる。

親ができるのは、子どもを導き、子どもの決断を支えることであって、どうすべきかを命令することではない。親は辛抱強く見守らなければならないし、上から目線で判断するのはやめたほうがいい。

噛みグセのある子どもには、イライラの原因をともに探る

子どもと協力すると言えば耳ざわりはいいが、子どもたちはもちろんまだ未熟だし失敗もする。失敗は子どもの特権だ。失敗が最高の学びになる。問題はしょっちゅう起きるものだし、問題が起きたらそれを教育の機会と考えればいい。すべての問題とすべての失敗は学びのチャンスだ。そして、それを教えるのは親であるあなただ。

わたしの孫のひとりには、噛みグセがあった。学校で友だちに噛みついてしまったことがある。実は、噛みグセのある子どもは珍しくない。噛んだり、髪を引っ張ったり、殴ったりするのは、自分をどうやってコントロールしていいかわからないのと、人との付き合い方もまだ学んでいる途中だからだ。目くじらをたてたくなるのはわかる。それでも、親は落ち着いて、子どもを諭《さと》してほしい。もちろん、進んで子どもの話を聞くことも大切だ。

娘は孫と話し合った。孫を別の部屋に連れていき、座らせて、どうしてそんなことをしたのかを訊ねた。孫がどうしてそんなにイライラしてしまったのかを娘は知ろうとした。小さな子どもはイライラがつのると望ましくない行動に出てしまう。今回は、ほかの子どもが自分のおもちゃで遊んでいたからカッとなったらしい。子どもにとっては一大事だ。娘は、自分のものを他人と分け合えば、他人もまた自分と何かを分け合ってくれるのだと説明した。そうしないと社会の中で人とうまく付き合っていけないし、言いたいことがあっても相手を嚙むことは許されないと伝えた。もちろんひと晩で何かが変わるわけではないが、そのうちに問題行動はなくなった。

子どもが少し大きくなったら、親との話し合いにくわえて、子どもがひとりで静かな時間を持ち、自分の感情や行動について書いてみるようにさせることをお勧めする。自分の内面を書きだしてみることは、素晴らしい学びの機会になる。わたしもよく娘たちに書かせていた。まだ文章の書けない小さな子どもなら、考えていることを絵に描かせるといい。大切なのは、子どもに内面を考えさせ、表現させることだ。嚙まれた子どもの立場から物語を書かせてみるといい。それが他人への共感につながり、望ましくない行動を止める助けになる。

それをやったら、一緒に前に進んでほしい。いつまでも怒り続けるのはやめよう。小さな子どもに対しては特にそうだ。子どもたちはまだ発展途上なのだ。親は子どものパートナーとして学びを助けてほしい。もしまた問題が起きたら、同じプロセスを繰り返せばいい（怒りくるうのはやめよう)。何が悪かったかをはっきりさせ、なぜ子どもがそうしたのかを理解しようとつとめ、子どもに心のうちをもっと書かせてみよう。そのうちに子どもも学ぶ。ただ時間がかかるだけだ。

それがわたしの問題解決法だ。

盗用する子どもは、プレッシャーを感じていた

学校の先生たちが頭を悩ます盗用の問題についても、同じように解決してきた。

わたしが英語の授業を受け持っていたときは、珍しいトピックを題材に作文を書かせていたので、そもそも盗用が難しかった。それでも、やってしまう生徒もいた。実社会の体験に近いジャーナリズムのクラスは、その点安心だった。生徒の書く記事がたくさんの人の目にさらされることを考えなさいと念を押すだけで大丈夫だった。

それでも、盗用をしてしまった生徒がいたときには、本人と話し合った。レポートに点数を与えず、放課後に本人に会って話したが、学校側には報告しなかった。もし盗用を報告すれば、履修取り消しになるか、落第点がついてしまう。学校側は盗用を深刻な罪だと受け止めていた。だが、盗用は生徒とわたしのあいだの問題であって、生徒と学校のあいだの問題ではないとわたしは思っていた。

盗用をやってしまう生徒は、カンニングしてしまう生徒と同じで、大きなプレッシャーを感じている。それはストレスの表れだ。ではストレスはどこからくるのだろう？　たいていは、親か

らいい点を取りなさいと言われ、いい点を取らないと何らかの罰があると恐れている。子どもたちはビクビクしながら生活し、どうしたらいい作文が書けるのかもわからず不安になっている。

盗用は教育のチャンスだとわたしは思う。わたしはまず、なぜ彼らが盗用をしたのか、どうして自力で作文を完成させられないと思ったのかを見極めていた。それから、自分で小論文を書き上げるのに必要なことを教えた。どうして盗用がいけないことなのか、ほかの人の言葉や考えを盗んで自分のものとして表現することがなぜ倫理にもとるのかを説明した。「あなたの言いたいことを、わたしは知りたい。どこかのガイドブックに書いてあるようなありきたりのことは聞きたくないの」と生徒に伝えた。

また生徒たちが状況を俯瞰《ふかん》できるように助けることも心がけた。莫大な市の資金がここでの教育を支えていることを伝えた。「もしこのチャンスに学ばないと、すべてのお金や時間や努力が無駄になってしまう」と言い聞かせた。そうすると、驚くほど言うことを聞いてくれた。

生徒たちは怖がっていた。怖がっていたどころか、パニックになっていた。パロアルト高校は盗用に厳しい罰を科していた。でもわたしは、ひとつの過ちで学校生活のすべてを台なしにしたくなかった。生徒たちは賢く、他人の文章を盗む必要などないことを教えたかった。だから、Aを取れるまで作文を再提出させていた。2度の書き直しですむ生徒もいれば、10回も書き直す生徒もいた。何度書き直してもかまわなかった。書き直すたびに生徒たちは学んでいた。25年前にこのやり方をはじめてから、わたしのクラスでは盗用がなくなり、やる気も信頼も増した。

子どもが信頼を壊したら

しかし、子どもを信頼していても、ときに子どもというのはとんでもないことをやらかして信頼を台なしにすることがある。少なくとも、しばらくのあいだは信頼に傷をつけてしまう。

スーザンが高校2年のときにそんな出来事があった。おそらく1994年だったと思う。わたしは主人と週末旅行に出かけることにした。娘たちはお留守番で、家を守ることになった。日課に従い、犬に餌をやり、きちんとお互いの世話をすることを約束した。スーザンは16歳、ジャネットは15歳、アンは13歳だった。夫とふたりで素敵な週末を過ごし、やっと子離れできたことを喜んだ。

日曜の夜に帰宅すると、家がピカピカになっていて驚いた。シミひとつないほどきれいになっていた。誰かが家中に掃除機をかけたのは間違いない。やった！　と思った。なんていい娘たちなんだろう。信頼してよかったわ。掃除までしてくれるなんて！　翌日の月曜にわたしはいつも通り学校に行った。1時間目の授業では、クスクス笑いがクラスのあちこちで起きていた。そして、ある生徒が、わたしが持っているのとまったく同じ服を着ていることに気がついた。デパートのメイシーズで買った青いトップスとお揃いのスカートで、お気に入りの服と同じだ。その生徒にとても似合っていた。どこで買ったのと訊ねてみると、もっと笑いが起きた。

「ジャネットがくれたんです」と生徒。

「そうなの？　ジャネットはどこで手に入れたの？」

「先生のクローゼットで。パーティーのこと、聞いてません？」

「何のパーティー？」

「このあいだの週末に先生のおうちでやったパーティー。自分のシャツに飲み物をこぼしちゃったんで、ジャネットが先生の服を着ていいって」

その場で倒れそうになった。わたしは優しい先生だと思われていたので、生徒も本当のことを教えてくれたのだろう。その生徒はわたしの自宅でのパーティーに呼ばれて、わたしの服までもらったことを、みんなの前で話したかったのだと思う。どう、いいでしょ？　と自慢したかったのだ。

その晩の自宅は、ピリピリムードだった。夫の洋服も何枚かなくなっていた。娘たちにどう切りだしたらいいか迷っていた。頭から湯気が出るほど怒っていたが、落ち着こうと努力した。でもうまくいかなかった。

夕食の時間に娘たちがキッチンに入ってきたので、「このあいだの週末のことで、何かわたしに報告することがあるんじゃない？」と聞いてみる。

娘たちは顔を見合わせ、ちょっとしてから、首を横に振った。

「ほんと？　今日の1限にパーティーのこと聞いたけど」

「パーティーなんてやってないわ」とジャネット。

「してない。家を片づけただけ」とスーザンが助け舟を出す。

「出かけてるあいだにパーティー開いたでしょ。もうわかってるのよ」とわたし。

わたしのクラスの生徒が、わたしのスカートとトップスを着ていたことを話した。それから、激怒してしまった。娘たちは100人を超える生徒が自宅に来たと白状した。お目付役の大人はいなかった。

「金輪際《こんりんざい》、あなたたちだけで留守番は禁止。ベビーシッターをつけることにします」。娘たちは何も言い返せなかった。娘たちが信頼を粉々にしたので、1カ月は外出禁止にした。夫もわたしも、ここは厳しくしなければと思った。

でも、もっと大切なのは娘たちと真剣に話し合うことだった。外出禁止で終わりではない。

「大勢の人を招くのがなぜ危険かをきちんと話しておくわ。その人たちの行動に責任を持てないでしょう。今回はたまたま何事もなくてラッキーだっただけ。もし自宅で誰かが怪我でもしたら、あなたたちが責任を問われるの」。娘たちはそんなことは考えもしていなかった。もちろんだ。ティーンエイジャーが弁護士のようなことを考えるわけがない。

ずっとあとになって娘たちも賢い大人になり、わたしがパーティーを知ったときの様子も笑い話になった。少なくとも自宅に損害はなく、服が何枚かなくなっていただけだった。それに、娘たちがあれほどきれいに掃除ができるとは知らなかった。そもそも週末に娘たちだけで留守番させたのもマズかった。娘の同級生は、わたしたちが家を離れることを知っていたので、期待したのだろう。こんな事件はうちだけではない。ティーンエイジャーの子どもに留守番させようものなら、パーティーを開くと思っておいたほうがいい。最初からベビーシッターに見張らせるべきだ。そしてお気に入りの服は隠しておくこと！（わたしは服を返してもらったが、夫の服は戻らなかった）。

万引き、教師との恋愛……どう解決するか

では、子どもがパーティーより悪いことをしてしまったとしよう。たとえば、ティーンエイジャーによくあるのが万引きだ。そうなると、処分は警察にまかされることになる。

親は警察に協力し、子どもにやったことの責任を取らせるしかない。それでも、処分が終わったら真剣に話し合い、深い理由を探り当てるよう努力してほしい。怒りからやったのか、ストレスからか、自制心のなさからだろうか？　欲しいものを手に入れる手段がほかになかったからだろうか？

こうした問題には、家族としてみんなで向き合う必要がある。ティーンエイジャー、特に男子はたんにスリルを求めて、愚かなことをしてしまう。これまで長年、そんな状況に陥ってしまった何十人という生徒の両親から相談を受けてきた。ここでも何を子どもに教えるか、子どもが何かを学べるように寄り添うことができるかどうかは、あなた次第だ。

２００５年、新学期がはじまる1週間前に、地元の中学校で評判のよかった体育教師が、生徒と不適切な関係を結んだ容疑で逮捕された。コミュニティのみんながショックを受け、動揺した。特に彼の元生徒たちは衝撃を受けていて、その多くはパロアルト高校で学んでいた。

この事件は、学校新聞で報道すべき事件だった。だが、その体育教師の息子が、ちょうど学校新聞のスタッフに加わったばかりだった。彼は優秀でみんなに好かれていたし、この事件は彼にとってもほかの生徒にとってもつらいことだった。当時編集委員だったクリス・ルイスはこう語っている。「腫《は》れ物にさわるなんて言葉じゃ言い表せないくらい、この話はタブーになっていた」。誰もその体育教師の息子を傷つけたくなかったのだ。彼はもうすでにズタズタになっていた。じゃあ、学校新聞としてどうしたらいい？　生徒たちはどうしていいかわからなかった。わたしにも答えはわからなかったけれど、新聞は発行しなくちゃならないし、解決策を見つけなくてはいけないと生徒たちに言った。

どうしたらいいかを話し合うために、放課後に何度となくみんなで集まった。クリスは言う。「ウォジから『あなたたちが編集委員よ。これはあなたたちの新聞だから、あなたたちが決めていいの』と言われて驚いた。これほどたくさんの情報と権限を持ったことはなかった。これまでももちろん新聞作りに真剣に取り組んできたけれど、今回の事件は実生活や現実の人間関係や目の前の友だちに深く関わっていたし、あとあとまで影響の残る判断だった。どうしたらいいかなかなか決められず、議論を続け、外にも助言を求めた。でも結局、僕たちが決めなくちゃならなかった」。編集委員たちは、その体育教師の息子と話をして、彼がどう思っているかを聞いた。本人が記事に関わりたければ関わってほしいし、関わりたくなければそれも尊重することにした。最終的にはその体育教師の事件を1面で取り上げることにしたが、その息子も推定無罪の重要性についての論説を寄稿した。それは難しい問題への理想的な解決策で、生徒自身がみんなで協力して導きだした答えだった。いつも学校で生徒たちに自力で問題を解決させる機会を与えていれば、それが大人の社会への準備になるはずだ。

子どもたちは生まれたときから、実社会の一員

人生のはじまりは投票できるようになる18歳で、それ以前のすべてはただの練習だという思いこみが世の中にはある。投票は18歳からだが、飲酒が許されるのは21歳から。でも、21歳まで誰もお酒を飲まないなんて本気で信じている人はいないはずだ。

子どもたちは生まれた瞬間から実社会の一員だ。ただし、そう思っていない大人は多い。子どもの人生は生まれたときからすでにはじまっていて、親の人生と並行して進んでいく。ただ、段階が違うだけだ。それなら、実社会の活動に参加させ、現実世界の中で仕事をすることについて考えさせ、子どもたちがすでに社会の貴重な一員であることを見せてあげたほうがいいのではないだろうか?

映画作りから仕事を学んだ生徒たち

2015年の夏、わたしの教え子だったジェームズ・フランコからメールがきた。地元のティーンエイジャーとわたしと一緒に長編映画を撮りたいと言う。ジェームズとわたしが指導して、生徒たちが映画製作に参加できるなんて、考えただけでワクワクした。ふたつ返事で了承し、早速ジェームズと、その母親で児童書の作家であるベッツィーと、ジェームズの弟で俳優のトムと、トムの恋人で著名な映画プロデューサーのアイリス・トーレスと一緒に、生徒たちにこのことを発表した。映画の原作は、ベッツィーが書いた『Metamorphosis: Junior Year（変身　高校2年）』。主人公は16歳の少年で、その少年の苦悩を、ローマ詩人のオイディウスの伝説と芸術を通して語っていく斬新な物語だ。高校生が参加するには理想的なプロジェクトだった。

初日にジェームズとわたしでワークショップを行なった。そこで、ベッツィーが原作をもとに書き下ろした脚本を生徒たちに配った。生徒たちは怖気《おじけ》づくことなく、自分の意見を出してくれた。「リアルじゃない」「高校生はこんなしゃべり方はしないよ」「プロットを変えたほうがいい」。「わかったわ。みんなで脚本を書き直してみて」とベッツィーが言った。彼女は長年パロアルトの子ども劇場で教えていたので、ティーンエイジャーをうまく扱うコツを心得ていた。

次にみんなで集まったとき、生徒たちは書き直した脚本を持ってきた。ジェームズとベッツィーが生徒たちを導き、脚本をシーンごとに丁寧に見直していった。それから声を出して読んでみてからさらに変更を加えたが、変更点は全員が了承して決めていった。長い長い時間がかかったが、出来上がった脚本は見事だった。みんなが興奮していたし、ベッツィーも書き直した脚本が前より相当によくなったと認めてくれた。

それから製作に入った。ジェームズとトムとアイリスとわたしで、40人の生徒にひとりずつ役目を割り当てた。プロの映画製作と同じように、全員が何らかの肩書きを持つことになった。生徒たちにはそれぞれ自分の仕事に責任を持ってほしかったし、チームにとって大切な何かで貢献してほしかった。わたしにとっては、これまでやってきたプロジェクトの中でこの映画製作がいちばん複雑で、期間も1年と長かった。

監督は5人、俳優の数も多く、脚本も複数で作りあげ、キャスティング、音楽、撮影、編集、衣装、大道具小道具、カメラ、アニメーション、音響、そしてスタントなどのさまざまな部門で生徒たちは走りまわっていた。撮影期間には、生徒たちは全員週3日放課後に仕事をし、週末にも働いた。人が協力することはもちろん必要だが、装置や天候にも恵まれることが必要だと学んだ。毎日何か問題が起きた。生徒が違う場所に行ってしまったり、違うカメラを持ってきてしまったり、照明器具の使い方がわからなかったりした。

でも、生徒たちは人生のいちばん難しい教訓を学んでいた。うまくいかないときにうまくいかせるにはどうすればいいか、たくさんの要素や衝突がある中で力を合わせるにはどうしたらいいか。これはお遊びではなく本物の映画作りだったし、最終的には素晴らしい作品ができた。この映画はベイエリアのミルバレー映画祭など、複数の映画祭にも出品された。

〝敵〟と協力して23アンドミーの危機を乗り越えたアン

このような経験は、実社会に出てから必要な、意外な（しかも複雑な）形で人々と協力するためのスキルを養う訓練になる。

ここで三女のアンの例を挙げたい。アンは23アンドミーのCEOとして最高の人材を雇い入れることに成功していたが、敵と協力することになろうとは思ってもいなかった。２０１３年11月、食品医薬品局（ＦＤＡ）は23アンドミーの唾液検査キットを「医療用器具」に分類した。つまり、認可なしではキットを販売できなくなってしまったのだ。認可を得るには大変な時間と労力が必要になる。６年間も事業を続けてきたのに、突然販売を禁止されてしまったのだ。

もしアンに人一倍のやり抜く力がなければ、ここですべてが終わっていたはずだ。だがアンはあきらめなかった。極めて戦略的に動いたのだ。事業を救ったのは、アンの気丈さではなく、協力するスキルだった。

ＦＤＡに検査キットの背後にある考え方の重要性と正当性をわかってもらうこと、つまり、消費者が自分の遺伝情報を知り、自分の健康について自分で判断を下すことは可能だしそうあるべきだという考え方に共感してもらう必要があった。この種の製品は過去に例がなかったので、ＦＤＡを説得し協力していけるかどうかはアンの力量にかかっていた。

23アンドミーのブランディングとマーケティング担当部長であるトレイシー・カイムはこう言

っている。「アンはＦＤＡや認可に関わる人たちの意見を積極的に聞き、彼らの言い分を理解し、尊重していました。アンは相手を人間として知らないことに気づき、彼らをもっと知り、理解し、尊重したいと思っていました」。一般の消費者が遺伝リスクの確率を的確に理解できるよう教育することは可能だとＦＤＡにわかってもらうために、アンは全力を注ぐことにした。全社をあげて、全員がこれに取り組んだ。「あの瞬間に発揮された協力と思いやりは、ものすごいものでした。アンは人々の意見に耳を傾けつつ毅然《きぜん》として決断し、社員のあいだでも力を合わせようという意識が高まりました。みんなが勝ちたいと思っていました。一緒に勝ちを手に入れたいと思っていました」とカイムは言う。

23アンドミーはＦＤＡの説得に成功し、２０１７年春に認可を受けて多くの疾病の遺伝的なリスクを調べる検査キットを販売できることになった。それ以来、乳がんや前立腺がんに関係するＢＲＣＡ１とＢＲＣＡ２などの遺伝子マーカーも加えてきた。これは23アンドミーだけの勝利ではなく、遺伝情報を手に入れられるようになった消費者にとっての勝利でもある。

この経験を通して、ＦＤＡはまったくの敵ではないことがアンにはわかった。医療についての意見は違っても、自分と同じように消費者を守ることが彼らの目的なのだ。アンは破壊者ではなく、独裁者でもなかった。真の協力者だった。

〝敵〟のなかに共通項を見つける

今の政治的な風潮の中で、この事例から学べることは大きい。敵を敬い、なぜそう思うのかを理解し、共通項を見つけ、力を合わせて解決策を追い求めることが大切だ。

誰しも自分たちの国が偉大であってほしいと願うものだ。アメリカでもメキシコでも中国でもそれは変わらない。だからこそ、力を合わせなければその目標を叶えられない。

多くの人が思うより、共通項を見つけることは決定的に重要で、これが問題解決のカギになる。このことが、今の時代にまさに求められている。共通項を見つけるには忍耐力と柔軟性と与える気持ちと相手の意見を聞くことが必要だ。

また、特に子育てに関わる場合は、混沌と不確実性を受け入れなければならない。もしそれができたら、力を合わせて複雑な問題を解決し、倫理のからむ課題をうまく判断し、多くの（相反する）意見と考え方を活かせるようになる。

そうなればまた、自分が子どもとどう向き合うかについても、もっと敏感になれる。子どもたちを真の協力者として扱っているだろうか？　子どもの考えや情熱を尊重しているか？　大人の世界でどう生きるかについて、みずからの行動を通して子どもたちに何を教えているだろう？　自分の行動を通して子どもに何かを教えることは、何よりも大切な協力の形だ。子どもたちがどんな大人になるかは、わたしたちがどんな親であるかによって決まるのだから。

そして、この世界の未来は、子どもたちがどんな人間になるかによって決まるのだ。

7章　子どもは親の言うことではなく、やることを見ている

親の不安が子どもに感染すると……

クラウディアは目に涙を溜めて、わたしのオフィスの前に立っていた。その前の週末、彼女が編集委員の選挙に落選したことを伝えたのだ。自分で伝えるにしろ、編集委員に伝えてもらうにしろ、落選の電話をかけるのは本当に嫌なものだ。はじめの数年間は楽だった。生徒の数が少なく、明らかに適任とわかる生徒がクラスの中にひとりしかいなかったからだ。でも今はまったく違う。このあいだの選挙では、5人しかない編集委員の枠に28人が立候補していた。選挙運動は激烈だった。負けた生徒を慰めるのは、年々難しくなっていた。

「負けるなんて思ってませんでした」。クラウディアが声を絞りだした。彼女は頭の切れる優等生で、これまでにたくさん重要な記事も書いていた。彼女が動揺している様子を見るのはつらか

った。

しばらく泣いていたクラウディアに、先になってみればどうでもいいことになるからと安心させようとした。「編集委員になれなくたって、これから大学に入ってそこで活躍できるわよ」と言ったが、クラウディアは納得していなかった。

その翌日、クラウディアは編集委員になった生徒たちへの嫉妬をむきだしにしていた。それではクラス全体の雰囲気も悪くなるし、彼女のためにもよくない。そう思ったわたしは両親と話してみることにした。母親に電話をすると、驚いたことに母親も電話口で泣いていた。「わたしのどこが悪かったんでしょうか?」。この選挙を、自分の子育てへの審判だと考えていて、娘の価値がここで決まるとでも思っているようだった。

そんな親はこれまでに何度も見てきたけれど、やはり気持ちが騒いだ。母親は子どもに二度と同じような失敗をさせないことばかりに心を砕いていた。「下の子どもたちが編集委員になるにはどうしたらいいんでしょう?」と聞く。わたしは秘密兵器を持ちだした。ゲイディ・エプスタインの話だ。ゲイディが選挙で負けてもなお、肩書きにこだわらず学校新聞をいいものにしようと力を尽くし、ハーバード大に入学したことを話した。「失敗を真摯に受け入れることも学びなんですよ。編集委員になるよりも、そのほうがはるかに大切です」と強調した。

でも、その言葉が相手にしっかり伝わったかは疑問だったし、クラウディアが学期の終わりまでずっと学校新聞に関わり続けるかどうかはわからなかった。立ち直れずにやめていく生徒もいた。クラウディアにはそうなってほしくなかった。

クラウディアはその後、立ち直った。笑顔でクラスにやってきて、意欲的に学び、予想どおりいい大学に進学した。「母親問題」はよくあることだ。母親問題が解決されると、子どもは魔法のように元気になる。


それから数年後、標準テストを受けるときになるといつも嘔吐《おうと》してしまう、ある努力家の生徒がクラスにいた。彼女は上級クラス科目を4つも履修していたうえに放課後は家庭教師についていた。その生徒の両親は中国からの移民で、本人は両親をとても尊敬していたが、あるとき両親が自分の成績について話しこんでいるのを耳に挟んでしまった。彼女は大変なプレッシャーを感じていた。とても前向きになれる状況ではなかった。

両親は娘を心配するあまり、テストのときに504と呼ばれる障害児のための特別な配慮を求めることにした。そうすれば、時間制限なく大学入試統一《SAT》テストが受けられる。学習障害のある生徒たちにはもちろん、特別な受験環境を整えることが必要だ。それは当然だ。でも今は、子どもが試験でいい点を取れるように、親が何でもやることが流行りのようになっている。彼女には学習障害はなかった。障害があるとすれば心理的なものだった。

わたしは両親に会い、親の不安が子どもに伝染《うつ》っているのではないかと伝えてみた。両親はムッとしていた。「わたしたちのせいじゃありません」と言う。「学校が悪いんです」。よくある言い訳で、わたしもしょっちゅう聞く話だ。自分たちが問題の根源だとは考えたくないのだ。その気持ちはわかる。でも本当は、親が問題なのだ。

彼らはその後、娘のために試験で障害児のための配慮を受けることに成功した。不思議なことに、時間制限がなくなると、本人の吐き気も不安もなくなった。おそらく時間制限とは関係なかったとわたしは思う。親がホッとしたので、娘もホッとしたことは、見ていてわかった。

風邪を引いていてもお風呂に入ってよい

どちらの例でも、親たちの反応は間違っている。親の感情や行動が子どもにそのまま乗り移るのだということを、彼らは忘れてしまっている。あまりにも明らかで自然なことなので、そのことについて考えもしないのだ。

親だけでなく教師もまた同じミスをしてしまう。長年の研究でもこのことはすでに証明され、常識となっているのに、忘れてしまうのだ。子どもは大人の行動だけでなく無意識の合図も敏感に受け止める。

1960年代にスタンフォード大学で行なわれた「ボボ人形実験」という有名な研究がある。大人が、たとえば人形を金づちで叩くといった攻撃的な行動をするのを見た子どもは、そうでない子どもよりも攻撃的になりやすいことがわかっている。

行動心理学の学術誌に発表された2010年の研究では、親が子どもの成績を心配するような行動や考えを表に出すと、その子どもはテストを避けたりより不安になったりすることがわかっている。これはまさに長年わたしが見てきたことだった。
また、子どもは親を見て自分の感情をコントロールすることも別の研究で明らかになっている。親がさまざまな感情を表に出すことができれば、子どもはより上手に自分の感情をコントロールするようになる。良くも悪くも、子どもは親をうつす鏡なのだ。

親の真似は無意識にやっていることが多い。自分の行動を振り返ってもそうだ。わたしの父は「病気のときは風呂に入るな」といつも言っていた。わたしが家庭を持ったあとでも、それがわが家の鉄則になった。わたしがそういうふうに育ってきたからだ。子どもたちから「ママ、そのルール、アホくさい」と言われるまで、まったく考えたことがなかった。
そこで立ち止まって、父がどこからそんなルールを思いついたのかを考えてみた。おそらく父が生まれ育ったウクライナで教わった100年前の知恵なのだろう。病気のときに凍えるほどの寒さの中で風呂に入っていたら、確かにもっと具合が悪くなってしまいそうだ。でも、わたしたちがいるのはカリフォルニアだ。気候はあたたかいし、お湯もふんだんに出る。そこで例のルールは廃止した。だがそれは、娘たちが理屈に気づかせてくれたからだ。

自分がやっていることを意識しているつもりでも、一貫性がないことはしょっちゅうだ。言行がまったく一致しない大人もいる（わたしもときどきそうなる）。自分はスピードを出して運転するくせに、ティーンエイジャーの子どもには法定速度を守りなさいと説教する。自分は夕食のあいだに携帯電話をチェックするのに、子どもが同じことをすると叱ってしまう。自分は癇癪をおこしてしまうのに、子どもが言い返すとムッとする。そんな経験がみなさんにもあるのでは？

親子が共依存になってはならない

不安と心配もまた、子どもに乗り移るし、残念ながらそれはとてもよくあることだ。親になった瞬間から、不安と心配がはじまる。

カンファレンスで父親や母親になったばかりの人が近づいてきて、「お話しさせてください。親としてどうしたらいいかわからないんです。教えてください」と言われたことが何度あっただろう。そして次から次へと、睡眠や食事やしつけについて質問してくる。理由はわかっている。子育てというものをまったくわかっていないからだ。わたしがこの本を書いた理由もそこにある。正しい情報と支えがないと、不安になるのだ。

自分が未熟なせいで、子どもたちが成功できないのではないかと親は心配する。自分が失敗してしまったのではないかとくよくよ思い悩む。

親が成績にこだわりすぎると、子どもがテストを恐れてしまうのも、まさにこの実例だ。親が子どもに自分の不安を投影し、子どもはいい点数を取れないのではないかという恐れに囚《とら》われてしまう。

幼い子どもが自分で眠ろうとするときにも、同じことが言える。赤ちゃんが親の不安を感じ取り、単純で自然なことが自分でできなくなってしまうのだ。お互いが共依存の関係になり、不健康な行動が助長されてしまう。

共依存と言えば、恋愛関係の中で発生するものと思われがちだが、親子の関係でも同じことが起こりうる。親の不安が子どもをダメにしてしまうことがあるのだ。そうやって子どもの心をくじき、自信を失わせてしまうこともある。

親が恐れ、不安になり、ブレたり混乱したりするのは、ひとつの願望があるからだ。それは、子どもに成功してほしいという気持ちだ。自分を超えてほしい、自分と同じコンプレックスや悪い習慣を身につけてほしくない、取り除ける障害のせいで失敗してほしくないと願う。それが尊い望みであることは間違いない。だが親もまた人間だし、失敗もミスもする。誰でも不安になるし、子どもはそれを敏感に察する。

どんな親でも子どもの前で言ったりしたりしたことをあとで後悔する。でもそれでいいのだ。それが当たり前だ。それでも子どもは育つ。わたしは親をこれ以上不安にさせたくない。だから、どうしたら自分たちがもっといいお手本になれるか、どうしたら子どもにも親にも気楽な子育てができるかをこの本では話したい。

自分の行動を振り返る勇気さえあれば、もっといいお手本になることは可能なのだ。

子どもに正しい姿を見せるための12条

子育てを通して得られる素敵な贈り物のひとつは、親自身がもっといい人間になれるということだ。

もちろん、子育ては難しいしイライラがつのることもある。長年の信念や習慣と反対のことをやらなければならなくなる。自分の嫌な部分も直視しなければならなくなる。でも最後には、親になるということはあなたという人間を変える。

子育てはあなたが前向きに変われる素晴らしいチャンスだ。そのことを念頭に置いて、みなさんに次の行動について考えてほしい。わたしたちの多くは、子どもに真似してほしいことと反対の行動をとってしまう（わたしも何度もやってしまった）。大切なのは、自分が子どもにどんな姿を見せているかに気づき、どう変わったらいいかを理解すること。次のリストはそのためのものだ。

①あなたは時間に正確だろうか？

それともしょっちゅう用事や約束に遅れているだろうか？

約束に遅れないということは、相手の時間に敬意を示すということだ。いつも時間に遅れるということは、その正反対の態度を見せていることになる。

シリコンバレーに住んでいると、よく時間に遅れる人に出会う。金持ちになるとその傾向に拍車がかかる。お金や名声があると、約束の時間に遅れてもいいと思っているようだ。それはまるで、「わたしはすごく忙しいし大物だから、予定は自分で決めていい。世界はわたしを中心に回っている」と言っているようなものだ。約束の時間に2時間以上も遅れる人や、何もかも計画通りに進むのが当たり前だと思いこむ人もいる。残念ながら、彼らはそれでも許されてしまう。もちろん、有名人でなくてもいつも時間に遅れる人やルーズな人もたくさんいる。

わたしは生徒たち（と子どもたちや孫にも）に、時間に遅れないという単純なことが大切だと教えるよう努力している。もし約束の時間に遅れる場合は、少なくとも電話やメールで知らせるべきだ。それが礼儀というものだし、相手の立場から物事を見るということでもある。

②着るものや身支度を意識しているだろうか？

単純だが気にかけたほうがいいことだ。身なりには、あなたの自信や能力や他者への敬意が表れる。バスケットボールのユニフォームみたいな半ズボンでカクテルパーティーに行けば、ホストへの敬意がないと見られるだろう。これは収入や社会階層とは関係ない。自尊心や他者への敬意、そして特定の状況に何がふさわしいかを理解しているかどうかが身なりに表れる。

子どもは親を見てそれを学ぶ。見た目がすべてだと子どもに教えるべきだと言っているのではない。ただし、しっかりしていてプロらしい身なりができるように教えるべきだ。

娘たちがほとんどお化粧しないのはなぜだろうと思っていたが、それはわたしがほとんどお化粧をしないからだと気がついた。わたしがそう教えたわけでもないし、娘たちが子どものころから特にその点を気にかけていたわけでもない。外出するときにバッチリメイクは必要ないが、お風呂に入り、自分をいたわり、身なりを整えることは教えてきた。わたしはいつもプロらしくきちんと見えるようにしているが、最新のブランド物を身につけたいと思ったことはない。それは娘たちも同じだ。ただし、アンがビーチサンダルで面接に行ったときは別だった。当時のアンはまだ発展途上だったのだ。幸い、相手はアンの服装ではなく、中身を見てくれた。

③あなたは周囲の人たちにどう接しているだろう?

親しみを持てる人柄だろうか? 自宅に人を呼んでいるだろうか? 子どもの友だちや先生とどう付き合っているか? ウェイターやレジ係の人にどう接しているか? 携帯電話のエチケットは守っているか? 電話で礼儀正しくプロらしく応対しているか?

電話のエチケットを見れば、子どもが何を見て学んでいるかがよくわかる。この点で、わたしは娘たちのお手本になろうと努力しているし、娘たちに応対の仕方を練習させていた。

おそらくわたしが貧乏な家庭で育ったからでもあるけれど、自分のまわりのどんな仕事の人に対してもいつもかならずその仕事を認めてお礼を言うようにしている。

もちろん、わたしだって完璧ではない。堪忍袋の尾が切れてしまうことはあるし、忙しすぎて誰かを見過ごしてしまうこともある。それでも、できる限りの努力はしてきた。

④何か使ったあとにいつも自分で片づけているか、それともやりっぱなしにしているか？

共働きの家庭では、お手伝いさんを雇うことも多い。誰かを雇っていたとしても、自分で掃除できるところはあるし、整理整頓は自分でできる。子どもたちと一緒に毎月1度は掃除や整頓のプロジェクトをやってみることをお勧めする。そうすれば、大切なスキルを子どもたちに教えてあげられるし、自分が住む家への敬意を高めることもできる。

10代の子どもたちに留守番をしてもらう日がいつかくる。そして、子どもたちに家とペットの世話をしてもらうことになる。やり方がわからなかったらどうなる？

あるティーンエイジャーは、留守番をまかされたが、食洗機用の洗剤と普通の台所用洗剤の違いがわからず、台所用洗剤を食洗機に入れてしまった。最悪なので、絶対にやめてほしい。台所が泡だらけになって、床材を替えることになってしまったという。

子どもを王様のように扱い、家の仕事をまかせないと、家の掃除もできないだらしない大人になってしまう。いつか子どもがひとり立ちしたときに、アパートメントに行ってショックを受けることになるだろう。

⑤あなたはテクノロジーと健全に付き合っているだろうか？

これは大切なポイントだ。平均的なアメリカ人は1日に80回携帯電話をチェックすることが調査でわかっている。ありえないと思うだろうか？　高校教師のわたしは、そう聞いてもまったく驚きはない。

携帯電話中毒は、「恒常的な注意散漫」につながるとテクノロジー専門家のリンダ・ストーンは言う。いつもたくさんのことを一度にやっていると、そのどれにも集中できない。もちろん、みなさんもわかっているはずだ。昼食を食べながら、メールを書いて、ポッドキャストを聞いているようなことがあるだろう。こんなことをしていると、子どもは宿題に集中できなくなるし、子育てにはさらに悪影響がある。

母親が携帯電話を利用する頻度が高いと、幼い子どもは感情的なストレスからなかなか回復できなくなるという研究がある。どれほど注意や気遣いを注がれたかと、感情を処理する能力のあいだには、はっきりとした関連がある。６０００人を超える子どもを調査したところ、54パーセントは親が携帯電話を使いすぎると感じていた。子どもたちの32パーセントは、親が携帯電話を使っているときに自分が「大切にされていない」と感じていた。「大切にされていない」なんて、悲しくなってしまう。それに心配だ。心配なのは子どもたちだけではない。大人だって、話している相手が携帯電話をチェックしたら、「大事にされていない」と感じる。携帯電話から離れられないのはわかるが、子どもたちと自分たちのために、節度を持たなければならない。

⑥食生活は健全だろうか？

定期的に運動し、自然に親しむ時間を設けているだろうか？　自分はテレビを見て夜更かししているのに、子どもがどうして夜更かしするのかと不思議に思っていないだろうか？　大きなストレスを感じていないだろうか？　もし感じているとしたら、ストレスにどう対処しているか？　自分をいたわっているか？

あなた自身の健康管理は、子どもへの最高の教育だ。運動し、十分な睡眠を取り、リラックスすることはとても大切だ。悩みやストレスのあるときには、笑いが大いに役立つ。そして、世間の常識とは違うが、これ以上は無理だと思ったら何かを断っていい。友だちと時間を過ごし、たまには楽しいことをして、大変なときには気分転換をすることも必要だ。

食事に関しては、たいていの親は気を遣っている。わが家では孫たちに、健康に悪い食べ物もあることを教えている。幼いときから食品ラベルを読むことを教え、ジャンクフードを食べない習慣をつけている。わたしのクラスでは、甘い炭酸飲料は没収することになっている。ひとり残らずだ。学期のはじめに生徒全員に「甘い炭酸飲料を飲むな」と説教し、学期中にも必要だと思えばたびたび説教する。生徒たちを人として気にかけているから、健康に気をつけてほしいのだ。

⑦親戚とどう付き合っているだろう？　家族をどのくらい優先しているだろう？
元配偶者とどのように接しているだろう？　家族の大切さについて、子どもたちは何を学んでいるだろう？
たとえ離婚していても、親は子どものために力を合わせ、協力のお手本を示さなければならない。

運がいいことに、9人の孫たちはみんな近くに住んでいて、仲よしだ。一緒にごはんを食べ、遊び、旅行に行き、お互いの家にお泊まりしている。だが、娘たちを育てていたときには、近くに親戚がいなかった。オハイオにいとこがいたが、大人になるまでに数回しか会っていない。だから、友だちやご近所さんが家族のようなものだった。友だちや近所の人たちと休みを過ごし、一緒にキャンプに行き、毎週食事を共にしていた。彼らもまた近くに親戚がいなかった。今もその人たちとは家族のように付き合っているし、自分たちのコミュニティを作ることや付き合いを保つことの大切さを娘たちに見せてあげられてよかったと思っている。

家族を大切にするとはすなわち、いいことも悪いことも一緒に経験するということだ。子どもは家族を通して、物事に知的に対峙することを学ぶ。家族は子どもにとって頼れるサポートシステムになる。それはつまり、悩みを相談できる人、問題があったら助けの手を差し伸べてくれる人、あなたの側にいてくれる人がいるということだ。

家族同士のあたたかいふれあいは、子どもの幸福に欠かせないとわたしは思う。家族の大切さを教えるには、一緒に楽しむのがいちばんだ。楽しい体験をすればするほど、子どもは支えられていると感じられる。卓上ゲームをしたり、公園に行ったり、トランポリンで飛び跳ねるだけでもいい。孫娘のアメリア（もう17歳だ）はとても社交的で、子どもの遊びを企画することにかけては天才だ。子どもたちのリーダーになって全員で火星ごっこをしたり、大人の服を借りてコスプレをしたりして遊んでいた。大人はみんなファミリールームに座って子どもが遊ぶのを見ていたが、いつも大笑いだった。子どもたちがぞろぞろとアメリアのあとにくっついて芝生に出ていく姿はまるで、ハーメルンの笛吹き男のようだった。

⑧際どい話題をあえて話し合っているだろうか？

重要な問題をどう話し合うか、自分とは違う意見を尊重しながらどう反対するかを、子どもに見せているだろうか？　相手の言うことに耳を傾け交渉するにはどうしたらいいかを、子どもの前で示しているか？

わが家では、孫たちといつも世界で起きていることについて話し合っている。大人は孫たちの意見を聞き、それを尊重している。食卓では活発に会話を交わす。今の政治環境では、退屈な日はない。誰も黙って座っていない。13歳のイーサンとレオンは議論好きで、毎週エコノミスト誌を読んでいる。別に大人が読めと言ったわけではない。ふたりは世界で何が起きているかを知りたくて、それを知るにはエコノミストがいちばんだと思っているだけだ。議論していると、最後に誰かがやりこめられたり、間違いだとわかることもある。エマとミアはあえて反対の立場から意見を添えてくれ、議論に貢献してくれる。それが最高の学びの瞬間になる。

大人たちはできるだけ柔軟に自分の見方を変えられることを子どもたちに見せ、新しい情報を取り入れる姿勢を示そうとする。熱い議論を避けたりはせず、考え方や知見は進化し変わっていくことを見せたいと思っている。

⑨子どもに嘘をついていないだろうか？

子どもに嘘をついたことのない親はいないはずだ。「アイスクリーム屋さん、まだ開いてないと思うわ」と言ったり、本当は別のことをしたいのに「パパは疲れたから家に帰りたいんだ」と言ってしまうこともある。しばらくすると、子どももわかるようになる。子どもだってバカじゃない。とはいえ、このくらいの嘘で傷つくことはない。

だが、深刻なことについて嘘をつくと信頼を失ってしまう。ほかのみんながお芝居を見に行っているのに、誰も行ってないと嘘をつくのは、大問題だ。子どもがあなたを信頼できなくなる。信頼はすべての関係の土台である。

⑩子どもに怒鳴っていないだろうか？

誰でも大声を出してしまうことはある。だが、意思を伝える方法として怒鳴ってもいいという態度を子どもに見せていないだろうか？　自分でも下品な言葉を使いながら、子どもが汚い言葉を使うと怒っていないだろうか？

完璧な人間はいないし、常に自制心をきかせて行動できる人ばかりでもない。しかし、自分のイライラでしょっちゅう怒鳴ってしまうとすれば問題だ。怒鳴るということはつまり、声を張りあげるということだ。口汚く攻撃することは怒鳴っていることにはならないかもしれないが、子どもにとって居心地が悪いことには変わりない。

子どもに本音で接することは大切だし、感情を装ったり抑えたりするのはよくないが、怒って状況がよくなることはないと心に留めておくことも大切だ。子どもには怒鳴るようになってほしくないし、怒ったり怒鳴ったりせずに意思を伝えることはその気になればできるはずだ。

⑪あなたは挫折や逆境にどう向き合っているだろう？

障害があっても目標をあきらめず別の方法でやり遂げようとするだろうか？　それとも、簡単にあきらめてしまっているだろうか？

人生にはうまくいかないときもある。左に曲がらなければならないのに右に曲がってしまい、事故に遭うこともある。育まなければならない大切な人間関係を、自分で壊してしまうこともある。人は誰でも間違うものだ。でもこうしたことは「過ち」ではない。それは成りゆきだ。人生に運はつきもの。ちょうどいいときにちょうどいい場所にいるかどうかもまた、運なのだ。

スーザンがメンローパークに家を買い、住宅ローンの返済の助けになるようにと部分貸しをしたのは、まさにたまたまだった。もしガレージを貸し出してなかったら、グーグル創始者のラリーとセルゲイに出会うこともなかっただろう。大変なときでも何事にもいい面があるし、学ぶべきことがある。

⑫自分の間違いを認めて、失敗から学ぶ勇気があるだろうか？

あなたは人を許せるだろうか？　許せないという人は多い。プライドが邪魔をして、仲直りができないのだ。みんな口では優しさや許しが大切と言うが、だからと言ってそれが実践できるわけではない。

わたしは長年の教師経験を経て、何があっても生徒を許すことを学んだ。罰を与えないわけではないが、立ち直りのチャンスはかならず与えている。

自分が間違ったことを認めるのは難しいけれど、失敗を取り繕うよりはマシだ。でも、いつも正しいなんて人間はいないし、どちらかというと間違っていることのほうが多いのだ。だからこそ、人間らしさと心の広さが必要になる。完璧なお手本になることはできないけれど、完璧でないことを認めて子どもにそれをどう教えるかを意識することはできるはずだ。

理想的なお手本になれないときは

誰にでも欠点はある。変えたほうがいいところも自分でわかっている。もしかしたら腹を立てやすい性格かもしれない。腹が立ってしまう自分を後ろめたく思ったり、打ちひしがれたりするよりも、次のように考えてみてほしい。あなたは子どもにとって最高のお手本なのだ。なぜかというと、人が変わる過程を見せるのが、何よりもいい学びになるからだ。

親がいつも完璧だと（そんな親はいないが）改善の過程を子どもに見せることができない。一方で、親がダメな振る舞いを何度も懲りずに繰り返していても、子どもは学べない。

欠点があってよかったと思ってほしい。子どもにどうしたらよりよい人間になれるかを、あなたが生きたお手本になって見せるすごいチャンスなのだから。

とはいえ、残念ながらそれは簡単なことではない。ひと晩でいい人間になれるわけではない。数カ月はかかるかもしれない。でも時間と根気があれば、何だってできる。あなたが怒りを抑えようと努力しているのを見れば、子どもも自分の問題に取り組むことを学ぶ。

行動は変えられるという気持ちを持って、あなたが欠点を改善しようと努力している姿を見せれば、子どもたちも自分の行動が変えられると思うようになるだろう。

世の中にはさまざまな理論とメソッドがあるが、親が行動を変えるのに必要なのは次の３つの原則だ。

①問題に気づき、変えようとする意志を持つ

自己改善への第一歩は気づきだ。問題を解決するにはまず、問題を認識する必要がある。一瞬立ち止まって、自分の問題行動を観察してみよう。

なぜそんな行動をするのだろう？　いつも無意識でやっている？　自分の親から受け継いだ？　子育ての不安や自信のなさが原因だろうか？　どんな理由にしろ、問題の根っこを見てほしい。いつも陥ってしまうパターンを見つけよう。そして、自分を許してほしい。自分を許せば、時間と痛みを無駄にせずにすむ。

わたしは子育ての中で自分がやってしまった過ちをなかなか認められなかった（あまりに多くの過ちを犯していたし）。いつも理想の母親でいることはできなかった。怒りくるってしまったり、間違ったやり方で娘たちを罰したこともある。完全に忍耐を失ったこともある。でも、そんなことは親なら誰でもある。わたしの場合、自分のダメな振る舞いは何世代も受け継がれてきたものだと気がついた。でもどこを変えたいかがはっきりしてからは、変わる努力を惜しまなかった。そして自分を信じた。まずはじめに自分が間違っていたことを認め、娘たちに許しを求めた（ジャネットの日記を見てしまったときと同じように）。

人は親として学び続ける。死ぬまで学びは終わらない。心を決めれば、自分を変えることはできる。かならず今よりいい人間になれる。子どものことを考え、あなたにとって子どもの存在がどれほど大切かを考えよう。努力の甲斐はあるはずだ。

②目標を設定し共有する

すべてを一度に変えようとせず、ひとつずつ変えていこう。まずは、子どもにいちばん影響のある行動からはじめるといい。

息子が学校の準備をしているとき、もう少し黙って見守ってあげたほうがいいのかもしれない。あなた自身が運動をはじめて、娘に健康の習慣の効果を実証してみせることが必要なのかもしれない。または自分の母親との関係を修復し、人を許すということを子どもに教えてもいいだろう。

いずれにしろ、あなたの目標を子どもに伝えてほしい。「わたしの目標は、あなたが朝の支度をしているときに辛抱強く待てるようになることよ。まずわたしが何から努力したらいいかを見つける手伝いをしてほしいの。あなたがいちばん気に障るのはどんなこと？　どうして朝の準備が難しいのかしら？」。そう聞けば、あなたの弱さと気遣いを子どもにさらけだすことになるし、子どももあなたに注意を向けてくれる。それは子どもにとって、父親と母親も夢や希望を持ち失敗もすれば欠点もある普通の人間だと理解するチャンスになる。たいていの子どもは親を助けたがるはずだ。

アンの娘のソフィはまだ7歳だが、いつも素晴らしい提案をしてくれる。「ママ、友だちと一緒にもっといろいろなことをやらせてくれてもいいよ」とか、「子どもは自分がどうしたいかわかってる。やらせてみればできるって」などとアドバイスをくれる。

親は子どもに向けて、誰もがもっといい人間になろうと努力しているし、親たちだってもちろんそうだと説明してほしい。また、なぜ変わりたいのかも子どもに教えよう。子どもに何を見せて、どんなことを学んでほしいだろう？　なぜそれがあなたにとって大切なのだろう？どうしてその目標からはじめるのだろう？　なぜ今はじめようと思ったのか？　それを考えてほしい。

③解決に向けて柔軟に取り組む

いいこころざしを持って自己改善に取り組んでも、また息子に癇癪をおこしてしまった。残業のせいで、娘と約束したジョギングができなかった。母親との関係改善は思ったよりずっと難しかった——でも、大丈夫。ほかのこともそうだが、行動を変えようとしても、一発では変わらないものだ。だからといってあきらめてはいけない。

大人が行動を変えるという試みは、文章を書くことに似ている。まずは、自分の言いたいことをざっくりと書いてみる。それを何度も書き直し、重複している文章や矛盾点を見つける。一発で完璧に仕上げなくていいと思えば、気は楽になる。目標をあきらめず、柔軟に取り組もう。もしかしたら、戦略が間違っているのかもしれない。別の方法でやってみたらどうだろう？　何が障害になっているのだろう？　どう問題を解決して前に進めるだろう？　思ってもみなかった奇想天外な解決策があるのでは？　子どもに問題解決を手伝ってもらえるだろうか？　その中で子どもに大切な役目を任せることができるだろうか？　朝ではなく前夜に息子に翌日着る服を準備させることはできる？　それとも、息子が数分遅れているときには、あなたに深呼吸するように伝えてと頼んでみては？

子どもに助けや支援を求めることを恐れてはいけない。子どもに助けを求めることで、あなたがどれほど真剣に変わろうと努力しているかを見せることができる。かならず進歩の記録をつけて、自分がどれほど変わったかを振り返ろう。記録を残すことでモチベーションを保ち努力を続けることができるし、書くことでもっといいアイデアが出て改善計画がさらにいいものになるかもしれない。

対人スキルはまず夫婦関係から

親が子どもに教えるいちばん大切な人生のスキルは、健全な対人関係を築く力だ。人生の喜びは、人間関係の質によって決まる。子どもたちが大人になったときに成功と失敗を分けるのは、何よりもこの対人関係のスキルなのだ。

多くの人たちにとって、いちばん大切な関係と言えば、配偶者またはパートナーとの関係だろう。でも、現代の社会ですべての人がずっと同じパートナーといるわけではないし、伝統的な家族の枠組みにはまるわけでもない。未亡人になることもあれば、みずから望んでにしろ仕方なくにしろ、ひとりで子どもを育てることもあるが、人間関係のスキルが大切なことには変わりない。

友だちや家族や仕事仲間や子育てを手伝ってくれる人との関係の豊かさが、子ども自身が人生で築き上げる人間関係に大きく影響する。

子どもは親を見て、世の中の仕組みを学び、他人とうまくやっていくスキルを学び、揉めごとを解決する方法を学ぶ。あなたの人生の中に憎しみ合うような人間関係があると、子どもはその影響に苦しむことになる。だが、あなた自身が配偶者やパートナーや同僚や友だちといい関係を築いていれば、それは子どもにとって幸福で実りある人生を送る最高のお手本になる。

結婚は協力であり、競争ではない

長いあいだひとりの相手とずっと一緒にいることは簡単ではない。わたしは身をもってそう思う。誰だって50年も結婚していれば、お互いが嫌になることはある。

わたしと夫との関係も、いまだに発展途上だ。つまり、毎日、夫婦のあいだで努力している。娘たちを育てているあいだも、宗教（夫はカトリックでわたしはユダヤ教だ）やしつけ（夫は厳しく、わたしは協力的だ）をめぐっていざこざはあった。しかも夫の仕事のせいで、離れて過ごすことも多かった。それでもわたしたちはお互いに一筋だったし、目標もいつも一緒だった。それは、「子どもたちのためにあたたかい家庭を作る」ということだ。完璧な家庭ではなかったかもしれないが、居心地のいい家庭を作ってきたし、娘たちにとっていい人生を与えてあげられたと思う。

わたしたちの結婚ももちろん完璧ではなかった。でもお互いに愛し合い、気遣う努力をしてきた。完璧な結婚などない。ハリウッドのラブストーリーは映画の中にしか存在しない。若い人たちにはそれをわかってほしい。つい、「わたしにぴったりの人がどこかにいる」とか「愛さえあればすべてうまくいく」と思ってしまいがちだ。現実の人生はそんなふうにはいかない。

結婚は妥協だ。当たり前に聞こえるかもしれないが、繰り返しておきたい。結婚生活の中では、お互いに何かを犠牲にしなければならない。結婚は協力であって競争ではない。得点を争っても仕方ない。「食洗機の件ではわたしが勝ったけど、先月は彼のほうがたくさんお金を使っていた」なんて考えは捨てたほうがいい。どちらかが一方的に譲らなければならないときもあるだろうし、翌年は反対になっているかもしれない。どちらが勝ったかばかりに目をむけていると、目標を見失ってしまう。家族仲よく、あたたかい環境の中で子どもを育てることが、目標のはずなのに。

とはいえ、結婚は充実した人生を送る、素敵な生き方でもある。夫とわたしには50年を超えるたくさんの思い出がある。共通の友だち、ふたりで行った場所、やってしまった失敗、とんでもないアイデア。１００冊を超えるアルバムをめくれば、一緒に人生を振り返ることができる。5年や10年しか共に過ごしていないパートナーとは、そうはいかない。長年一緒に歩んできた人生と経験の積み重ねがあり、一緒に成し遂げたことがある。結婚したてのころ、夫のスクーターに乗ってバークレーを走りまわった。最初に買った車は小さすぎて（フォルクスワーゲンのビートルだった）、わたしがスキーで膝を怪我したときには足を曲げて乗ることができなかった。夫とヨーロッパのいろいろな場所をドライブしてまわった。いつも夫が運転し、わたしはナビゲーター役だったけれど、自分たちがどこにいるかわかっていたためしがなかった（夫のせいで道に迷うこともあった。地図にない道を走るからだ！）。そして、娘たちの成長をふたりで見守り、家族を築き、9人の美しい孫に恵まれた。そんなすべての思い出を語り合えるのは夫しかいない。わたしの記憶の隙間を埋めてくれるのも、夫だけだ。夫のいないわたしの人生など、想像もつかない。そんなことになったら、お互いにたくさんのものを失ってしまう。お互いの人生の軌跡が消えてなくなるのだ。

夫婦が壊れる5つの原因

とはいえ、多くの関係には終わりがくる。わたしの友だちの中でも、家族の中でも人間関係が終わるのを見てきたし、あなたも同じに違いない。

これまでの長年の経験から、また結婚や友情や親子などさまざまな関係を見てきたことから、確実に言えるのは、トリックの原則のない人間関係はうまくいかないということだ。

すべての人間関係において、こうした基本的な価値観が失われているが、特に夫婦の関係でそれが顕著に見える。夫婦が別れるとき、原因はかならずしもみんなが思うような不倫といった爆弾ではない。もちろん不倫が原因のこともあるが、不倫が起きるのはトリックがないからだ。うまくいかなかったのには、ほかにたくさんの理由がある。目標が一致しなかったり、性的志向が違っていたり、進む道が分かれたり。しかしそれはすべて、以下のような基本的な人間としての価値観が欠如した結果、そうなってしまったのだ。

●信頼の欠如

パートナーを信頼できなくなった瞬間から、その関係は崩壊しはじめる。

だが、あなたの嫉妬や疑いにはきちんとした根拠があるだろうか？　もし根拠がなければ、お互いが心の底ではお互いをいちばんに思っていると信じよう。信頼とはお互いが交わした約束だ。問題があったら、解決してほしい。信頼が壊れても修復できると思い出してほしい。

●愛と敬意の欠如

離婚の原因でいちばん多いのは、敬意を失ってしまったことだ。

一度失った敬意を取り戻すのは難しい。敬意とは、誰かを価値のある存在と認め、素晴らしいと感じることだ。どんなときにもあなたがいちばんのサポーターになることでもある。

その人が一度過ちを犯したからといって、いきなり背を向けてはいけない。問題があれば、まず原因を理解するように努力し、責める前にかならず何らかの事情があるかどうかをよく考えてほしい。結論に飛びついてはいけない。相手に説明の機会を与えてほしい。

●自立とプライバシーの欠如

結婚していても、いくらかのプライバシーは必要だ。

いつどんなときでもすべてを一緒にやらなければならないといった思いこみは間違っている。誰にでもひとりでほっとできる場所が必要だ。いつも誰かと一緒にいると息苦しくなってしまう。

わたしは半世紀以上も結婚しているが、夫とすべてを一緒にやらなくてもいいということにかなり前に気がついた。配偶者抜きで友だちとごはんを食べにいってもいいし、旅行にだって行っていい。配偶者抜きで旅行なんてと訝《いぶか》しがる人は多い。でもわたしはかまわないと思う。もちろん、わたしは夫としょっちゅう一緒にいるけれど、そうしたければ、ひとりで自由に行動してもいい。わたしたちはお互いにプライバシーを尊重しているが、深刻な秘密を持っていいということではない。自立と自由を大切に考えているというだけだ。

●協力とコミュニケーションの欠如

子育てには、協力が欠かせない。力を合わせなければ、子どもの世話はできない。

協力しなければ、一緒に住んでいても意味がないのだが、相手への怒りが高じて協力できなくなることもある。話し合いも仲直りも避け、コミュニケーションを遮断してしまう場合もある。怒りを抱えたまま眠りにつくのは最悪だ。お互いの違いを乗り越えることもできないうえに、よく眠れなくなってしまう。怒ったままベッドに入るのはよくないとみんな知っているのに、ついやってしまう。お互いを許せず、嫌な記憶が積み重なると、それが終わりのはじまりになる。話もしなくなり、どちらも謝らず、許すこともしなくなる。友情や親子関係が壊れるのも同じ理由だ。子どもでも大人でも、それは変わらない。

●優しさと許しの欠如

優しさは人間関係の日常的な習慣でなければならない。笑顔を見せたり、重い荷物を運んであげたり、ドアを開けてあげたり、パートナーの好きな料理を作ってあげたりするのは、当たり前のことだ。こうした当たり前のことを、いちばん近しい人たちにできなくなってしまうのはなぜだろう？　おそらく忙しすぎて忘れてしまうのだろう。でも、優しくするのに時間が必要だろうか？

では、人を許すことについてはどうだろう？　人を許せないのなら、誰とも付き合えないと思ったほうがいい。許すということは謙虚になるということだ。恨みを忘れるということだ。ちょっとしたいざこざも、深刻な対立でさえも脇に置いて、人間関係と家族を優先させるということだ。結局何がいちばん大切なのかを考えてみよう。

離婚が与える影響とは

あなたと配偶者が夫婦の関係にトリックの原則を取り入れようと必死に努力したとしても、子どもが対立の引き金になることはある。

8年にわたる長期研究では、子どものいないカップルより、子どものいるカップルのほうが夫婦関係が「いきなり悪化した」という深刻なケースが多かった。そして研究期間のあいだを通して、子どもをめぐる対立が見られた。夫婦関係がうまくいっていたカップルでさえも、子どもをめぐって対立が悪化するケースが見られた。

しかし、さらなる研究から、サポートプログラムや夫婦セラピーが、子育てのプレッシャーを乗り越える助けになることがわかっている。言い換えると、意志さえあれば対立は乗り越えられるということだ。

ただし、乗り越えられないカップルが多いのも事実だ。親が離婚したという子どもは多い。流行りといってもいいほどだ。わたしの若いころは、離婚はとてもまれだった。今ではおよそ2組に1組は離婚している。そこでわたしは頭をひねってしまう。人々は結婚の誓いを本当に大切にしているのだろうか？　誓いを交わしたのに、子どもという深刻な課題を乗り越える準備ができていないのだ。そして子どもの問題が生じると不意打ちをくらい、離婚しかないという悲しい結論に至ってしまう。でもそれがふたりのパートナーシップにとってベストの選択なのか？　そして子どもにとってそれがいちばんいいのか？

離婚が長期にわたる痛みを引き起こすことは、わたしも見てきた。シリコンバレーでは、急に金持ちになることが問題を大きくしてもいるようだ。

離婚家庭の子どもたちの多くは、心理的な落ちこみを経験する。幼い子どものほうが親に愛着があるので悪影響があり、反抗期の若者は裏切られたような気持ちになってさらに親から離れてしまうと専門家は言う。家族の構造と子どもの健康を30年にわたって調べたジェーン・アンダーソン博士は２０１４年に、虐待家庭を除くと、「親が結婚を継続したほうが子どもにとってはいい結果になる」と結論を出している。

離婚の悪影響を指摘する研究はいくつもある。子どもは、親と過ごす時間が減り、経済的にも心理的にも不安定になり、社会性や心理的な発達が遅れ、認知能力や学業に支障が出て、健康も損なわれる。意外なことに、親のほうにも同じような悪影響が表れることがわかっている。そうなるともちろん心配だが、一方では子どもへの離婚の悪影響は短期的で、長いあいだは続かないとする研究もある。子どもにダメージを与えるのは離婚そのものではなく、離婚係争中や離婚後の両親の激しい確執にさらされることだというのが、その主張だ。わたしは社会学者ではないが、わたしはこちらの説にはあまり賛成できない。

親が離婚して子どもがハッピーだというケースはほとんど見たことがない。反対に、離婚が子どもの生きる気力を破壊するのは見てきた。離婚によって長期にわたるうつ状態に陥る人も見た。親が離婚すると聞いて、立ち直れないほどのショックを受けた高校生たちも見てきた。彼らは突然、片方の親がいないという状況に陥ってしまうのだ。今では共同親権を持つカップルも多く、そうなると子どもはお互いの家を行ったりきたりしなければならなくなる。数日または数週間ごとに移動することの負担は子どもにかかる。学校がどうでもよくなって、人間関係が崩壊する子どもたちもいる。彼らは自分を気にかけてくれるグループと支えを求めている。安定した生活を求めている。

離婚係争中のカップルがありえないほどの怒りと確執を抱えているのも見てきた。離婚は人間の最悪の部分や復讐心を引きだしてしまう。一度は愛した相手を完全に破壊するまでやりこめようとしているようだ。

親たちのそんな姿を子どもは見て学ぶ。怒りに満ちた人生を送る方法を学んでしまうのだ。人生には怒りたくなることがたくさんある。そんなことはしょっちゅうだ。

そこで大切なのは、そうした挫折からどう回復するか、そして恨みを持ち続けるかどうかだ。挫折といってもちょっとしたこともあれば、深刻なこともある。

いずれにしろ、あなたは子どもにそこから何を学んでほしいだろう？　離婚は子どもに、どんな関係も永遠ではないし、どんな関係も信頼できないと思わせる。それは子どもたちにとっては悲しく恐ろしいことで、幼い子どもにとっては特にそうだ。

また、離婚は子どもに、何か気に入らないことがあれば、そこに留まって問題を解決するより、そこから逃げたほうがいいと教えることになる。現代社会ではすべてがあっという間に起きる。

情報は光速で飛び交い、ニュースは140文字かそれ以下で伝えられる。そんな時代に、つらいことに耐える意志の力は弱くなっていくばかりだ。人々はやり抜く力を失いつつあり、それが長期的な関係を築く力に悪影響を与えている。

離婚の前に、関係修復の努力を

ではどうしろと言うのだろう？　わたしはもし可能なら離婚しないほうがいいと思う（虐待や治らない依存症や暴力は別だ）。このわたしの意見には異論のある人もいるのはわかるが、わたしは本気でそう信じている。一度は愛して結婚までした相手だ。お互いに冷静になって関係を修復できる可能性があるかもしれない。

パートナーの言うことやすることにすべて賛成しなくてもいい。でも違いを乗り越えて人は仲よくできることや、関係が崩れても修復できることを子どもに見せることは大切だ。何事も、本当にどんなことでも許すことはできる。浮気でさえ、許すことはできる。

心理学者でベストセラー作家のエステル・ペレルは、離婚を急ぐべきではないと言う。「離婚を急ぐことは、過ちを許さず、人間の弱さを許さないということです。修復や回復や立ち直りの余地も与えないということです」。

浮気や不倫はよくあることだが、発覚すれば人生を棒にふる場合もある。女性が浮気すれば尻軽と言われ、男性が離婚できなければ軟弱だと言われる。だが最終的には、そのカップルにしか事情はわからないし、ふたりが決めることだ。お互いの考えを聞き、自分の心に耳を澄まし、友だちに影響されてはいけない。

そして、その結果どうなるかを考えてほしい。子どもがいるなら、慎重になってほしい。打ちのめされるのは子どもだけではない。家族全体、社会とのつながり、孫たちにも影響がある。離婚は数世代にもわたって尾を引く。人生の長い期間にわたって影響がある。この裏切り、このコミュニケーションの中断は、一生にわたる不和と断絶に値するものか、あなたと子どもたちの生涯にわたる幸福と引き換えにしていいのかをもう一度考え、自問してほしい。

離婚しても痛みは消えない。それどころか、痛みが増すことも多い。お互いを許し合い、修復するほうがいい。たくさんの人が不幸にならずにすむ。もちろん、修復できないこともあるのはわかっている。

離婚を経験したアン。離婚後、みんな幸福になるには

三女のアンは多くの人が注目する中で離婚した。結婚に問題があると聞いたときには、修復の努力をしてみるように勧めた。娘も元夫も努力はしたものの、元には戻らなかった。お互いに前進すべき潮時だったし、子どもたちにできるだけ影響がないように力を注いだほうがよかった。

もしあなたがすでに離婚していたり、元の配偶者と険悪な関係にあるとしたら、今からでも遅くないので、協力しはじめたほうがいい。子どもの生活をよりよくしたいことと、最終的にはあ

なた自身も気持ちよく過ごしたいことを、はっきりと相手に伝えよう。怒りを捨てて、明るい未来を見るほうが気が楽だ。

別に、元の関係に戻らなくてもいいし、仲よくする必要もない。あなたの元配偶者も、望みはあなたと同じはずだ。幸福と健康といきいきした子どもたち。そこは、軋轢《あつれき》など心配せずに同意できる点だろう。軋轢が生まれるのは、それをどう達成するかという方法についてだ。子どもに身につけてほしい協力と交渉のスキルを、あなた自身が行動で見せてあげよう。そうすればみんながより幸福になれるし、子どもは大人になって使えるスキルを身につけることができる。

もし協力が不可能な関係になってしまっている場合には、自分をいたわり、自分を許し、そして前に進んでほしい。それもまた、子どもに見せてほしい姿だ。過去にこだわることなく前進し、本当に困難なときに前向きでいられることは、大切なスキルだ。

落ち込むか、それとも前向きに解決するかは、あなた次第

人間は変わるし、ときには思いもよらない形で変化が人生の一部になると教えることは大切だ。中には変わりすぎて、誰だかわからなくなってしまうこともある。そういう人は、別の人生を望んでいるのだろう。病気や事故や金銭問題など、いろいろなことで人は変わる。ほとんどの場合は、努力すれば配偶者の変化を受け入れることはできるが、もし受け入れられなくても、冷静に協力する手立てはある。まず自分の身をもって子どもにその点を教えなければならない。

どんなことがあっても、力を合わせて問題を解決する道を見つけることはできる。落ちこむか、前向きに道を探すかは、自分次第だ。わたしは前向きに活動する道を選んだ。気分が上がるために必要なことをやり、未来に向けて計画を立てよう。そうしなければ、行き詰まる。状況はいつかよくなるし、人は優しくしてくれるようになるし、人間は基本的に善だとわたしは信じている。信じることで、本当にそうなりそうな気がする。

アメリカの離婚率は２００８年から２０１５年にかけて下がっているし、直近の調査ではこの40年で最低になった。子どもと自分自身の長期的な幸せのために協力したほうがいいと気づく人は増えている。もちろん、離婚率が下がった要因はさまざまだろう。晩婚が増えたこともあるし、同棲してから結婚する人も増えたし、フェミニズムのおかげで経済的な理由ではなく愛情から結婚できる人も多くなった。オンラインでパートナーを見つけた人たちは離婚率が低い傾向にある。それは、あらかじめ同じ興味や経歴の人を探すからだろう。

子育てにも人間関係にも学ぶべきことはとても多い。もちろん、難しい問題もあるけれど、ピンチの裏にはかならずチャンスがある。それは、よりよい人生を送るチャンスであり、子どものいいお手本になるチャンスだ。

わたしたちの誰もが、前向きに変わる力を持っている。必要なのは、変わりたいという意志だけだ。

TRICK

Trust

Respect

Independence

Collaboration

Kindness — 優しさ

8章　子どものお手本になって、優しさを拡散しよう

90歳の祖母の命を救ったアン

人をお世話するということは優しくなること。それがわたしのモットーだ。

2002年の秋、母が入院したとかかりつけの医師から電話をもらった。母は91歳で、ずっと調子が悪く、もう何年も歩けない状態だった。最近では尿路感染症にかかり、抗生剤が手放せなかった。心配になったわたしはすぐに、カリフォルニア南部のパームデザートにあるアイゼンハワー病院に駆けつけた。大きなベッドに横たわった母は本当に小さく見えた。でもわたしに会えてうれしそうだった。母の笑顔はいつも素敵だった。

だが、もうあまりできることはなさそうだった。ホスピス併設の老人ホームに移ったほうがいいと医師から勧められた。当時わたしはまだ、「ホスピス」というのが、そこで死を待つ人のた

めの緩和ケアを指すことを知らなかった。そのときにわたしがもっときちんと聞いておくべきだった。「患者さんのお世話をしてくれますよ」と医師は説明してくれた。「大胆な治療などはしませんが」。90歳の母親にはそのほうがいいように思えた。ホスピスできちんと母を世話してくれると医師は請け負った。

ホスピスに母を預け、わたしは飛行機に乗って家に帰った。数週間後、娘のアンが母を訪ねてみることにした。アンは昔から母と特別な絆があった。大学卒業後、アンはシベリアのクラスノヤルスクに旅をして、母の故郷をその目で見ていた。ほかの娘たちも、母と仲よしだった。それは当然だ。母は誰よりも優しく、愛情深い人だったから。

わたしはそれまでもできるだけ母と一緒に家族で過ごそうとしてきたが、簡単ではなかった。多発性硬化症のせいで、母は旅行できなかった。特に足が悪かった。最初は杖をつき、それから歩行器に頼っていたが、まったく歩けなくなっていた。弟のリーと一緒にパームデザートに住んでいる母を、3人の娘は少なくとも年に1度は訪ねていた。娘たちは母をゴルフカートに乗せて、散歩していた。母の調子がよくないことは、娘たちにもわかっていた。だからできるだけ一緒に時間を過ごし、母に手紙を書き、会えないときには電話で話していた。娘たちにはどんな人にも親切に愛情を持って接するようにと教えてきた。お年寄りに対しては、特にそうだ。どんな人間でも、ひとりひとりがみんな大切だとはっきり言ってきたし、言葉ではなく行動でそれを示してきた。

アンがホスピスに入るとすぐ、優しさとは真逆の状況が目に入ってきた。たくさんの患者さんたちが泣いたりうめいたりしているのが聞こえた。普通の病院では大声を張りあげたりしない。何かがおかしかった。アンはあわてて母を探した。そして、うめいていた患者のひとりが母だと気づいた。でも看護師がどこにもいない。やっと見つけた看護師はどこかに行ってしまった。スタッフの誰も気にかけてないように見えた（もちろん、ほとんどのホスピス施設はこんなふうではない。母がいた施設がたまたま最悪だっただけだ）。

アンにとって、それは許せないことだった。大切な祖母がこんな扱いを受けていいはずがない。そこで行動に出た。救急車を呼ぶと、6分もせずに到着した。救急隊員に、祖母が危篤《きとく》なのでアイゼンハワー病院に移送してほしいと頼んだ。脱水状態で緊急治療が必要だと訴えたのだ。そこにいた看護スタッフはあんぐりと口を開けて一部始終を見ていただけだった。母が担架《たんか》に乗って運ばれるあいだ、スタッフはひと言も口をきかなかった。「こんなのはケアと言えないでしょう。患者をきちんとお世話していないんだから」アンはそう告げて、救急車に乗った。

病院で母は点滴を受け、食事もできた。何時間にもわたって食べ物も水も口にしていないのは明らかだった。わけのわからないことを口走っていたのも、無理はない。病院で母が少し回復したのはよかったが、サンフランシスコ総合病院の救急外来で働いた経験のあったアンは、もっとできることがあると思った。そこで、新しい医師をふたり見つけて、母をホスピスに送った担当医ははずしてもらった。新しい医師たちは薬を変えてくれて、2日もすると症状が劇的に改善した。意識がはっきりして、話もできるようになった。

点滴中の祖母を500マイル運転して運搬

そこで、退院後のケアをどうするかが問題になった。同じことが起きないようにするにはどうしたらいいだろう？　わたしたちはベイエリアに住んでいたし、数百マイルも離れた場所で状況を監視するのは難しかった。母のケアを家族で監督する必要があった。母が自分で自分を守ることはできないのだから。

いつもアイデア豊富なアンが、いい計画を思いついた。母を自宅の近くに移すことにしたのだ。だが救急車を使うと、天文学的な金額になる。そこで、点滴と投薬をしながら、自分たちが運転して母を運ぼうと考えた。病院はとんでもないと反対した。「500マイルも離れた場所に患者を運ぶんですよ。救急車も使わずに？　危険すぎます」と医師は言う。

「祖母を気にかけていない人のところに置き去りにするほうがよっぽど危険でしょう」とアンは言い返した。アンは何とか手だてを探し、投薬の責任を持ち、大型ワゴン車と担架を借りた。その数日後、朝5時にわたしたちは母を乗せてパームデザートを出発し、国道5号線をベイエリアに向けて走っていた。目的地はロスアルトスの老人介護施設だ。到着までに8時間かかったが、母は道中ずっと元気だった。

ロスアルトスの老人介護施設は素晴らしい場所だった。毎日の活動があり、リハビリがあり、お楽しみの時間もあった。ここでは親切に患者をケアしてくれた。感謝祭には家族全員で施設を訪れ、母とお祝いをした。もしアンが母を移そうと思い立ってくれなかったら、そんな素敵な思い出は残らなかった。母はその後2年間生き、93歳で亡くなった。

アンの優しさ、共感力、そして粘り強さが、母の命を救った。アンは斬新な手立てを考え、それを実行するために2週間も休みを取った。優しさはアンの人格の一部になっている。優しさについて語ったり考えたりするだけでなく、自分の行動を通して実践して見せている。アンは子どものころから愛情豊かで、周囲の人を気にかけ、捨てられた子猫や足の折れた犬を心配し、友だちのいない子どもに寄り添っていた。幼稚園で感謝したい人は誰かと聞かれて、「ケンジに感謝します」と友だちの名前を書いた。また、母親として子どもへの愛情も深い。

働き過ぎで余裕がなくなると優しさが失われる

共感と優しさは、昔からわたしの生き方の一部だった。何年も経ってから気がついたことだが、わたしは自分の振る舞いや、娘たちに選んであげた本や勧めたテレビ番組などを通して、共感と感謝と許しを教えていた。そうなったのはおそらく、わたし自身の子ども時代の体験や、親から聞いたロシアでのユダヤ人虐殺を生き抜いた話や、弟のデイビッドを失くしたことも影響しているのだろう。理由はともあれ、優しさはわたしの人生の一部だった。あたたかさ、気遣い、共感は、わたしの生き方そのものだった。

アンはそうした教訓を深く心に留めていた。スーザンとジャネットも同じだった。3人とも大学卒業後は何らかの形で世の中をよくしようと努力してきた。スーザンはインドで。ジャネットは南アフリカで。わたしが何か言ったからではなく、3人ともそれぞれみずから世の中のためになることをしてきた。

アンは大学時代に地元病院の救急外来でボランティアをしていたが、そこで出会う患者のさまざまな問題にショックを受けた。そのことで、さらにボランティア活動に励んだ。患者は衰弱しているため、自分で自分を守ることができず、適切な治療を受けられないことも多い。その後、医師になるつもりで、サンフランシスコ総合病院とスタンフォード病院で働いた。だが結局、医師として診察室に閉じこめられるより、別のことをしたほうが世の中に大きなインパクトを与えられるはずだと考えた。最初は、衰弱して自分を守れない患者の権利を守るためのサービスを立ち上げようとした。医療現場に優しさや気遣いが欠けていると感じたのだ。医師や看護師が患者を気にかけていないというわけではない。働きすぎで、単に時間がないのだ。彼らは人を助けたいと思って医療の世界に入ったのに、へとへとに疲れ切って余裕がなくなっていた。今もそれは大きな問題だ。

アンは患者の保護サービスを立ち上げるのをやめて、さらに大きな目標を目指した。世界中のすべての患者にインパクトのある事業をはじめることにしたのだ。アンは人間の基礎になるDNA情報を、本人の手に渡す会社を立ち上げた。自分のDNAを知ることは、自分の健康を理解して病気を予防する鍵になる。アンは23アンドミーの共同創業者兼CEOとして、数百万もの人々に個人の健康情報を手渡している。その背後にあるのは、誰よりも自分がいちばん自分のことを気にかけているという信念だ。アンは引き続き、すべての人が自分にとって最善の治療を受けられるように闘っている。アンが特に気にかけているのは、パーキンソン病を患っている、義理の母親だったジニア・ブリンだ。アンが最初に取った行動のひとつは、マイケル・J・フォックス財団と協力してパーキンソン病を研究し未来の治療法を考えることだった。23アンドミーは最近、パーキンソン病についてこれまでで最大のメタデータ分析を公開している。

親は他人に勝つことばかり子どもに教えてないか?

わたしがこのところ頭を悩ませているのは、今の子どもたちは人に優しくすることを学んでいるのだろうか、ということだ。

移民局が取り締まりを強化し、幼児や赤ちゃんまでも親と引き離され、国境で移民が何日も強制収容されている様子を毎日のように目にする子どもたちは、どう思うのだろう? 党派にかかわらず、すべての親が移民への同情心を持っていることをわたしは願うし、子どもとそのことについて話し合ってみるべきだと思う。でも、調査によると、どうもそうではないようだ。

子どもにもっと思いやりとコミュニティ精神を持ってもらうためのプロジェクトを行なっているハーバード大学教育大学院の研究者が1万人の子どもにアンケートを取ったところ、80パーセントの子どもは目標達成や自分の幸福がいちばん大切だと考えていた。「他者への思いやり」をいちばん大切なこととしてあげている子どもはわずか20パーセントだった。また「コミュニティの一員を気遣うより、自分がいい成績を取ったほうが親が喜ぶ」という質問にイエスと答えた子どもはノーと答えた子どもの3倍にのぼっていた。あまり喜ばしい結果ではない。

ミシガン大学の研究では、2000年以降、アメリカの大学生の共感力が急激に低下していることがわかっている。わたしの同僚がアメリカの公立学校で行なった生徒への非公式なアンケートでも同じような結果が得られた。彼は授業でトリックを経験したことのある生徒は手を挙げてほしいと頼んでみた。まず、信頼を感じたことがあるかという質問には、ほとんどの生徒が手を挙げた。いい出だしだった。尊重と自立になると、手を挙げたのは半分。協力を経験したのは3分の2にのぼっていた。しかし優しさに手を挙げた生徒はいなかった。

過保護と過干渉が今どきの子育ての主流になる中で、優しさは大切なものと見なされなくなっている。

多くの親は勝つことだけに目がいっている。子どもを成功させることが親の目標になり、親は自分の助けがないと子どもは成功できないと恐れている。完璧でなければ人生がダメになると思いこんでいるが、それが子どもの害になるばかりか、親の不安と自信のなさをいっそう悪化させている。子どもの失敗は親の失敗であり、それは避けなければならないことだと信じ込んでいる。

優しさは子育ての目標から消えてしまった。タイガー・マザーとして知られるエイミー・チュアも、メキシコでのわたしとの対談で、優しさや幸福など気にかけたことがないと言っていた。娘たちに1番になってほしかっただけだと言うのだ。

しかし、個人の成功と完璧さだけに目を向ければ、代償を支払うことになる。そのつもりはなくても、優しさと共感力のない自己中心的な子どもを育ててしまうのだ。親が意図したわけではなくても、そうなっているのが現実だ。

子どもたちは他人のことを考えている余裕がない。成果をあげることにしか目が向いていない。完璧でなければ親から愛してもらえず受け入れてもらえないとビクビクしている。そんな状況で他人に優しくできるだろうか？　子どもたちは成功することにすべての力を注ぎ、完璧な成績を取れるかもしれないが、それでは自立や自信にはつながらないし、他人への優しさも身につけることはできない。個人の成果をすべてに優先させる社会の中で、子どもたちは傲慢になり自分のことしか考えられない人間になっていく。

このような社会や子育て環境になったのは、もしかしたら「優しさ」という言葉に悪いイメージがあるからかもしれない。優しさは弱さだと受け止められることも多い。優しい人は他人につけこまれるとも言われる。

わたしは教師として生徒を監視するのではなく生徒と協力しようと長年努力してきたが、優しさが悪いことのように言われたことは何度もある。パロアルト高校で英語学科の責任者だったときには、教師の少なくとも半分はわたしの生徒への接し方に疑いを持っていた。わたしが生徒の心情を理解しようと努め、失敗してももう一度チャンスを与えていることが気に食わなかったのだ。ほかの教師からいつも、「生徒からいいカモにされてますよ。見てごらんなさい、あの子たちまたルールを破りますからね。わかってます？　言いなりになると思われてるんですよ」。同僚の教師たちは、優しさが結果を生みだすことをわかっていなかった。

優しさは社会でも欠かせないスキル

優しさは自分を幸せにしてくれるし、周囲の人も幸せにする。もちろん、誰かから助けてほしいと頼まれたら、無条件に甘やかしていいと言っているのではない。あなたを操ろうとする人はいるけれど、身勝手な動機なら普通はすぐにわかる（そういう人は変に馴れ馴れしかったり、大金をねだったり、現実的でない約束をしたりする）。世の中には悪い人もいるけれど、だからといって、わたしたちが世の中をよりよくしようと努力することをやめるべきではないだろう。ただ、注意深くしていればいいだけだ。

同僚の教師たちと同じような考え方の親たちもいる。いい大学に入るのに、優しさが何の役に立つのか、と思ってしまうのだ。

わたしは最近、スタンフォード大学の学長であるマーク・テシアー＝ラヴィーンと会ったが、そのときにスタンフォードが志願者に求める資質の中でも、優しさと他者への思いやりがいちばん大切だと言っていた。スタンフォードの学生としても、社会の一員としても、うまくいかどうかはこのスキルにかかっているからだ。意地悪で他人を傷つけても自分が勝とうとするような学生はいらないと大学は言っている。

これまでは、猛烈な競争社会の中で成績トップでテストの点数のいい金持ちの生徒が勝つような傾向があったかもしれないが、潮目は変わりつつある。試験を廃止して、生徒たちを十把《じっぱ》一《ひと》絡《からげ》に見るのをやめて、ひとりひとりの持つ独自の才能をどうコミュニティのために活かしたらいいのかを考える先生も増えてきた。

グーグルに有給産休を実現させたスーザン

優しさはビジネスの世界でも欠かせないものになっている。

グーグルのある社内調査では（酸素《オキシジエン》プロジェクトと呼ばれていた）、いわゆる「ソフトなスキル」（ＳＴＥＭ——科学・技術・工学・数学などではないスキル）が、経営的な立場に昇れる社員と、そうでない社員の大きな違いだった。

実際、経営スキルのうちで最も大切な７つのスキルのうちの４つは、優しさに直接関連するもの——共感、価値観や考え方の違う社員への配慮、役に立つフィードバックを与え導くこと、キャリアについての意味ある対話——だった。

今では、社員や顧客への優しさに注目する企業も多い。ザッポスもそうした一社だし、ホールフーズもそうだ。アマゾンCEOのジェフ・ベゾスもまた顧客満足を追求している（とはいえ、社員にとっては大変な職場だということはベゾス本人も認めているし、社員に優しい会社だという評判は聞かない）。顧客に優しくするためには何でもやる会社だ。

職場で優しさがどれほど大切かを身をもって教えてくれたのは、娘たちだ。ジャネットにもアンと同じように、人々の心身の健康のために闘った逸話がある。病気に苦しむ貧困地域の人々を見て、ジャネットは何とかしたいと思った。そこで、地元の人たちとつながりを築き、授乳の世話、HIVとAIDSの予防と治療、子どもの肥満やそのほかの難しい健康問題についてのアドバイスを通して、人々を助けた。

スーザンの仕事の中での優しさとは、社員の人生をよりよいものにすることだ。グーグルに保育所を作ったのも、スーザンだ。自分の子どもだけでなく、できるだけ多くの社員の子どもたちのために、最高の保育プログラムを設置したのだ。子どもを安心して預けられれば、親も気持ちよく仕事で活躍できる。また、スーザンは社員の産休の期間を延ばすためにも闘った。グーグルが完全有給の8週間の産休制度を導入したときには大きな話題になった。スーザンが昔からずっと産休育休制度の充実に努力してきたおかげで、グーグルでは今完全有給で母親には18週間、父親には12週間の育休が与えられている。

グーグルは、社員への優しさに注目している優良企業のお手本だ。経営陣が純粋に社員の健康や幸福を気にかけていて、仕事に情熱を傾けられるような職場で働きたいと、誰もが思っている。

グーグルはこの考え方を心に留めて、社員に無料で食事を提供し、昼寝の場所を作り、協力的な職場環境を作っている。だからこそ、常にアメリカで最も働きたい会社のナンバーワンとして評価されている。

グーグルの太っ腹な待遇に刺激されてほかの会社も変わってきている。グーグルは社員になるということの意味についてこれまでとはまったく違う考え方を社会に提示してきた。

当然だが、優しさのご褒美はいい大学に入ったりいい会社に入ったりできることより、はるかに大きい。

優しさは周囲の人も自分も幸せにしてくれる。「情けは他人のためならず〈自分のため〉」というが、優しさはわたしたちに心の平穏とお金では買えない人生の意義を与えてくれる。どんな人にも人生がある。このつながり合った世の中で、人生という旅をみんなにとって快適なものにできれば、それに越したことはない。

依存症の克服にも絶対に必要

現代社会に疫病のように広まっている薬物依存の対処にもまた、優しさは役立つ。これまでにないほど多くの人がオピオイド〈訳注：麻薬性鎮痛剤〉漬けになり、ＡＩＤＳが蔓延したときより多くの人が薬物の過剰摂取で亡くなっている。これは国家的な悲劇だ。解決策を見つけることが最優先されるべきだろう。この問題と優しさがどう関係するのだろう？　研究によると、薬物依存症患者が依存に向き合い克服するために最も必要なのは、愛と優しさだという。依存症患者には、セラピストだけでなく自分を気遣ってくれる人の支えが必要だ。ヨハン・ハリの書いたベストセラー『Lost Connections（ロスト・コネクション）』は、薬物依存につながる不安と落ち込みの本当の原因について書いている。周囲の人々との断絶、意義ある仕事や価値観の喪失、ステータスや敬意、そして希望を失うことなどが、リスク要因としてあげられている。

もちろん、セラピストや治療プログラムも役に立つが、友だちや家族の支援網もまた、解決策として効き目がある。だが、治療プログラムが問題を解決してくれるだろうと思いこみ、家族や友人の支えを求められない人は多い。統計を見ると、治療プログラムだけでは解決にならないようだ。研究によると、薬物依存の治療を受けた人のうち85パーセント以上は、1年も経たないうちに依存が再発している。自分を信じることを教えてくれる「12ステップ・プログラム」〔訳注：アルコール依存などからの脱却に使われる治療法〕によって助けられた人は多く、これからも助かる人は多いだろうが、こうしたプログラムには外の世界からの支えがもっともっと必要だ。身体に悪いとわかっていても薬物を摂取してしまう理由のひとつは、心と体の痛みを和らげるためだ。もし、プロによる正しい治療にくわえて、家族と友人が心の痛みを和らげる助けになれたら、これまでとは違う結果が出るはずだ。依存症を治す奇跡の処方箋は、優しさなのだ。

わたしはこれまで、薬物依存症のティーンエイジャーの悲劇を見てきた。だから学校でいつも、薬物の危険を訴える話をする。人間の体の中でいちばん大切な器官は心臓ではない。それは脳だ。

だから、自転車に乗るときにはヘルメットをかぶるのだ。だから、薬物摂取といった脳にダメージを与えることをしてはいけない。一生を台なしにしなくても、スリルを感じられることはいくらでもある。また、高校生が自分の力に自信を持つのはいいことだが、脳は20代の半ばまで発達し続けることも覚えておくように教えている。ワクワクドキドキしたければ、薬物は忘れて、バンジージャンプ、スカイダイビング、カーレース（レース場内で）に挑戦すればいい。

親たちは、優しさを響きはいいが必要のないスキルとして頭から追いだしてはいけない。優しさは子育ての意義そのものだと言ってもいい。子どもたちにこの世の中をよりよいものにしてほしいと願うのが、子育てというものだからだ。

日常生活の中で優しさを身につけさせる

優しさとは生きる姿勢だ。

年に数回だけ、クリスマスと感謝祭とバレンタインデーにだけ誰かに優しくすればいいというものではない。

優しさは生き方であり、礼儀からはじまる。礼儀とは、ほかの誰かの存在を認めるということだ。それは、「自分だけがよければいい」という文化の対極にある。

「おはようございます！　調子はいかがですか？」。そんな何でもない挨拶にも大きな効き目がある。学校でも仕事場でもどこかの家でも、そんな挨拶が当たり前になるべきだ。

配偶者、親、親戚、友だちにも挨拶をしよう。子どもたちがちゃんと挨拶をしているかをしっかり確かめよう。簡単なことに思えるけれど、その簡単なことが欠けている家庭は多い。

相手の目を見て話そう。目を合わせることは大切だ。そして、笑顔も忘れないでほしい。

でも、家族というのは奇妙なもので、家の外では気持ちよく振る舞っていても、家族には同じように接しない人もいる。帰宅しても声をかけなかったり、食料品を家族が運んでいても手伝わなかったりする。

日常生活の中でできるちょっとしたことはたくさんある。誰かが車から荷物を降ろすのを手伝ったり、赤ちゃん連れのお母さんのためにドアを押さえてあげたり、お年寄りがバスから安全に降りられるように手を貸したり、運転中にほかの車を割り込ませてあげたり、人の話をきちんと聞いてあげたりするのは、簡単なことだ。

お礼のメールを送るといったことでさえ、優しさを表す行為だ。お礼メールなどささいなことに思えるし、実際にささいなことだけど、そうするのとしないのでは大違いだ。

親は自分が当たり前の礼儀を実践して子どものお手本になることができるし、それが子どもたちの日常生活の一部になるように導くこともできる。家庭でもいつも「ありがとう」を言い合ってほしい。娘たちには、わたしにも、お互いにも、自分のために何かをしてくれた人すべてにも、対面でも電話でも手紙でもいいからお礼を言いなさいと教えてきた。幼い子どもでも、親や友だちゃ人生で出会う大人たちに、気持ちのいい言葉をかけることはできると自覚してほしい。まずは「こんにちは」からはじめて、「いかがですか？」を覚え、それから傾聴を身につけるといい。

感謝を伝える、そしてみんなが幸せになる

感謝の気持ちは優しさの一部だ。感謝するということは、他者の存在に気づき、その人たちが自分の人生をどんなふうにいいものにしてくれているかを考え、そのことへのお礼を伝えるために何かをするということだ。

わたしの見るところ、感謝とは何かを知らない子どもが多いようだ。おそらく、子どもたちを満足させておくことばかりに大人が力を注いでいるせいかもしれない。大人はいつも子どもに何かをしてあげるばかりで、子どもたちはそれを当たり前だと思っている。

ティーンエイジャーの親がいちばん後悔するのは、何でも与えすぎて子どもをダメにしてしまったということだ。子どもたちは何もかも与えてもらえると思いこみ、ありがたみを感じない。

そして、もっと多くを欲しがる。低収入の家庭でも、そんなことが起きている。

感謝の気持ちを伝えればみんなが幸せになる。お礼をするほうも、されるほうもいい気持ちになる。

感謝の気持ちを表すことと、幸福感に関連があることは、たくさんの研究からも明らかだ。2018年の新たな研究では、ありがたみを感じていると希望と幸福が増幅されることもわかって

いる。専門誌に掲載された別の研究によると、感謝の気持ちの強い若者ほど楽観的で、人生の満足度も高く、うつ病の発症リスクも低いといわれる。

友だちや親や同僚やビジネスパートナーとの関係もまた、感謝の気持ちによって改善する。あなたが周囲の人たちに感謝すれば、人々もあなたと一緒にいたいと感じる。感謝することで世の中が優しくなるばかりか、あなた自身がよりよい人間になれる。

感謝することを子どもに教え、親が身をもって礼儀正しく振る舞い、子どものお手本になってほしい。子どもたちはあなたをじっと見ている。子どもにとっていちばん影響力の強い教師は親なのだ。

あなたが自分の持てるものに感謝していれば、子どもたちもまた感謝するようになる。あなたがいつも愚痴ばかりこぼしていれば、子どももまた同じようになる。

親はみんな、心に留めておいてほしい。子どもが誕生日やクリスマスにプレゼントをもらったら、かならずお礼を言うようにさせよう。プレゼントがいけないというわけではない。前の年にはお金がなくてプレゼントを買えなかった家族は、クリスマスプレゼントに飛び上がって喜ぶかもしれない。だが、プレゼントに込められた時間や努力を理解せず、ありがとうも言わずに次々と包みを開ける子どももいる。誰かが贈り物をくれたら、かならず感謝するよう、親は子どもに教えなければならない（自分の気に入らないものであっても、同じようなものを持っていても、かならずお礼を言うようにしよう）。

うれしいことを日記につける

親への感謝についても、子どもに話をさせてみよう。子どもたちは何に感謝しているだろう？ほとんどの子どもは親に感謝している。わたしの娘たちは、祖父母に感謝しポーランドにいる祖父にも定期的に手紙を出したり、お礼のカードを送ったりしている（残念ながら対面はかなわず、あちらに電話がなかったので話もできなかった）。

手紙といっても何ということもない内容だが、娘たちは祖父に自分たちの人生の出来事を知らせていた。「今日は公園に行って、友だちのジェシカと遊んだの。おじいちゃんやおばあちゃんに会いたいです」。娘たちはそんな手紙をわたしの両親や夫の母親にも送っていた。それは、誰かの努力を認め、自分を愛してくれる人たちに感謝するひとつの方法だった。礼状という習慣は復活させたほうがいい。

また、書くという行為そのものが、自分の人生や行動を振り返るのに役立つ。

娘たちは日記をつけていた。特に旅行中の出来事を書き留め、あらゆる経験を振り返り、感謝する習慣をつけていた。子どもたちに、毎日寝る前にその日あったことやありがたかったことを書かせてほしい。作文のいい練習になるし、ありがたみを感じる練習にもなり、日記をつける習慣もできる。ずっとあとになって読み返すと楽しいだろう。おなかをかかえて笑ってしまうような文章もある。

「今日てんとうむしを見つけたことに感謝します」

「弟がアイスクリームを分けてくれてうれしかった」

「誕生日パーティーに行ったらエアーハウスがあってワクワクした」

日記は素晴らしい習慣だし、うれしいことを書き残すと感謝に関係する脳内の活動が活発になることもわかっている。

また、わたしは子どもたちが家事らしきことをやったときにはかならず褒めるようにしていた。「ママと一緒にお片づけしてくれてありがとう」といつも娘に言っていた。「今日はお部屋がすごくきれいになってるわね。とってもよくできたわ」と。完璧とはほど遠くても、そんなふうに褒めていた。

毎日、人生の中で自分の持てるものにみんなが感謝できれば、すがすがしい気持ちになれる。わたしは普通の人間だ。いつも時間がなくて、慌ただしくしている。毎日てんてこまいだ。それでも毎週金曜の夜には家族で安息日を祝い、その週の出来事に感謝する。

学校では生徒たちに、新聞作りのために人々にインタビューするときには、引用が正確かどうかを再確認し、話を聞かせてくれた人たち全員に感謝を伝えなさいと教えている。広告主にも感謝の気持ちを伝える。これまで長年にわたって、小さな会社も含めてたくさんの企業が広告を出稿してくれたり、食べ物やサービスを寄付してくれたりして、わたしたちのジャーナリズム・プログラムを支えてくれた。またわたしたちグループのために食事を提供してくれた親御さんたちにも感謝するように、生徒に念を押している。３週間に１度、新聞発行日前の３日間は、60人の腹ペコの生徒たちが全員で一緒に夕食を食べることになる。食事を持ち寄ってくれるのは、親御さんたちだ。どれほどの散らかりようか、想像してみてほしい。自分たちで片づけてもまだたくさんがゴミが出るので、清掃員さんたちにお礼を言うように徹底している。清掃員のみなさんも、このプログラムの大切な一員なのだ。

クリスマスツリー作りで共感力を養う

娘たちを育てていたころ、わが家では毎年クリスマスになると、地元スーパーの一角にあるツリー屋でいちばんみすぼらしいツリーを買っていた。誰も欲しがらないような売れ残りのツリーを持ち帰って、精一杯美しく飾ることにしていた。娘たちはデコレーションが大好きだった。最初はそこらへんにある卵用のカートンを切って色を塗り、ラメをつけて飾っていたが、そのうちに飾りもだんだん豪華になってきた。

当時は気づかなかったけれど、ツリー作りを通して共感力を養っていたのだと思う。夫とわたしは娘たちに、自分たちではなく他者（この場合は人間以外の生き物）の気持ちを理解しようとつとめることを教えていたような気がする。娘たちは、クリスマスツリーを気遣ったのと同じように、動物をなぐさめ、気遣っていた。そんな気遣いの習慣は、すべての人に向けられていった。家族、友だち、助けを必要としている救急外来の患者さんたち、子育てもままならない貧困に苦しむ若い母親たちを、娘たちは気遣った。

子どもたちに共感を教えることに役立つ、簡単で楽しい活動はたくさんある。自宅でごっこ遊びをしてもいい。物語のはじめだけを子どもに教えて、服かおもちゃを与え、子ども自身にキャラクターと物語の世界を作らせるといい。自由な遊びなので子どもは喜ぶ。誰かのふりをすることで、他人の立場に立つとどんな気持ちになるかがわかる。

他者に共感するということは、自分という人格から抜けだすことでもある。児童の発達を研究するドロシー・シンガーとジェローム・シンガーは、「子どもはさまざまな役を演じることで、コミュニケーション力や問題解決力や共感力といった社会的なスキルを学んでいく」と言っている。コスプレも、一見「めちゃくちゃに」家中を走りまわることも、実は大切なスキルを身につける助けになっているのだ。

物語、ペットから学ばせる

もうひとつ、優しさや共感力を養うのに役立つのは、子どもにいつも本を読んであげることだ。物語には強い力がある。物語を読んでキャラクターの気持ちを思いやることで、子どもは共感力を身につけると研究でも証明されている。わたしのお気に入りは、『にじいろのさかな』(マーカス・フィスター著、講談社)だ。にじいろのさかなは、大切なものを仲間たちと分けあったときにやっとしあわせになれた。小さな男の子が兄弟を助ける物語の『Tikki Tikki Tembo(ティキティキ・テンボ)』や、愛と無私の精神を教えてくれるシェル・シルバスタインの『おおきな木』（篠崎書林）も大好きだ。こうした物語に出てくる感情は子どもたちにとっておなじみだし、キャラクターも身近に感じられる。ごっこ遊びと同じように、子どもたちは物語を通して誰かの人生の中に入りこみ、その気持ちを想像することができる。

子どもたちと物語の登場人物やその行動や感情について話してみよう。夫とわたしは（ほぼ）毎晩子どもたちに物語を読んで、そのお話について深く考えさせていた。インターネットが登場する前の時代だ。特に共感力を養おうと思ってそうしていたわけではない。読み聞かせをしていたのは、子どもたちに世界について、違う文化について、旅について、歴史について教えたかったからだ。でもそれが思いがけず共感力を育てることになった。

ペットを飼うこともお勧めする。共感力（と責任感）を育てるのに、ペットはもってこいだ。

わが家ではいろいろなペットを飼ってきた。トリュフという名前のゴールデン・レトリーバー、猫2匹、そしてネズミ3匹。娘たちはトリュフを毎日散歩させ、餌をやっていた。一緒に遊び、ブラシをかけ、抱きしめていた。猫とネズミの世話も、娘たちの仕事だった。ペットは家族の一員で、どんなときも一緒だった。ペットたちにクリスマスプレゼントも誕生日のプレゼントもあげていた。そんな習慣をとおして、娘たちは自分以上にいつも他者を気遣うようになり、誰もがきちんと世話をされるよう心がけるようになった。

ある夏、わたしたちはトリュフに赤ちゃんを授けてあげることにした。父犬になったのはオークランドの美しいゴールデン・レトリーバーだ。トリュフは8匹の愛らしい子犬を産んだ。ワクワクする出来事だった。娘たちは幸運が信じられず、新しい責任を真剣に受け止めた。毎日子犬の世話をし、子犬の成長を見守り、自分たちの車を動かしてガレージをすべて犬たちに明け渡した。わが家は近所で一番よく人の集まる家になった。2カ月後、娘たちは子犬をもらってくれる家庭をそれぞれ探し、新しい飼い主とずっと連絡を取り合えるような手段も確保した。どの子犬もみんないい一生を送ることができるよう、娘たちはきちんとお膳立てしていた。

子どもたちはみんな生まれながらに共感力を備えている。大人がいいお手本を示せば、子どももその通りにするものだ。

攻撃的な劣等生が、奨学金大学生へ変身できた理由

もうかなり前になるが、イースト・パロアルトの貧しい家庭で育ったドミニクという生徒がいた。彼は新入生のとき、何かの手違いで、わたしの上級英語のクラスに入ってしまった。そのクラスはドミニクには難しかったし、彼自身が受講を望んだわけでもなかった。コンピュータシステムのエラーで、たまたまわたしのクラスに入ってしまったのだ。ドミニクは高校1年生レベルより少し下の学力で、本来なら補講が必要だった。

ドミニクはいつもふてくされていた。学校では「手のつけようがない」と思われてしまうようなタイプの生徒だった。攻撃的で、何の理由もなく怒りをぶつけた。彼自身がこれまで受けてきた扱いをそのまま周囲に撒き散らしているのが見ていてわかった。わたしは最初から彼のことが

心配だった。新学期がはじまって2週間もしてからシステムエラーだったことに気づいたが、そのときにはもうドミニクとわたしのあいだに絆が結ばれていた。下のクラスに移りたいかどうかを聞いてみると、「絶対に嫌だ」と言う。

「わかった、それならみんなに追いつけるようにがんばらないとね」と言うと、ドミニクは努力すると約束した。彼はすでに自分のことをこれまでとは違う目で見るようになっていた。わたしのクラスで信頼と敬意を持って扱われ、この世の中でうまくやっていけるかもしれないと思いはじめていたのだ。わたしはドミニクをクラスのみんなと同等に扱ったし、彼も期待に応えた。これまでは、みんなと同じ生徒として見られていなかっただけだ。すると、以前は周囲を攻撃することに注がれていたエネルギーが、勉強に注がれるようになった。ちょっとした優しさを受けたことで、世界が驚くほど変わったのだ。

ドミニクがみんなに追いつくのは、並大抵のことではなかった。1年間ずっと毎日わたしと学校に居残って、読み書きの練習をした。その後、わたしのジャーナリズム・プログラムに入りたいと言うようになった。公立高校の劣等生だと見なされていた生徒が、みんなに追いついたばかりか、追い越そうとしていた。驚くほどの変身ぶりだった。

ドミニクはわたしのプログラムに入ることができた。彼がついてこられるように、わたしは家にあった古いコンピュータを彼に譲り、彼には新しい友だちもたくさんできた。このジャーナリズム・プログラムはある種のコミュニティで、生徒たちは仲がよく、お互いを気にかけている。

ドミニクは楽しそうにしていたけれど、すべてがバラ色というわけにはいかなかった。学校新聞に求められる文章力はかなり高いし、それにも増して仲間の生徒たちから自分の書いたものを評価されるのはつらい。でもみんなが同じ状況なので、ドミニクは批判も素直に受け入れて、一所懸命に記事を書き続けた。

それでも、ある時点でプレッシャーに負けてしまった。いい記事を書きたかったけれど、書ける自信がなくなってしまった。ある日、別の生徒が記事に盗用があるのを見つけた。どうしてわかったかと言うと、まったく同じ記事をオンラインで読んだのだ。盗用記事を書いたのはドミニクだった。

ドミニクは恥じ入って、深く謝った。「時間がなくて自分で書けなかったんです」と言っていた。「誰にもわからないと思って」

わたしたちは自分の力でやり抜くことの大切さについて話し合い、次の号までドミニクには参加させないことにした。盗用がどれほど深刻な問題かをわからせる必要があったけれど、かといってドミニクを辱めるようなことは避けたかったし、入学したときに感じていたような怒りを再燃させたくもなかった。彼がどうしてそんなことをしたのかは、わかっていた。彼の気持ちは理解できた。彼に正しい道を歩ませ続けるには、何よりも優しさと理解が必要だった。罵ったり非難したりしてもいい方向には向かわない。これまでの人生で、ドミニクはもう十分に罵られてきたのだ。

子育てや教育では、こういうときがいちばん肝心だ。子どもを叱るよりも、子どもの立場を理解し、話し合うことができるだろうか？　どこか共感する部分を見つけられるだろうか？　困難な状況で優しさを示せるだろうか？　さいわい、わたしのやり方はうまくいった。その後ドミニクは二度と同じ間違いを繰り返さなかった。

最上級生になったドミニクは大学進学を決心した。家族の中ではじめて大学教育を受けることにしたのだ。わたしはドミニクが奨学金をもらって東海岸の大学に進学する手助けをし、彼は旅立った。今、ドミニクはニューヨークで流通関係の仕事についている。彼は自分の人生を変えたばかりか、家族の人生も変えた。

ティーンエイジャーのミスは、大人になる訓練中ゆえ

ドミニクが卒業して数年後、今度は別の生徒が校内で飲酒し退学させられそうになった。その生徒はガールフレンドとふたりでアルコールを持って暗室にいるところを見つかってしまったのだ。どちらもいい子たちだったし、とても反省していた。管理責任者が校長室にふたりを連れていこうとしたときにわたしがあいだに入って「ここは任せてもらえますか」と引き取った。校長に知られたら1週間以上の停学は間違いない。停学期間中は授業を受けられず、あとあとまで勉強に遅れが出て、すべての科目の成績にも影響する。生徒たちは絶望してしまう。

わたしはいつもの罰をふたりに与えた。まず話し合い、それから文章を書かせ、放課後に居残

ってわたしの手伝いをさせる。それから、ほかの生徒の記事の手伝いもさせる。生徒たちの過ちは深刻なものではない。もちろん、何でもありではないし、一線はきちんと設けていた。ただし、わたしの与える罰なら、停学とは違う結果につながる。彼らの暗室でのちょっとした冒険をわたしは許し、過ちを正すチャンスを彼らに与えたのだ。

子どもたちはまだ大人になる訓練中だと心に留めておくと、彼らに優しく接することもできるようになる。

子どもたちは今学んでいる最中なのだから、間違えることもある。だから許すことができる。子どものルール違反や間違いは大人への攻撃ではないことを、親も教師もわかっておいたほうがいい。

ティーンエイジャーの判断ミスという場合も多い。もちろん、そんなミスが人を傷つけたり、大人をイライラさせたりすることもあるが、恨んだり、過剰に反応したり、厳しい罰を与えても、痛みと怒りが増幅するだけだ。むしろ、優しさと許しを与えてみよう。自分がティーンエイジャーだったころを思い出してほしい。子どもを許したからといって、あなたが弱いことにはならない。けじめのない大人だということにもならない。むしろ、自分というものを持ちながらも、相手を許せるだけの心の広い人間ということになる。

いじめや仲間はずれに大人はどう対処すべきか

では、誰かを攻撃するような子どもはどうしたらいいだろう？

攻撃の形はさまざまだ。ある女子学生は、太っていることを理由にいじめられていた。彼女はおしゃれでもなかった。いつもTシャツと安っぽいジーンズで学校に来ていた。ティーンエイジャーは容赦なく見かけをけなすこともある。フェイスブックでその女子生徒をバカにしていた。本人はそれを見て動揺し、泣いていた。

わたしは投稿を削除させようとしたが、なかなかできなかった（6年前の話だ）。フェイスブックに削除のリクエストを送ったけれど、何の返事もなかった。そこでフェイスブックに勤めていた元生徒に電話して、相談した。そしてやっと、投稿が削除され、それからいじめの問題に対処した。わたしはたまたまフェイスブックに知り合いがいたが、みんながそうではない。今ではフェイスブックもそのほかのソーシャルメディアもネットいじめを減らそうと努力している。子どもたちの心の健康が脅かされているからだ。

自分の子どもにいじめっ子になってほしいと思う親はいない。自分の子どもがいじめに関わっていたと知れば、ほとんどの親は震えあがって驚くものだ。

でもそんなことはしょっちゅうある。米国教育統計センターと司法統計局によると、アメリカの6年生から12年生（小学校6年から高校3年まで）の生徒の28パーセントはいじめられた経験があるという。いじめが報告されないケースも多いことを考えれば、実際にはもっと多いと思われる。

ネットいじめが広がっている

当然だが、今ではデジタルな世界にいじめが広がっている。２０１６年の研究によると、12歳から17歳の子どものうち34パーセントがネットいじめのターゲットにされたことがあるという。いじめを引き起こす原因はさまざまだ、と医師は指摘する。たとえば、親との関係がうまくいかないことや、自尊心の低さ、一貫性のないしつけ、仲間の支えのないことなどだ。いじめの加害者もまた、過去にいじめられた経験があることもある。親の振る舞いを真似している子どももいる。

ネットいじめはますますひどくなっている。ネットでは身元を隠せるからだろう。残酷なことを言っても、責任をとらなくてすむ。あまりにも簡単に他人をディスることができるので、普段の礼儀を見失ってしまう。共感や同情が完全に消え失せている場合も多い。

しかも、今は暴力的なビデオゲームに触れる機会も多い。子どもたちへの影響を考えてみてほしい。子どもが殺した人間の数を数えて喜ぶなんて、いいことのはずがない。ビデオゲームは子どもに悪影響を与えないという研究もあるが、わたしはどうかと思う。どんな形であれ、暴力は子どもたちに影響を与える。暴力は優しさの対極にあるものを子どもに植えつけ、いじめを助長する。

長年の教師人生の中でほかにもわたしが学んだことがある。それは、ユーモアのセンスが身につくのは、ある程度成熟してからということだ。ティーンエイジャーは残酷なものとおもしろおかしいものの区別がつかないことも多い。昔はエイプリルフール版の学校新聞を発行していたが、しばらくやってみて高校生には適切な頃合いというものが判断できないことに気がついた。発語障害をからかうような記事を大丈夫だと思ってしまうのだ。わたしはダメだと教えた。すべてを監視するのも難しいので、エイプリルフール版の発行はやめにした。もっと成熟すればわかることだが、若者が笑える新聞を作ろうとすると、残酷なものになってしまう場合もある。

いじめの核心にあるのは優しさの崩壊だ。それは認めたくない人間の本質を表に出してしまう。つまり、人間というものは、異質な人を槍玉にあげるのだ。学業や社会性の面でスキルの足りない子どもがいじめにあうこともある。いろいろな面でぎこちない子どもは特に、ターゲットにされやすい。そうした子どもたちは、奇妙に見えたり、変なことを言ったり、友だちとうまく付き合えなかったりして、ほかの子どもたちにバカにされてしまう。「シャーデンフロイデ」という言葉がある。他人の不幸や悲惨さを喜ぶ気持ちのことだ。悲しいかな、人にはかならずそういった一面がある。

優秀で目立ってしまうのが悩みのタネになることもある。州から物理の賞をもらったある生徒は、からかわれたり嫉妬されたりするのが嫌で、受賞をほかの生徒に絶対に知らせたがらなかった。もちろん、妬《ねた》むほうが悪いのだが、妬みそねみは人の常だ。人は他人の成功をうらやみ、その人が失敗するのを心のどこかで期待するものだ。親も学校も、誰もが持っているこうした傾向について、子どもたちに教えるべきだろう。人間の本質を変えることはできなくても、負の側面を意識していれば、お互いへの接し方も違ってくるはずだ。

もちろん、子どもたちがみんなそれをわかったとしても、いじめはなくならない。だから、いじめに気づいたら、わたしは何としてでも止めるようにしている。

いじめっ子へのケアも必要

クラスの中で悪い行ないを見たら、いつもたとえ話をする。いじめにあった生徒が、その後一生苦しみ続ける話だ。ただし毎回、そのときのクラスに合わせて筋書きを変えている。子どもたちは、高校時代の自分の行ないがどれほど先まで深く影響するかを考えないが、わたしが話をはじめると、注目して聞いてくれる。何よりも、生徒たちはわたしが毎日どんな人でも受け入れる姿を見ている。出身など気にしない。中国であろうが、アフリカであろうが、パロアルトであろうが、わたしのクラスではすべての生徒の意見を大切にする。だから、みんながクラスに参加する権利を守るためには、生徒たちに何かを強制することもいとわない。

たとえ話をするときには、犠牲者が誰だかわからないように慎重に話をする。いじめられている生徒にさらにストレスを与えたくないからだ。授業のあとにいじめられている子どもと話すことも多い。「今日の授業の話をしましょうか？　何かわたしにできることはある？」。普通は「いや、別にありません」という返事が返ってくる。そうしたらもう一度、「話してみない？　以前にもこんなことはあったし、わたしが助けられることがあると思うの」と言ってみると、だいたいうまくいく。

授業のあとに、いじめている生徒とも話すことにしている。いじめている子どもたちにも優しさは必要だ。いじめている生徒はたいてい、自分もいじめられた経験があったり、誰かが苦しむのを見て楽しむタイプだったりする。いじめは、誰かの行動を真似しているのだ。こうした生徒には、いじめという行動がどこからくるのかを理解し、なぜそんなふうに振る舞っているのかをわかってくれる誰かが必要だ。また、いじめっ子自身が、いじめがどれほど人を傷つけるものか、いじめがどれほど長いあいだ心にダメージを与え続けるのかを知らなければならない。彼らは本当にほかの子どもの人生を破壊する張本人になりたいのだろうか？

もしあなたの子どもがいじめられていたら、親が介入したほうがいい。子どもはまだ若すぎ、傷つきやすく、悪質ないじめに自分だけで対応することはできない。できる限りの手を尽くしてほしい。

いじめへの対応は難しく、単純な解決策はない。でも、できることはいくつかある。ひとつは、学校の管理責任者や教師と話してみることだ。どの学校もいじめをなくそうと努力しているが、いろいろと手を打ってもやはりいじめは起きてしまう。学校と話しても前向きな返事はもらえないかもしれないが、それでももう一度話してみるべきだ。こういうときはしつこく、学校が対応してくれるまで声をあげていい。

子どもともしっかり話して、どうしていじめが起きたのか、いじめがみんなにどんな影響を与えているかを聞いてみよう。子どもというものは意地悪で、自分のやっていることがわかっていない場合もある。いじめられている子どもは、いじめを受けているのは自分だけでないことを知り、それに立ち向かう力が自分にあることを知る必要がある。相手が聞く耳を持っていれば、いじめっ子の親と話してみると、効果がある場合もある。子どもの友だちやその親と話をして、支援の輪を広げるのも一策だ。そして何よりも、あなたに頼っていいことを子どもにきちんと知らせてほしい。

いじめよりつらい、仲間はずれ

いじめよりつらいことは何だろう？　それはつまはじきにされることだ。

1万人を超えるオーストラリア人生徒を対象にした調査では、「仲間はずれにされることは、思春期の子どもの落ち込みや心の健康に強く関係している」ことがわかった。

わたしの生徒の中にも、仲間はずれに悩んでいる子は多い。1990年代に教えていたオリバー・ワイスバーグは、とてもいい子だったが、新入生の仲間になかなか受け入れてもらえなかった。オリバーはほかの高校からの転校生で、最初の1年の振り返りに、仲間はずれにされて感じた想いを文章に綴っていた。彼が書いた作文の題は「無視されることの痛み」。クラスの中でよそ者がどれだけつらいか。クラスの生徒たちがオリバーの目の前でわざと別の生徒を家に招待しオリバーを呼ばないこと。友だちと楽しい週末を過ごしたことを、わざとオリバーに聞こえるように話していたこと。オリバーの作文のことは、何十年経ったあとでもまだ覚えている。それは心から正直に書かれていたし、オリバーだけでなくすべての子どもたちにとっての真実だった。

仲間はずれにされると最悪の気持ちになる。だからこそ、ほとんどの宗教では破門が最も厳しい罰だし、刑務所では独房行きが最も重い罰だ。子どもがいちばん恐れるのは、見捨てられるということだ、仲間はずれはその恐れを引き起こすきっかけになる。

ひとりぼっちの子どもたちを見ると、優しさとコミュニティがどれほど必要かを深く考えさせられる。仲間はずれをなくすためにわたしがやっていることのひとつは、学期のはじめに必ず行なうコミュニティ作りの訓練だ。わたしはすべての生徒が仲間になれるようにしたかった。このプログラムは大家族のようなものだ。また、何年も前から新入生たちに名刺形のカードを配って、自分のグループに入ってほしい生徒3名の名前を書かせている。そして名前が一度も挙がらなかった生徒が仲間はずれにならないように注意し、仲よくできるグループに入れるようにする。

そのほかにも、人種や知的能力や外見にかかわらず、すべての人を受け入れることの大切さを定期的にクラスで話している。多様な人々との友情が人生を楽しくするのだと教え、誰かの人生を悲惨なものにしたり、最悪の場合には人生を終わらせてしまうような結果を招くことのないように、生徒に念を押している。

優しさは、誰かの人生を永遠に幸せにできる

この春、わたしはある生徒からお礼のカードをもらった。そこには、「あなたはただの先生じゃなくて、わたしたちを人間として気にかけてくれている存在です」と書いてあった。

それは本当だ。わたしは生徒たちをすごく気にかけている。彼らが食べるものも、心の健康も、将来どうしたいかも、気にかける。

生徒はわたしを友だちとして見ている。教師は生徒の友だちのような存在になるべきではないという先生は多い。教育省もいまだに、教師が生徒と距離をおくことを勧めているし、特に今の社会環境では生徒と親しくなりすぎることを教師は恐れている。だがありがたいことに、そんな哲学を見直そうとしている学校もある。

優しさとは個人の幸せを超えて、世界について気にかけることだ。みんなを幸せにすることだ。自分以外の人たちが苦しんでいるときに、自分だけ幸せになることはできない。

わたしがやっていることは単純だ。生徒たちにできる限りの優しさを見せ、彼らがそれを手本にして世界に対して優しくしてほしいと望むだけだ。

人に優しくすれば、かならず自分に返ってくる。手違いでわたしのクラスに入ってしまいながら、努力して自分の居場所を見つけたドミニクは、このいい例だ。ドミニクの母親は、息子が卒業してからも毎年わたしに花を贈ってくれる。わたしのクラスで息子の人生が変わったことを、彼女は忘れないのだ。多くの教師には同じような体験がある。そんな想い出があるからこそ、わたしたちは教え続けるのだ。

優しさを通して子どもたちが成功する手助けができるのは、何よりのやりがいだ。誰かの人生を永遠に変えられるのだから。

9章　世界をよい場所にできることを教える

「あなたは図書館が使えません」と言われたら

1970年にジャネットが生まれてすぐ、わたしたちはスタンフォードの大学キャンパス内にある新しい家に引っ越した。

そこで、わたしはさっそく本を借りにパロアルト図書館に行った。すると、その図書館を使えるのはパロアルトの住人だけだと言われてしまった。スタンフォード・キャンパスはサンタクララ郡の独立自治区域で、厳密にはパロアルト市の一部ではなかったのだ。

パロアルト図書館の人から、サンタクララ郡図書館に行ったらどうかと言われたが、はるかに遠い。そう言われてショックを受けた。スタンフォード教員の子どもたちはパロアルトの公立校に通っていたからだ。パロアルト図書館を使えないなんて、スタンフォードの子どもたちにとってまったく不公平な話だ。ここの住人だけ、大切な施設を利用できないのだから。

わたしは頭にきて行動を起こした。どうしたら、不公平を是正することができるのだろう？わたしはふたりの子どもを連れてパロアルトの市議会やスタンフォード・キャンパスの会合に参加し、自説を訴えた。子どもが一緒だったことがかなり効いたのだろう。幸い、全員がわたしの話に賛同してくれて、難なく解決できた。

おそらく、わたしがこの件を持ちだす前からみんな図書館のことは問題だと思っていたようだった。案ずるより産むが易しということはよくある。このときは、ただ問題を提起して、責任者に連絡するだけで解決できた。今ではパロアルトの学校に通う生徒たちは、どこに住んでいても全員パロアルト図書館という素晴らしい施設を利用できるようになった。

娘たちが少し大きくなったとき、わたしはスタンフォードを説得して周辺の人たちが利用できるような公園をつくろうと思い立ち、行動を開始した。わたしたちのいたフレンチマンズヒルというコミュニティには１６０家族が住んでいた。それなのに、子どもたちが集まって家族同士が仲よくできる場所はなかった。どうして公園がないんだろう？　うっかり作り忘れてしまったのだろう。わたしはいてもたってもいられなくなり、手紙を書き、人に会い、周辺住人から署名を集めた。そしてとうとう、スタンフォードの教員住宅委員会と土地建物開発委員会が公園をつくることに賛成してくれた。ただし、条件はわたしが設計することだ。やった！　わたしはわくわくした。ここからは楽しい仕事だ。わたしは遊具のカタログをじっくり研究し、最高の公園を設計しようとがんばった。エスター・ウォジスキー公園は、大人気だった。この公園のジャングルジムは、美しいお城のようだった。下の穴から這って入り、内側からてっぺんに登る途中にいくつもの小さな窓から外がのぞける仕組みになっている。ブランコも木馬もみんな高品質で、丘の傾斜面に備えつけた滑り台は公園の目玉遊具だった。

1975年には、スタンフォード内の新しい教員住宅地域ではベビーシッターが足りなくて本当に困っていたので、ベビーシッター共済会を作った。世話役は毎月持ち回りにして、ベビーシッターが必要なときにはほかの親に家に来てもらって子どもを世話してもらい、自分にできるときにはベビーシッターが必要なお宅に伺《うかが》って子どもを世話することにした。共済会を作ったおかげでコミュニティの一体感が生まれたし、親たちは自分の時間を少しでも持つことができるようになった。ありがたいことに、この共済会は10年以上も続いた。それから数年後の1980年には、スタンフォード・キャンパス保養協会のプールの大規模改修をわたしが監督することになった。プールのパイプを替え、しっくいを塗り直し、設備の一部の場所を入れ替えて、クラブハウスも改修した。

コミュニティで人助けをすると心身が健康になる

わたしはいつも、助けが必要なところや足りないところをどうしたら改善できるかを考えてる。コミュニティをよりよくするためにできることをやるのが、わたしの義務だと思っていた。今もそう感じている。みんながじっと座って文句を言うだけでは、何も動かない。わたしはいつも行動に出る。

そんなわたしの行動は娘にも影響している。娘たちに行動力があるのは、わたしがコミュニティに奉仕しなさいと説教したからでも、わたしがロールモデルになろうとしたからでもない。わたし自身が本当にコミュニティのことを気遣い、行動していたからだ。わたしは行動によってどんなことが可能になるかを娘たちに見せた。

この姿勢はいい人生を送るために欠かせないものではあるけれど、当時はこうしたわたしの姿勢が子どもたちの心身の健康にどれほど深く影響するかに気づいてはいなかった。だが、前向きな姿勢と心身の健康との関係はその後の研究で確認されている。

ティーンエイジャーが小さな子どもたちと一緒にボランティア活動をすると、気分が滅入ることが少なくなり、循環器疾患のリスクが減ることが、医学雑誌でも報告されている。2016年に発表されたインドでの研究によると、ボランティア活動の経験があるティーンエイジャーは、違法行為に関わる可能性が低く、24歳から34歳までに起訴されたり逮捕されたりする件数も少なかった。社会的スキルや感情的なスキルに注目し、子どもたちにコミュニティの一員として貢献する手助けをしているクラスでは、貧困家庭の子どもたちが統一テストで州平均を上回る成績を出していた。その反対の環境では結果も逆になる。

人間関係を築けなかったり、コミュニティに奉仕しなければ、心身の健康が悪化する。孤独は肥満よりも公衆衛生にとって大きなリスクだとされている。他者とのつながりの強い人はそうでない人より長生きする確率が50パーセント高いとする研究もある。居場所を感じられるかどうかで、生死が分かれる可能性もあるということだ。

自分が世界の中心と勘違いして育つことの弊害

では、子育て中にこのことを意識している親がどれだけいるだろう？　奉仕活動の大切さを子どもに見せ、コミュニティのためにどう闘ったらいいかをみずからの行動で教えている親がどれだけいるだろう？　今の社会の深刻な課題に取り組むだけの力が自分にあると感じ、貢献する方法を見つけだせる子どもがどれだけいるだろう？　わたしたちは、他者のためにどう行動したらいいかを子どもに示せているだろうか？　反対に、自分がよければそれでいいという姿勢を子どもに教えていないだろうか？

残念なことに、自分のことしか考えない子どもたちがますます増えてきていると感じる。子どもたちは、自分がどの大学に入りたいか、自分がどこに旅行に行きたいか、自分が何を買いたいかばかりを考えている。教師としてはナルシシストの集団を教えているような気分になることもあるし、それはヘリコプター・ペアレントのせいだと言っても差し支えないだろう。

子どもたちは、自分が世界の中心だと勘違いして育ってしまう。親が運転手のようにどこへでも子どもを送り迎えし、子どもは1番になることが何より大切だと教えられて競争させられ、自分が完璧ではないと思いこまされ、いつでも1番でないと人生に失敗したような気持ちにさせられている。子どもたちが、これまでになく自己中心的に（しかも不安に）なるのは無理もない。

そんな子どもは若者になってもやり抜く力と独立心がなく、世界をよりよい場所にするための挑戦に取り組む準備ができていない。

彼らはお金が自分たちを幸せにしてくれ人生を充実させてくれると考え、経済的な成功ばかりを追いかける。それはアメリカ的な成功の概念だ。金持ちになって、あとは遊んで暮らすこと。ビーチでのんびりすること。高級レストランに行くこと。ラスベガスで遊ぶこと。そうした欲望から人は自己中心的になり、スリルを追い求めるようになる。

何よりも真っ先に自分のことを心配するような人は、ここシリコンバレーにもたくさんいる。彼らはコミュニティ全体のためになることを優先させず、社会のために闘うこともなく、意義と目的のある人生を追求することもない。そのために、孤立し落ちこんでしまうことも多い。数百億、数千億という資産を持っていても、不幸せな人にもたくさん会った。

そうした人たちの多くは、若いころからおそらくどんな方向に進んだらいいのかわからずにいたのだろう。

友人でスタンフォード大学の哲学科長だったケン・テイラーと話していたら、今の学生たちはいい人生とはどんなものかについてとんでもなく勘違いしていると言っていた。専攻選びにもそれが現れていると言う。スタンフォードで専攻をはっきりと決めているおよそ1000人の学生のうち37パーセントはコンピュータ・サイエンスを選んでいるらしい。その理由は？　「スタンフォードでコンピュータ・サイエンスの学位を取れば、22歳にしてシリコンバレーで年収10万ドル〔訳注：約1000万円〕以上の仕事につけるうえに、10万ドルなど手はじめにすぎないと思ってるから」だと言う。もちろん、コンピュータ・サイエンスが好きでたまらないから専攻する学生も一部にはいる。しかし、入門コースを3回も落第してやっと次のレベルに進む学生も多いのだとテイラーは教えてくれた。そんな学生はコンピュータ・サイエンスに情熱がなかったり、もっと別の分野に合った才能やスキルを持っている。テイラーは教授として、特に新入生を教えるときには、既成概念を破壊して親の影響から学生を解放することを心がけると言う。学生たちは、「地位と名声が、いい人生の証《あかし》」という親の考え方を鵜呑みにしているからだ。

意義ある人生とは——ダライ・ラマの答えはこうだった

若者が勘違いするのも無理はない。親と教師も勘違いしているからだ。大人の世界もこのことに気づいてほしい。

この国で、オピオイド依存が広がり、うつや自殺がこれほど問題になっているのはなぜだろう？　いい人生を送るにはどうしたらいいのか、自分と他人を気遣うにはどうしたらいいのかについて、誰も正しく教えてもらっていないようだ。いちばん大切なことを、わかっていないように思える。

わたしたちは富を追いかけ、何もかも自分のものにしようとしている。社会のためになることや人生の意義は二の次になっている。もし人生に意義があるとしたら、それは自分を幸せにすることではないはずだ。わたしにわかっていることがひとつだけあるとしたら、それはこういうことだ。他人を助けるために何かをしているとき、人はいちばん幸せになれる。そして社会にとってもそれがいちばんいいことだ。

スタンフォード思春期研究センターのディレクターで、『The Path to Purpose（パス・トゥー・パーパス）』の著者のウィリアム・デイモンは、この問題について深い知見を持っている。デイモンは子どもたちに最も大切な人生のスキルを教える専門家だ。自己中心性と人生の意義について、彼はこう言っていた。「個人の成果と肩書きを過剰に重要視する今の社会で子どもが育っていくことの大きなリスクは、若者が自分のことしか考えなくなることだ。若者の心の健康と人格形成のためには、『自分を捨てたほうがいいこともある』と知らされることが必要だ。自分を超えて世界に貢献できる人生の意義を見つけることが、外に目を向けるいい方法になる」。

自分を超えた外の世界のことを考えること――それが鍵だ。今、どのくらいの子どもにそれができているだろう？

わたしがスタンフォードにデイモンを訪ねたとき、デイモンはダライ・ラマとバンクーバーで行なった対談について話してくれた。子どもが人生の意義を見つけるために親はどんな手助けができるでしょう？　とダライ・ラマに聞いてみた。するとふたつのことを勧めてくれた。ひとつは、目的のない人生がどれほど空虚でおもしろくないものかを子どもにわかるように示してあげることだ。信じるものが何もなく、どんなことにも熱を入れないと、人生の意義は見つからないし、それに従うこともできない。それでは他者の役にも立てない。快楽を追いかけていればしばらくは楽しいかもしれないが、すぐに飽きて自分が嫌になってしまう。もうひとつの勧めは、意義ある人生を生きることの喜びをいきいきと表現してみせることだ。物語、演劇、宗教、あなた自身の行動を通して、子どもに「人生の意義」を教えてほしい。人生の意義はピカピカのベンツでもなければ、ケープコッドの別荘でもないはずだ。人生の意義とは、人とのつながりであり、関わりであり、貢献であり、奉仕だ。いい人生とはそういうものだと子どもたちには知ってほしい。

気候変動をはじめ社会の難題を解決できる力を

理解してほしいのは、意義ある人生は個人の成果を超えるものだということだ。それは、あなた個人が他人を助け力になることから得られる充実感や、あなたの幸せよりも、はるかに深いものだ。コミュニティに奉仕し、社会活動を生みだし、変化のために闘うことは、文化や社会全体を向上させるということだ。子どもを産み育てることも、結局はそこにつながるのでは？　それが文化を前進させることになるのでは？　それがわたしたちをより人間らしくし、より他者への共感力を高め、人とのつながりを強めるのでは？　それがわたしたちをひとつにして、社会の難題に取り組ませるのでは？　たとえば、気候変動と闘い、清潔な水を分け合い、難民を助け、疾病や核戦争に立ち向かうことができるのでは？

みんなが力を合わせなければ、共倒れしてしまう。生き延びることができないかもしれない。周囲のことを考える人間を育てるのは、それほど大切なことなのだ。だから子どもに社会に貢献することを教えなければならないのだ。

そうしたことがすべて子育ての範疇《はんちゅう》に入るのかと疑問に思う人もいるかもしれない。わたしは、親こそがそうしたことを子どもに教えるべきだと思っている。まずは家族からすべてがはじまる。あなたの家族が別の家族とつながり、それがコミュニティにつながり、やがて全世界につながる。人間がこれから直面する難問を解く鍵は子どもたちにある。わたしたちには予想もできないような難問が、これから訪れるかもしれない。だから、わたしたちすべてのために、子どもたちに最善の準備をさせようじゃありませんか。

社会の負け犬だったからこそ、社会を修復できる

子ども時代につらい経験をしたわたしが、社会活動に熱心になるのは自然のことだった。弟が亡くなり、もうひとりの弟のリーが失読障害に苦しむのを見た。当時、失読症の子どもは知的障害だと思われていて、虐《しいた》げられた弟を守るのはわたしの義務だと感じていた。わたしの家族自体

が力も知恵もない社会の負け犬だった。どうやって自分たちを守ったらいいのかわからなかったけれど、家族の誰であっても虐げられるのは嫌だった。

それに、わたしは長い迫害の歴史の影の中で育ってきた。両親はロシアとウクライナからすんでのところで虐殺を逃れていた。父親も母親も、多くの血縁者を失っていた。アウシュビッツを訪れて、エスター・ホックマン(わたしの旧姓)という名前の女性がホロコーストで何十人となくなっていたことを知った。わたしはなぜか生き延びた。生きることのできなかった女性たちのひとりだったとしてもおかしくなかったという自覚がいつもわたしにはあった。

わたしたち家族は、「世界を修復する」という意味のティックン・オラムというユダヤ教の概念を大切にしている。わたしたちがここにいるのは、自分たちにできる方法で世の中をよくするためだ。わたしにとってそれは、フリースピーチ運動全盛期のバークレーでジャーナリズムと政治学を学ぶことだった。政治の構造を学び、不正について記事を書くことが、わたしなりに世の中に貢献する方法だった。夫もまた、宇宙の成り立ちを理解しわたしたちすべての存在の謎を解明することに人生を費やしてきた。

あなたの家族にも同じような物語があり、社会に役立とうとする自然な衝動があるかもしれない。大学生のときに世界を変えられると確信したわたしの気持ちが、手に取るようにわかるかもしれない。でも、そんな思いを理解できなかったら? これまで自分の成功だけに集中するように教えられてきたとしたら? 社会を変えるといってもどこから手をつけたらいいかわからなかったら？　でも、安心してほしい。それほど難しいことではないから。

お年寄りの世話、近隣の清掃、炊き出しの手伝いをする子どもたち

大切なのは、子どもと自分自身への正しい姿勢だ。ちょっとしたことからはじめればいい。1時間だけコミュニティのボランティア活動をやってみる。市議会に行ってみる。近隣の環境に影響を与えている問題について調べてみる。少なくとも、投票に行くことくらいはできる。投票に行くことで、子どもに民主主義に参加することの大切さを教えられる。

世の中の役に立とうと意識すれば、どこにでも機会はある。解決すべき問題は山積みだし、支持したい人や支えたいグループもあるはずだ。それが世界の一員になる方法だし、子どもたちもできるだけ早いうちから奉仕の視点を持ったほうがいい。

本当に幼い子どもにも、社会の一員としての意識を持たせることはできる。

最近わたしは孫娘のアバの幼稚園の「進級式」に招いてもらった。アバの幼稚園では、年次に鳥の名前をつけている。アバは「つばめ」さん組から「ひばり」さん組になろうとしていた。式のはじめにまず、つばめ組の園児たちがこの素晴らしい1年をお互いに祝いあった。25人のつばめ組の子どもたちは先生の助けもなくそれぞれ順番に仲間を褒める言葉を口に出していく。ある小さな少女がわたしの孫娘に歩み寄ってこう言った。「アバ、大好きよ。誇りに思っているわ」。わたしは信じられなかった。それから、ひばり組の園児たちが、つばめ組の園児を正式に迎え入

れた。

とても前向きで、あたたかい式だった。最後にアバはひばり組の園児が並ぶトンネルと歓声の中をハイファイブ（ハイタッチ）を交わしながら通りぬけた。愛情深く熱心な男女それぞれふたりずつの先生は、子どもたちと強い関係を築いていたのがはっきりとわかった。すべての子どもが居場所を感じられるような一体感のあるコミュニティを先生たちは作っていた。幼い子どもにとってそれがどれほど強固な土台になるかを考えてみてほしい。子どもたちがグループの一員だと心から思えるような、こんな気持ちのいい経験がすべての幼稚園でできたらいいと思う。子どもたちは仲間に支えられ、一緒に学び成長していくことができるのだ。ここでつばめさんやひばりさんになれたら、どんなに楽しいだろう。

子どもが成長していく過程で、親は子どもが地域社会に貢献できるような活動を探す手助けをしてほしい。ただまわりを見回すだけで何かが見つかるはずだ。解決が必要な問題は何だろう？　どうしたら子どもが参加できるだろう？　たとえばお年寄りのお世話もできるし、近隣の清掃もできるし、炊き出しの手伝いもできる。わたしの孫たちの中にもそういった活動に参加している子どもがいる。

奉仕活動は、罰則や入試の点数稼ぎであってはならない

もうひとつ、大切な仕事がある。自分の子どもがほかの子どもを導いてあげるよう励ますこと

だ。

ほとんどの生徒は、学校生活の中でずっと、自分を全面的にサポートしてくれるような人がまわりにいないと感じている。そんなことはないだろうと思う人もいるかもしれないが、近くのティーンエイジャーたちに学校で自分を信じ見守ってくれる人がいると思うかどうかを聞いてみるといい。もしいればいいけれど、ほとんどの生徒にはそんな存在がいない。

小さな子どもも含めて、すべての人がほかの誰かに提供できる価値のあるものを持っている。誰かの支えになるだけでも、世界が変わる。


はっきりさせておきたいのは、地域奉仕は罰則ではないということだ。地域奉仕という言葉も、それが罰則のように見られていることも、後ろ向きな印象を与えてしまうのでわたしは気に入らない。強制されて地域奉仕に参加しても、あまり意味がない。ほかの人たちがどんなふうに生きているかを見るチャンスにはなるけれど、処罰だとわかっていれば抵抗感があるはずだ。

わたしは子どもたちに他者を助けることを楽しんでほしいし、友だちと一緒に行なえる充実した活動だと思ってほしい。週に一度、誰かを助ける活動を予定に組み入れてみるといい。子どもに活動を選ばせて、友だちや同級生を誘わせよう。社会貢献は楽しく意義のあることだと、子どもたちにわかってほしい。

もうひとつ、注意してほしいことがある。いい大学に入るための得点稼ぎに社会貢献活動を使わないでもらいたい。コミュニティ活動を出願書類に書けば見栄えはいいが、ただの得点稼ぎのためにボランティアをする生徒がいることを大学側はよくわかっている。大学が面接をはじめた理由の一部もそこにある。会ってみれば生徒が情熱を持っているかどうかがすぐにわかるからだ。本当に他者を気にかけているのか、それとも大学に入るためにやっているのか見分けがつく。

大学に入るためのボランティア活動を勧めると、子どもに間違ったメッセージを送ってしまう。自分の得になるかどうかがすべての判断基準だと子どもに思わせてしまうし、そんな考え方こそ打ち消さなければならない。

祝祭日にはプレゼントをもらうだけでなく寄付をする

まわりを見回せば、意外な場所に社会活動の芽を見出すことができるはずだ。たとえば、サマーキャンプがある。もちろん、子どもをテニスキャンプに送りこんで、技術を磨かせてもいいけれど、他者への気遣いや社会貢献の大切な価値を教えてくれるキャンプはどうだろう？

最近わたしが見た中で、最も効果的に社会活動を教えてくれるグループのひとつが、ヨセミテ国立公園の近くで運営されているキャンプ・タウォンガだ。１９２３年から長年にわたってこのキャンプが続いているのには、もっともな理由がある。このキャンプが大成功をおさめてきたのは、子どもたちにまず自己肯定感を植えつけることを目標にしているからだ。芸術や工芸、水泳、ハイキング、サッカーといった活動を通して、また食事を作って片づけるといった仕事を通して、子どもたちに自己肯定感を植えつけていく。それから、もっと深い教訓も教えてくれる。子どもたちに「自然と共生する方法」を見せてくれるのだ。ここでは、美しい自然の中で寝泊まりすることで、環境を守ることの大切さを学ぶことができる。活動家になるにはどうしたらいいかを子どもたちは教わり、周囲の環境に対する新たな敬意と気遣いを学んで、それぞれのコミュニティに戻っていく。それがこのキャンプのいちばんのいい点だ。子どもたちはここで自分の得になるスキルを磨くのではなく、視野を広げ、この社会の大切な一員になることの意味を学んでいる。

ほかにも、家族でできることがある。他者を助けることを祝祭日の習慣に取り入れるといい。自分以外の人や社会を考える助けになることなら何でもいい。近所の人を食事に招いてもいいし、恵まれない子どもたちにプレゼントをあげてもいいし、貧困に取り組む慈善財団を支援してもいいし、ホームレスのシェルターに時間やお金を寄付してもいい。キャンプに行ったら、隣のテントの人たちに飲み物や食べ物を分けてもいい。

わたし自身の目標は、これからもっと家族と一緒にこうした活動をやっていくことだ。今でも家族の財団を通して慈善団体に寄付をしているし、地元のチャリティ団体には定期的に服や家具やおもちゃを持ち寄っているけれど、もっとできることはある。わたしたちの持ち物は多すぎるし、それをもっと必要としている人たちがいる。世の中にはものがありあまっている家庭ばかりではないが、もしあなたがそうなら、寄付を祝祭日の習慣にしてみてはどうだろう？　家族でプレゼントを何個もらったかあげたかといったことに執着するより、他者に気遣うことを教えるほうが、子どもたちのためになるはずだ。

1番になること、お金持ちになることが人生の目的ではない

学校の先生たちはみんな、生徒たちを勇気づけて、世界をよりよい場所にする手助けをしたいと思っている。それなのに、ほとんどの教師は、時代遅れのカリキュラムに嫌でも従わざるをえない。

子どもたちに何かを暗記させるよりも、「どうして」勉強するのかを理解させ、世界をよりよい場所にするために学校の学びがどう役に立つかを教えるようなカリキュラムをコミュニティ全体で支援すべきだ。

わたしは生徒と直接このことについて語り合い、高校の授業のすべてをこの文脈の中に入れることが大切だと早い段階で気づいていた。パロアルト高校ではそうしているし、わたしはそんな高校の一員であることを誇りに思っている。また、多くの学校で同じことをやっているのも知っている。「どうして勉強するのか」を説明し、生徒に実社会のプロジェクトに参加する機会を与えるようなカリキュラムを実施している学校や先生をぜひ応援してほしい。

大切なのは、誰かの役に立つということだ。1番になることでも、金持ちになることでもなく、

世の中の役に立つことだ。このことは何度でも繰り返したい。わたしは身をもってそれを示している。わたしは引退してもお金には困らないが、それでも教え続け、講義をし続けている。なぜだろう？　それは、人とのつながりと他者を助けることがわたしにとって何よりも大切だからだし、すべての人が他者を気にかけるべきだと思っている。

居心地のいい人生を目標にするなと言っているわけではない。快適さはもちろん大切だけれども、一定の水準を超えると、誰かの役に立ったり、人と関わったり、誰かの人生をよりよいものにすることで本物の充実感を得るようになる。

「ひとりの力」が持つパワー

わたしが「ひとりの力」という話をしはじめたのは、もう何年も以前のことになる。そのきっかけは、あまりにも多くの生徒たちが、何かをやる前からあきらめているように見えたことだ。彼らはひとりでは世界を変えられないと思いこみ、挑戦しても仕方がないと感じていた。わたしは、その正反対のこと、つまり誰にでも世界は変えられると生徒たちに言いたかった。バリアン・フライの例には、強い説得力があると思っていた。

1990年代、スタンフォード大学の物理学者でホロコーストを生き抜いたウォルター・マイヤーホフ教授から、フライの稀有《けう》な人生を描いた本の宣伝と映画製作を助けてほしいと頼まれた。ハーバード大学の哲学科を卒業した若きフライは、第二次世界大戦がはじまったころ、数多くのユダヤ人が南フランスに隠れていて、フランス政府が出国ビザを発給してくれない状態にあると聞いた。手も足も出ない状況だと思われたものの、フライは１９４０年にマルセイユに行き、ヴィシー政権に隠れて何百人ものユダヤ人のために偽のビザを作ることにした。フライの計画はうまくいき、フライはそのまま偽ビザを作り続けた。彼は2年間で２０００人から４０００人のユダヤ人を救ったと言われる。ウォルター・マイヤーホフと、父親で１９２２年にノーベル生理学・医学賞を受賞していたオットー・マイヤーホフもその中にいた。ハンナ・アーレント、マルク・シャガール、アンドレ・ブルトン、マルセル・デュシャンも、フライが救ったユダヤ人だ。彼は命がけで他人を救っていた。ついこのあいだまで学生だった彼が、たったひとりで救世主となったのだ。フライのしたことは奇跡だし、もっと多くの若者にフライの物語を知ってほしかった。

わたしはこの話の解説書作りを手伝い、ウォルターと国中を旅して、カンファレンスでフライについてと『Assignment: Rescue（任務：救出）』という１９６８年に出版された自伝について話した。同名の映画の製作も手伝い、映画ではメリル・ストリープがナレーションを務めてくれた。わたしは10年間にわたってバリアン・フライ財団の教育部門を担当し、５万人を超える学生にこの映画を見せてきた。この驚くべき物語が、パロアルト高校だけでなく全国の若者に与えた影響は計り知れない。わたしの生徒たちは毎年、この物語の教訓をとても真剣に受け止めてくれた。フライの物語を知れば、誰かの許可を待たなくてもいい、今すぐに行動を起こせると確信を持てるのだ。

フライが持っていた情熱は、どんな子どもにも必要だ。家族と学校は、情熱の対象や守りたいものを子どもが見つける助けができる。

わたしの仕事仲間のマーク・プレンスキーは、『Education to Better Their World（世界をよりよい場所にするための教育）』という著作の中で、こう書いていた。「生徒たちに、地元であれ海外であれ、自分の世界の中にある問題を発見させることが大切だ。すると学校は、それぞれの生徒の強みと情熱を生かして、現実社会の問題への解決策を見つけて実行することを教える場所になる」。教室や家庭に世界が抱える問題を持ちこむことが重要だ。プレンスキーはまた、こうも書いている。「こうすることで、短期的には世界がよくなる。そして長期的にはもっといいことがある。教育を通して、人々に大人の市民としての自信と力が備わり、現実問題への解決策が生みだされる」。

これこそが、教育の向かうべき道だ。子どもたちには大きな力がある。その子どもたちに、最も深刻で複雑な問題に立ち向かわせてみてはどうだろう？

インドのアフマダーバードにあるリバーサイドスクールの創立者で校長を務めるキラン・セシは、２０１９年11月にバチカンで世界最大の子どもたちの集まりを開いた。ローマ教皇が40カ国以上から２５００人以上の子どもたちを招き、国連が定めた17の持続可能な開発目標（ＳＤＧｓ）に向けて、共に努力をするのがこの集まりの目的だ。その17の目標は次のとおりだ。

①貧困をなくそう
②飢餓をゼロに
③すべての人々に健康と福祉を
④質の高い教育をみんなに
⑤ジェンダー平等を実現しよう
⑥安全な水とトイレを世界中に
⑦エネルギーをみんなに、そしてクリーンに
⑧働きがいも経済成長も
⑨産業と技術革新の基盤をつくろう
⑩人や国の不平等をなくそう
⑪住み続けられるまちづくりを
⑫つくる責任つかう責任
⑬気候変動に具体的な対策を
⑭海の豊かさを守ろう
⑮陸の豊かさを守ろう
⑯平和と公正をすべての人に

⑰パートナーシップで目標を達成しよう

（国連開発計画《UNDP》駐日代表事務所ＨＰより）

これらの目標を２０３０年までに達成することが定められている中で、セシは子どもたちが解決の鍵を握っていると考えている。わたしも同感だ。これらの課題はすべての授業で、またすべての家庭で議論すべきだ。中学生が世界の貧困と飢餓にどうやって終止符を打つのだろう？　まったく見当もつかないが、どんな策を思いついてくれるのか、楽しみだ。

企業も社会に貢献すべき

子どもが社会人になったら、その仕事が企業収益や個人の収入のためだけでなく、何らかの形で社会に貢献していることを認識できるよう、手を貸してほしい。

最高のビジネスアイデアは、世界の問題を解決したいという願いから生まれてきたことを、子どもたちに思い出させよう。Ｘプライズ財団会長でありシンギュラリティ大学創設者でもあるピーター・ディアマンディスは、こう言っている。「世界が直面する最大の問題は、最高のビジネスチャンスだ。億万長者になりたければ、億万の人々が抱える問題を解決すればいい」。これは素晴らしいアドバイスだ。

正しいビジネスモデルがあれば、世界を変えることができる。セールスフォースの創業者で会長兼CEOのマーク・ベニオフは、ビジネスを通して社会を前進させることにかけて、お手本にすべきリーダーだ。彼は、1－1－1モデルの社会貢献活動を推進し、株式とプロダクトと社員の時間のそれぞれ1パーセントを周辺のコミュニティに寄付することを決めている。

ベニオフは、企業が社会貢献により力を入れるような方向にビジネス界全体が変わりはじめていると語っていた。「私が南カリフォルニア大学に入学したころは、株主価値を向上させるのが経営者の唯一の役割だと言われていた。でも今はさまざまなステークホルダー（利害関係者）に目を向ける時代になってきた。株主が神様じゃなくなったんだ。社員もステークホルダーだし、お客様も、取引先も、周辺のコミュニティも、地域のホームレスの人たちも、公立学校も、ステークホルダーなんだ。私たちのような会社は、地域の経済や環境がよくないと成功できないし、学校制度が壊れている場所では、会社もうまくいかない。そうしたことすべてに、私たちは責任を持たなければならない」。

ベニオフは、彼の会社はコミュニティに対して責任があり、彼らがいい形でコミュニティに貢献できる力があると固く信じている。「セールスフォースはサンフランシスコ最大のテクノロジー企業だ。私たちはこの街に力を吹き込むことができる。すべての人が公立学校に通えて、ボランティア活動に参加し、仕事に出て、この街をもっといい場所にすることができるはずだ。みんなでこの街の環境をよりよくできるし、世界をよりよくすることができるんだ。私たちは人々に、そうしていいんだと許可を与えるだけでいい」。

子どもたちにはベニオフのようなリーダーになってほしい。自分の会社が文化を進歩させ、すべての人の生活をよりよいものにするためのビジョンを持ったリーダーになってほしい。そんな考え方は企業経営者らしくないと思うかもしれないが、この方向に向かう経営者はますます増えているし、すべての子どもがこのような活動に参加してくれることを、わたしは願っている。

シリコンバレーの住宅問題を生徒たちが特集

子どもが自分のまわりの世界に目を向け、社会の役に立ちたいと思えば、どんなことでもできるようになる。子ども自身が支援の対象を見つけ、そこに情熱を注ぎこむようになる。そんな奇跡をわたしは繰り返し見てきたし、毎回新鮮な驚きを感じてきた。

高校生にジャーナリズムを教えることは、生徒たちに声と聴衆を与えるということだ。そして、筆を持った若者は力を与えられ、民主主義に参加し、世界の一員になれる。ニュースというものは、調査の上に成り立つ警告であり、人々がよりよい人生を送るための情報だとわたしは教えている。わたしの生徒は単なる消費者ではない。わたしの教室で、彼らは社会に奉仕する参加者になる。わたしの生徒は真実を見つけ、弱者を守る責任をその肩に背負っている。数十年というもの、生徒たちはその責任を真剣に受け止めてきた。

たとえば、クレア・リューを見てみよう。わたしのクラスに最近入ったクレアは、こう言っていた。「このプログラムで場所と力を与えられたおかげで、育った環境の中で自分に深く刷りこまれた規範や思いこみを疑い、自分の高校に存在する社会階層の分断や人種の軋轢《あつれき》といった問題をじっくりと考え、服装規定といった考え方に反対し、貧富の格差やベイエリアの住宅問題について深く掘り下げることができました」。パロアルト高校の向かいにあるホームレスセンターでボランティアをしていたリューは、貧困層のコミュニティに関心を持った。「シリコンバレーと地元コミュニティの矛盾に気がついたんです。居心地がよくて完璧だと思っていたこの地域の問題に気づいて、目が覚めました」とクレアは言う。

学校新聞の特集記事で、クレアはブエナ・ビスタの移動住宅区域について書いた。この区域に昔から住んでいる人たちの大半はマイノリティで貧しい労働者たちだった。その住人たちが立ち退きを迫られていた。テクノロジー企業に勤める若いプロフェッショナル向けの高級マンションを、この場所に建設するためだ。クレアは、スペイン語のできる友だちを通訳として連れていき、何人もの住人にインタビューをして彼らの話を聞き取った。住人たちの多くは仕事場から遠い場所に引っ越さなければならないと言っていた。近くに住めるほどのお金はないからだ。子どもたちは転校して友だちと離れ離れになってしまう。トレーラー暮らしに戻ることを考えている住人もいた。シリコンバレーの低所得者用住宅の問題について、地元の活動家にも話を聞いた。クレアはこの問題を心から気にかけ、答えを探し続け、自分にできることはないかと考え続けた。彼女の記事は、シリコンバレーの矛盾を問う文章で結ばれていた。この場所にはイノベーションと寛容さがあふれている。それなのに、いちばん苦しんでいる人たちの問題を解決することには、それがまったく使われていない。クレアは今、コーネル大学で「人を動かすテクノロジーと政治的影響力」（彼女自身がデザインした専攻）を学びながら、これまで通り調査し、問いかけ、正義を追い求めている。これからクレアが世界に何をもたらしてくれるのか、楽しみで仕方がない。

生徒たちが教育委員の浪費と怠慢を調査告発

ベン・ヒューレットは1996年にこの高校の理事会についての衝撃の真実を暴いた生徒だ。きっかけは、ベンが学校新聞のネタを探していたところに、わたしが通りかかったことだ。わたしはちょうど事務所で郵便を受け取り、廊下を歩いていたところだった。そのとき、ベンから「今回どんな記事を書いたらいいかな?」と声をかけられたのだ。わたしはついこのあいだ開かれた教育委員会の議事録を手渡して、何かおもしろいことがあるかもしれないと言っただけだ。

翌日、ベンはわたしのところにやってきて、理事会は夜の10時半から開かれて、わずか3分でいくつかの決議を通し、事務方のスタッフの昇給を決めたと言う。「でも、おかしくないですか?　重要な決議が3つあったのに数分で済ませるなんて。その前に内輪で話し合って決めてないと、できないですよね」

わたしもおかしいと思った。教育委員会の副教育長が教育長次席に昇進し、年間9000ドル昇給していた。しかし、学校の予算にはまったく余裕がなく、校長でさえ授業を受け持っている状況の中で、奇妙なことだった。教育長次席という肩書きも新しく、これまで誰も聞いたことのないものだった。どう見ても怪しかった。

ベンは控えめな生徒で、「この地域で最も権力のある大人の出費をほじくり返していいものか」迷っていた。わたしは、絶対に調査して記事にすべきだと思った。ベンはそのときのことをこう語っている。「ウォジは、何の迷いもなくやりなさいと言ってくれました。相手は公務員で、彼らが悪いことをしたなら責任を取るべきだと言ったんです」

この話は、わたしが人生をかけて明らかにしたいと思うような不正だったし、これこそ学校新聞に関わるすべての人の人生を変えるような経験になるはずだと思った。ある意味で、わたしはワクワクしていた。同じ学年だったジェームズ・フランコはわたしがすごくうれしそうにしていたのをはっきりと覚えていた。「ベンとスタッフにあの話を記事にするように励ましたとき、ウォジの目がいたずらっぽくきらりと輝くのを見たんだ。ベンの記事は先生が目を通してすぐに引き出しの中にしまってしまうような記事じゃなかった。外の世界に影響を与える記事だった」

殻を破ったベンを見るのはうれしかった。「僕は人々の信頼への裏切り行為を見つけ、それを明らかにすることで感じられる興奮や不安や正義感にひしひしと浸ることができました」とベンは言う。「僕は人々にインタビューし、文書を見直してコピーを取り、夜遅くまでほかの生徒たちと編集作業に没頭しました。そのあいだウォジは僕たちを見守り、必要なときにはいつでも助けられるところにいながら、プレッシャーを感じさせない程度にしていてくれました」。記事を書きあげるのは簡単なことではなかった。ベンは仲間と教育委員会を傍聴していたが、あるとき委員のひとりから「どうして退屈な会議にくるんだ？　宿題したり友だちと遊んだりしなくていいのかい？」と言われた。だが、ばかにされたことでベンはますます大胆になった。

ベンと仲間の生徒たちは、教育委員たちがクレジットカードを不適切に使用していることを突き止めた。中には、デパートの買い物を、教育費として支払わせている委員もいた。おかしな話だった。生徒たちはさらに調査を進めて、地区教育委員会の浪費と怠慢を暴露するようなショッキングな記事を書いた。１９９６年の５月末にその記事が出ると、大騒ぎになった。生徒も親たちも教師も、みんなが教育委員会の反応にじっと目を向けていた。６月には教育長が辞任した。８月になると事務局長も辞任した。９０００ドルの昇給は無効になり、委員はクレジットカードを取り上げられて、二度と返してもらえなかった。

「自分の住むコミュニティにインパクトを与えられるのは、すごくうれしいことです」とベンは言う。「僕は引っ込み思案で注目されるのは得意じゃありません。でも自分の記事が認められ、学校新聞が評価されるのは、すごくありがたいことだと思います」

教師として、ベンをとても誇りに思うし、ベンと一緒に調査をした生徒たち全員を誇りに思う。彼らは社会のためになることをしてくれ、わたしたちが思うよりもティーンエイジャーははるかに力があり、不正を明るみに出すべての人に影響する大義のために闘えることを示してくれた。あの記事のあと、地域の人たちは、学校新聞のザ・カンパニールに改めて敬意を払いながら読んでくれるようになった。

子育てに終わりはない

クレアやベンのような生徒は、この世界に一歩を踏みだし、足跡を残している。だが、かといって親の仕事がなくなるわけではない。親は死ぬまで子どもの手本だということを忘れないでほしい。

あなたがどう生き、何をするかは世の中に影響を与える。引退したあとでも、それは変わらない。ほとんどの人は引退すると意義のある人生をあきらめ、人生の目的からも、コミュニティからも離れてしまう。アメリカ人は引退するとやっと好きに過ごせると思っている。寝坊して、食べたいときに食べ（食べ過ぎてもいい）、何時間もポーチに座って過ごす。そんな生活を送る人は多い。少し旅行し、それ以外の時間はテレビを見る。そのうち退屈して虚しくなり、孤独を感じ落ちこむ人も多い。それは無理もない。

わたしは引退しないことをお勧めする。引退するかわりに、仕事をやめてもボランティアやメンターとして第二の人生を送ってみてはどうだろう？　社会に参加し、お返しをすることに力を入れてみるといい。

人には何らかの目的が必要だし社会に貢献することも必要だ。しかも、成長した子どもたちにもいい教訓になる。イギリスの高齢者の中には鶏を人生の目標にした人もいる。そう、鶏だ。ヘンパワー（鶏のチカラ）という名前のプロジェクトを通して、お年寄りが鶏を世話するという単純なことで、気分の落ちこみや孤独感が軽くなり、心身の健康が促進されていた。それはもっともだと思う。自分が責任を持って何かができるということ、目的意識が生まれること、何かをお世話できるということが、人が生きるうえで必要だからだ。自分の子どもが大きくなって、家庭を持ったら、まさにこのことを教えてあげたいのでは？

グーグルもアマゾンもトリックの価値観を大事にしている

子育ては小さい子どもだけが相手ではない。子どもたちがどんな大人になるか、どんな市民になるか、どんな変革のために闘うか、どんな考えに貢献できるか、それが子育てというものだ。だからこそ、幼いうちからトリックの価値観に慣れさせ、必要なら人生を通してこの価値観を何度でも学ぶ姿勢が必要なのだ。トリックのシンプルな考え方が、成功への道を切り開き、大胆な結果を生みだしてくれる。

幼い子どもには、自分を信じてくれる誰かが必要だし、ありのままの姿を尊重してくれる存在が必要だ。そんな人がいなければ、変化の激しく先の見えない世界の中で、大人として成功するのに欠かせない独立心が育たなくなってしまう。

学校教育でも、すべての生徒にこのトリックの価値観で接することが必要だ。今、子どもたちに敬意を持って接している学校のほとんどは私立学校だ。そんな学校の子どもたちはもう牢屋に閉じこめられてはいない。学べる環境にいる。でも、そうでない子どもたちはどうなる？　運が悪かったとあきらめていいのだろうか？　敬意を持って接するのに、お金はいらないはずだ。この状況は改善できる。

子どもは家庭でトリックを身につけられるし、学校では先生たちがこの価値観を実践できる。職場でも、全員がこの価値観で人に接することができるはずだ。わたしは、すべての学校がトリックの価値観を取り入れるべきだと言っているのではない。どんな学校にも、トリックに通じる哲学があるのが当たり前だと思っている。もちろん、基礎的な学問を教える普通のカリキュラムは必要だ。でもその中で、生徒たちには、敬意と力を与えられていると感じる機会や、自分たちが大切に思えるプロジェクトを実行する機会、またコミュニティや世界の問題について学ぶ機会が必要なのだ。子どもたちが少しでもそんな機会を与えられれば、ケンカも争いもやめるだろう。子どもたちの心に自信が芽生え、重要なプロジェクトに没頭するようになる。

ビジネス界も変わりつつあり、企業もこうした価値観を大切にしはじめている。この流れに乗る企業群はこれからますます増えていくだろう。グーグルは、社員を血の通った人間として気遣った最初の1社だった。今は消費者も、企業に対して敬意を求める時代になった。アマゾンの返品サービスを思い出してほしい。とても簡単で、消費者への敬意が感じられる。ザッポスが市場シェアを獲得できたのも、顧客との信頼関係を築き、約束を守ったからだ。こうした企業から学べることは多い。未来はここにある。

今、わたしたちが抱える問題は多い。さらに多くの問題がわたしたちを待っている。そんな時代に求められるのは、大胆な解決策だ。よその国のことは自分たちには関係ないという態度ではいられない。そんな態度は大間違いだ。人間性を無視した政策や遠い場所で起きている戦争を、まるで自分たちの居場所を直撃しない自然災害のようなものとして見て見ぬふりをしても意味がない。

今、世界中の人はみんなつながっているし、人類が抱える大きな課題はわたしたち全体に大きな影響を与える。中でも気候変動は喫緊《きっきん》の課題だ。干ばつと山火事の頻発に目を向けてほしい。年々その件数は増えている。10年以上前にシリアでは大干ばつが起き、数百万という人々が食料と水を求めて国を出た。シリアははるか遠くの場所に思えるが、アメリカで同じことが起きてもおかしくない。難民、疾病、水質汚染はどうだろう？　国を持たない何百万という人たちがこの地球をさまよっている状況をそのままにしておくわけにはいかない。それはすべての人にとって悲惨なことだ。

こうした問題を避けることはできないし、独力で解決することもできない。みんなが力を合わせて知性を働かせ、どうしたら地球全体として解決に向けて一緒に努力できるかを考える必要がある。みんなが心をひとつにしなければならない。

すべての人が「どんな関わり合いにも」トリックを使うことが、この時代に求められている。政治家がこの価値観を大切にしてくれないなら、コミュニティが力を合わせて声をあげる必要がある。この社会を後退させるのではなく、前進させなければならない。暴力に頼ることなく、正しいことのために抵抗し、闘わなければならない。

なぜなら、よりよい自分になるよう努力し、お互いとコミュニティと地球をよりよいものにすることこそ、本当の人生の意義だからだ。

子育ては小さな努力のように見えて、実は深く大きな意味を持つ。未来はどんな人にも訪れる。そして、親が子どもにどう接するかで、子どもが世界にどう接するかが決まるのだ。

おわりに

生きていくために一番大切なスキルを与える

社会で必要とされる人間を育てるために

アリス＋オリビアの創業者として有名なデザイナー、ステイシー・ベンデット・アイズナーにニューヨークで会ったのは、ある冬の午後だった。わたしたちは彼女の人生と仕事について、そしてミレニアル世代の社員教育について、語り合うことになっていた。若い社会人がどのように世の中で働いているか、子育てと教育が彼らの社会人としての人生にどんなふうに役立っているか、いないかを知りたいと思っていた。

ステイシーは、華やかな青緑色のコートを羽織って、レストランに入ってきた。ステイシーが連れてきた7歳の娘のスカーレットも、すごくおしゃれな子ども服に身を包んでいた。あらあら、思っていたミーティングとは違うかも。わたしは心の中でそうつぶやいた。スカーレットにかき回されることになりそうだと思ったのだ。

3人でテーブルにつくと、スカーレットはすぐにペンとスケッチブックを取り出して、笑顔を浮かべてお絵かきをはじめた。わたしは感心した。ステイシーは、若い世代の社員の多くにやり抜く力と自信が欠けていると話しはじめた。「奇想天外なアイデアのある人はなかなか見つからないの」と言う。「失敗が怖いのね。怖がっていると、クリエイティブにはなれないわ」。

子育てがカギだということで、意見は一致した。そこはわたしの得意な領域だ。子どもを信用し、独立心と責任感を養い、自分の人生の少なくとも一部は自分で手綱を握ることが学校でも人生でも成功するために大切だとふたりで話し合った。

わたしは、ふたりの孫娘に自力でスーパーマーケットで買い物をさせたら娘に叱られた話をした。ステイシーは子どもだけで買い物をさせるということに大賛成だったけれど、子どもたちをほんのちょっとでも自由にさせることがこのところますます難しくなっていることも認めていた。

わたしたちは1時間半も話しこんでしまったが、そのあいだずっと幼いスカーレットはひと言も話さなかった。話が終わるころには、スカーレットのスケッチブックは美しい絵でいっぱいになっていた。色とりどりの迷路や、アイスクリームのコーンのような形が描かれていた。わたしはスカーレットの集中力に感動し、本人にもそう伝えた。

そして最近またステイシーから連絡をもらった。わたしのアドバイスが本当に役に立っているし、もっといいことには、スカーレットもわたしのアドバイスをとても気に入っているのだと教えてくれた。スカーレットがわたしの話を聞いていたようには見えなかったけれど、どうも聞いていたらしい。わたしの言った一言一句を聞き漏らしていなかったのだ。今では自分とふたりの姉妹だけで何かをしたいときには、「エスターなら許してくれる」と訴えるのだそうだ。ニューヨークの真ん中で、子どもだけで道路を渡り、近くのレストランにジェラートを買いにいくようになったのだとか。この数カ月で子どもたちはずいぶんと自立したらしい。力を感じ、自信をつけ、いろいろなことができるようになったとステイシーは言っていた。

ステイシーの家族は、ちょっとした変化が大きな結果につながるいい例だ。わたしたちの会話にそれほどのインパクトがあったのはうれしいが、実のところそれほど意外でもない。わたしのアドバイスを喜ばない子どもはいないし、尊重と自由を欲しがらない子どももいないし、わたしのメソッドをすぐに取り入れない子どももいない。なぜなら、子どもにとってはそれが自然だからだ。

そしてまた、新学期がはじまる

わたしのメソッドは子どもの味方だ。敵ではない。どんな子どもも認められたいし、尊重されたいと思っている。他の人を助けたいし、世の中の役に立ちたいとも思っている。子どもはもともと楽観的で理想主義だ。それが子どものいちばんいいところだ。それなら、そのいちばんいいところを伸ばしてみてはどうだろう？　自信を持ち、他者に共感するよう、励ましてはどうだろう？　それが子どもと大人の人生をよりよいものにしてくれるし、まわりの人の人生もよりよいものにしてくれる。

トリックの価値観に近づく行動はすべて、正しい方向への一歩だ。その歩みは、いつはじめてもいい。子どもに「あなたを信じている」と言うのは、いつでも遅くない。親は後ろに下がって、子どもに自由に世の中から学ばせることをはじめてほしい。

トリックの価値観が正しい道への一歩だということは、わたしが身をもって知っているし、その効果をこの目で何度も見てきた。

本書のしめくくりを書いている今、新学期がはじまろうとしている。高校2年生と3年生になった生徒たちがわたしのジャーナリズムのクラスに入ってくるようになって、今年で36年目を迎える。多くの高校生と同じように、わたしの生徒もまた、このクラスでうまくやっていけるか、どんな成績を取るか、友だちができるかと不安な気持ちでいる。メディアのプログラムについてもその中身についても生徒たちは耳にしているし、このプログラムの先生は違うと聞いている。今では6人の教師がこのプログラムを受け持っているが、わたしたちがどう違うのかを新しい生徒たちはまだ知らない。授業の初日になってはじめて、この上級ジャーナリズムのクラスを教えるのは、同じ高校生だということがわかる。生徒たちはそこでアッと驚く。

わたしもほかの教師も、学期中に何度も生徒たちに講義を行なうが、まず最初にこのクラスがほかのクラスと違って生徒たちに力を与え、彼らが生きていくためにいちばん大切なスキルを学ぶ機会になると告げている。そのスキルがトリックだ。

はじめのうちはトリックと言われてもただの言葉にすぎない。生徒たちはもう、きれいごとは聞き飽きている。ただし、このクラスではそれが実践される様子を目《ま》の当たりにし、生徒自身が主導権を握るということがわかってくる。わたしの生徒も7歳のスカーレットのように、力を与えられることにワクワクし、自分の選んだプロジェクトを実行できることに心を躍らせる。

2年のあいだに、臆病だった高校2年生たちが、声と力を持つ若者に成長するのを、わたしたち教師は見守ることになる。初級ジャーナリズムの授業を受けたあとで、生徒は自分がどのメディアに記事を書きたいかを選ぶ。今では10のメディアがあり、その数は増え続けている。ここで教えているポール・カンデルは、2018年の秋から新たに起業ジャーナリズムのクラスを立ち上げた。このクラスでは生徒が独自のメディアのアイデアを考え、スタートアップと同じように資金を募ることができる。どのメディアを選んでも、生徒たちはコミュニティに影響を与えるような記事を書くことになる。学校新聞のザ・カンパニールはパロアルトの重要な声としての伝統を保ち、また生徒たちに自分の意見を聞いてもらうにはどうしたらいいかを教える最高の場として存在し続けている。ほかのメディアも同じだ。ヴェルデ、Cマガジン、ボイス、インフォーカス、アゴラ、そしてプルーフといったメディアで、生徒は記事を発表している。ここで生徒たちは世界にインパクトを与えるライターとなり、思想家になる。

このプログラムを通して、生徒たちはひとつのコミュニティを築き、高校を卒業してもこのコミュニティが支援の拠りどころになっている。かつて編集委員だったある生徒は、「大きな家族みたい」だと言っていた。学期最後の新聞発行の週になるとパーティーを開くのが習わしになっている。それは卒業していく生徒たちの送別会でもあるし、全員で成し遂げた大仕事を祝う会でもある。卒業生の素晴らしい前途を祈り、これからも連絡を取り合うように彼らに伝える。ほとんどの卒業生が便りをくれる。

パロアルト高校で、わたしのプログラムは成功したし、どんな学校でも、世界中のどの家庭でも、このやり方はうまくいくはずだ。

貧困のなかで育った子が優れたリーダーに

メキシコのモンテレイにあるCCAIという学校の例を見てみよう。この学校は、ビセンテ・フェラーラ財団が支援し、マルコ・フェラーラ（ビセンテのひ孫）によって運営されている。マルコにはじめて会ったのは5年前。メキシコのプエブラで開かれたCDI会議で講演をしたときだ。生徒に力を与えるというわたしの話をマルコが気に入ってくれ、彼の学校のアドバイザーになってほしいと依頼された。わたしは喜んで引き受けた。

この学校があるのはかつてゴミ集積所だったサン・ベルナベで、何らかの理由で学校に行けず、仕事のスキルも持たない大人たちが通っている。この学校ではトリックの価値観と、わたしが最初の本で書いたムーンショット哲学にもとづいて、現実の世界に必要なスキルを教えている。モンテレイ地域だけでも50万人以上が極度の貧困にある中で、この学校は人々を貧困から救い、最終的に国全体を向上させることを目標にしている。この学校の立ち上げ以来11年のあいだに1万4000人がここで教育を受けた。

ここで学んだ生徒はすべて卒業後の仕事を約束され、6カ月から3年は働けることが保証されている。仕事につくということは、ただお金を稼ぐというだけではない。働くということは生き方そのものだ。この学校は生きることのすべてに目を向けている。自尊心、栄養、道徳、財務、スポーツ、そのほかのたくさんのことに。自尊心、自信、そして優しさは、最も大切な人生のスキルだ。彼らのモットーは、「魚を与えるのではなく、魚の釣り方を教えよ。そうすれば一生食べていける」というものだ。ＣＣＡＩはどんな年齢でもすぐれた人間を育て、不可能と言われても世の中を変えるための試みを続けている。世界にはもっとこんな目標が必要だ。

もうひとり、世界を変えることに挑戦している元生徒がいる。グアテマラでボーイズホープ・ガールズホープのＣＥＯを務めているクリスティン・オストビーだ。クリスティンは、想像もできないような苦難を経験してきた子どもたちのために働いている。

でも、これほど厳しい状況にある子どもたちでも、トリックにもとづいて支えてくれる環境があれば、立ち上がることができる。「貧困の中で育つ若者は、必要に迫られてやり抜く力と回復力を身につけます。そんな子どもたちが、自分を気遣ってくれるコミュニティを見つけ、そこで人生のスキルを身につけることができれば、今の社会が必要としている、やる気と忍耐力と創造性とチームワークにすぐれたリーダーになれるんです。金持ちの子どもたちにはない強さが、彼らにはあります」とクリスティンは言う。彼女の組織は、グアテマラで寮生活を通して教育を与えるプログラムを運営し、一歩ずつゆっくりと世の中を変えている。

今、アメリカには貧しい子どもたちを助けるための少年少女クラブが4300以上ある。ここパロアルトでもこのあたりに家を持つことができずトレーラー暮らしを余儀なくされている人たちがいる。アメリカのどこの街でも、金持ちでも貧乏人でも、他者の力になる機会はある。伝説の野球選手アレックス・ロドリゲスも少年少女クラブに助けられたひとりで、今はお返しにマイアミの少年少女クラブを支援している。

「突拍子もない人だけが本当に世界を変えられる」（スティーブ・ジョブズ）

誰でも何か人の役に立つことができる。地域や学校でも、少年少女クラブのような団体やCCAIのようなプログラムを通しても、子どもたちを支援することはできる。

トリックはどんな年齢でも、人生のどの段階でも、効果がある。人はみな信頼され、ありのままの姿を尊重されなければならない。自由を与えられ、他者と共に生きることを教えられなければならない。誰もが優しくされ、それを世界に返すことができるような社会を作らなければならない。

立派な人間を育てるということは、そういうことだ。つまりそれは、すべての人の人生をよりよくするためのスキルを教え、次の世代を形作るということだ。

スティーブ・ジョブズが長女のリサに望んだのも、そんな教育だった。1990年代のはじめに、スティーブ・ジョブズはリサをわたしのプログラムに参加させたのだ（ジョブズは前もってわたしを面接しにやってきた。幸いわたしは彼のお眼鏡にかなったようだ）。ジョブズの有名な言葉に「自分が世界を変えられると信じるような突拍子もない人だけが本当に世界を変えられる」というのがあるが、ジョブズはわたしを「突拍子もない」と思ったのだろう。娘たちもわたしを突拍子もないと思っている。わたしも自分を突拍子もないと思っているが、もっとたくさんの突拍子もない人たちの助けが必要だ。その突拍子もない人たちに、トリックを使って子どもたちに世界を変える力を与えてほしい。

トリックは既存の制度から見ると突拍子もないかもしれないが、本当に欠陥があるのは既存の制度のほうなのだ。今の制度は生徒の創造性や夢や大志をぶち壊している。親はいつでも子どもたちに最高の環境を与えたいと願うものだが、一見「愛と支えに満ちた」子育ては子どもたちに本来備わった学ぶ力や成長する力を奪っている。

子どもたちを信頼し、敬意を払い、それによって独立心や他者と協力する力や優しさを育むことが、世界を変えるとわたしたちは信じている。未来はそんな子どもたちを必要としている。未来はそんなわたしたちを必要としている。

この本は教育文化を変える運動の一部であり、子どもたちの最初の教育者である親を支えるためのものだ。どうやって若者がいい人生を送る手助けをしたらいいかと親や教師からしょっちゅう訊ねられる。わたしの答えはこうだ。すべての宗教の、すべての人間が持っている、生きることに欠かせない価値観を再発見し教えること、つまり愛を持ってトリックを実践することだ。ユダヤ教であれ、キリスト教であれ、イスラム教であれ、歴史を通してあらゆる宗教の核にあるのが、この考え方だ。そのことを忘れないでほしい。ほかの親や教育者や祖父母やセラピストやコーチや養育者に、つまり若い人たちの心と頭の成長に関わる人たちに、この本のことを教えてもらえれば幸いだ。

いい人生もいい世の中も、子どもたちとわたしたちからはじまる。みんな一緒に突拍子もない人間になって、世界を変えられると信じよう。そうすれば、本当に世界は変わる。

謝辞

この本は、偶然から生まれた。わたしは、3人の娘をどう育てたかをしょっちゅう聞かれるようになるまで、本を書くことなど考えてもいなかった。たくさんの人が、わたしに子育てのテクニックやコツを聞きたがった。自分の子育てを振り返ったことはあったが、それだけだった。そんなときに読書会で出会ったのが、出版エージェントのダグ・エイブラムスだった。この本が現実のものになったのは、ダグのビジョンと導きがあったからだ。本書の執筆と出版を通してわたしは数多くの人に助けられた。真っ先に感謝しなければならないのは、きっかけを作ってくれたダグ・エイブラムスだ。彼の知恵と指導がなければ、この本が世に出ることはなかったはずだ。ダグと共に編集助手を務めてくれたのはエイミー・シュルーンズだ。エイミーはいつも親身《しんみ》になって、わたしのアイデアを刺激してくれたり、考えを明確にしてくれたり、文章の意味が通るように助けてくれた。ライターのキャサリン・ヴァズは、経験豊富な第三者として、貴重なアドバイスと指導を与えてくれた。彼女のおかげで文章が格段によくなった。編集者のブルース・ニコルズは、はじめからこの本のビジョンを理解し、素晴らしい協力者として伴走してくれた。

個人的なことになるが、わたしが真っ赤なビーンバッグチェアに座りこみコンピュータを膝に置いてこの本を書き続けているあいだ、夫のスタンは何日も何週間も何カ月も我慢して、わたしを支え続けてくれた。「おやおや、うちの奥さんはどうしちゃったのかね」なんて口ではいいながら、買い物をし、夕食を作り、わたしの引きこもり生活を許してくれた。3人の娘、スーザン、ジャネット、アンと、スーザンの夫のデニス、そして9人の孫にも感謝している。孫たちは家族行事にわたしがいないと不満をもらしていた（「バアバはどこ？」）けれど、わたしが本を書いていることを説明すると、応援してくれた。「すごく時間がかかるんだね」と孫たちは同情してくれた。子ども時代は時間がゆっくりとすぎていく。娘たちは孫よりもせっかちで、わたしが家族行事を何度もすっぽかしていることを責めながらも、本がいよいよ現実になることを喜び、支えてくれた。

学校新聞を一緒に作ってきた数百人もの教え子がいなければ、この本が世に出ることはなかっただろう。1984年にわたしが教えはじめてからの逸話や思い出を、たくさんの生徒が送ってくれた。字数制限のせいで、エピソードのほとんどは本に書けなかったけれど、思い出を送ってくれたことに心から感謝している。特に、学校新聞の編集委員は、長年のあいだプログラム作りに手を貸してくれ、もっといいプログラムになるようにとアイデアを提供してくれた。プログラムが今の形になったのは、編集委員たちのおかげだ。そうした生徒の一部をここに紹介する。もし書き忘れている人がいたら、謝りたい。どの教え子もわたしにとっては大切だし、みんなもそのことはわかっていると思う。カリーナ・アレクサニヤン、リサ・ブレナン・ジョブズ、アーロン・コーエン、ベン・クロッソン、ゲイディ・エプスタイン、ジェームズ・フランコ、ベン・ヒユーレット、マヤ・カンデル、フォレスト・ケイ、クリス・ルイス、ジェニファー・リンデン、クレア・リュー、エイダン・メイズ・チェロプスキ、ビラル・マハムード、アンドリュー・ミラー、クリスティン・オストビー、ローレン・ルース、トマー・シュワルツ、ジョナー・スタインハート、サミー・ヴァスケス、マイケル・ウォン、オリバー・ワイスバーグ、アンドリュー・ウォン、ブライアン・ウォン、そしてカイジャ・シャオに感謝したい。

　この本の中でとても大きな部分を占めるのが、わたしが作ったジャーナリズムのプログラムと、１９９８年以来パロアルト高校で実践してきた教育法だ。ジャーナリズムのプログラムが成功したのは、同僚教師たちがひとつになって力を注いできたおかげだ。ポール・カンデルがいなければ、今のようなプログラムは出来上がっていなかった。ポールは２０００年に報道雑誌の「ヴェルデ」を引き継ぎ、２００２年にはオンライン誌の「ボイス」を引き継いでくれ、わたしが新しい出版物をプログラムに加え、数百人の生徒を受け入れることを助けてくれた。ポールは、ジャーナリズムを使って21世紀に役立つスキルを生徒に与えるためのおもしろいアイデアをたくさん提案してくれた。このプログラムは今、８種類の雑誌に加えて、テレビ、ラジオ、動画も制作している。ザ・カンパニール（www.thecampanile.org）、ヴェルデ（https://verdemagazine.com）、Ｃマガジン（https://cmagazine.org）、バイキング（https://vikingsportsmag.com）、インフォーカス（https://www/infocusnews.tv）、ボイス（https://palyvoice.com）、プルーフ（https://issuu.com/proofpaly）、マドローノ（https://palymadrono.com）、ＫＰＬＹラジオ（https://soundcloud.

com/palyradio)、アゴラ(https://palyagora.us)、ベリタス(https://palyveritas.com)、ベリタス・トラベルだ。わたしたちの刊行物に貢献してくれたすべての人に感謝したい。メディアを教えるそのほか5人の先生たちも、協力を惜しまずプログラムに尽くしてくれている。ロッド・サタースウェイト、ブライアン・ウィルソン、ポール・ホープリック、ブレット・グリフィス、マーゴ・ウィクソムという非凡な同僚たちに心から感謝している。

わたしとのインタビューに時間を割いてくれた人たちにもお礼を言いたい。その中の数人とは定期的に話をしている。この本のアイデアを作りあげるのを助けてくれた人も数多い。そのすべての人をここにあげたつもりだが、もしわたしが書き忘れていたら許してほしい。

カリーナ・アレクサニヤン　メディアX　スタンフォード
ステイシー・ベンデット・アイズナー　アリス＋オリビア　CEO
マーク・ベニオフ　セールスフォース　CEO
ゲイリー・ボールズ　eパラシュート・ドットコム
ダナ・ボイド　データ&ソサエティ　社長
アンドレア・チェッチェリーニ　ロサルバトリオ・ペルマネンテ・ジョバンニ　社長
フリーダム・チェテニ　インベントXRLLC　社長
ウルリック・クリステンセン　エリア9　CEO

シェルビー・コフィー　ニュージアム　副会長
ジェシカ・コルビン　ＴＵＨＳＤウェルネス　理事長
ウィリアム・デイモン　スタンフォード大学教育学教授
リンダ・ダーリング・ハモンド　スタンフォード大学　教育学名誉教授
キャロル・ドゥエック　スタンフォード大学　心理学教授
チャールズ・ファデル　ハーバード大学　教育学教授
マルコ・フェラーラ　ビンセンテ・フェラーラ財団　会長
クリスティン・フロデラ　グーグル・エデュケーション　マーケティング部長
エレン・ガリンスキ　ベゾス・ファミリー財団
クラム・ジャミル　エリア９　ストラテジック・イニシアチブ　社長
ハイディ・クレインマウス　シャレットＬＬＣ　パートナー
ジュリー・リスコット・ヘイムス　作家、スタンフォード大学　元新入生担当学生部長
エド・マディソン　オレゴン大学　コミュニケーション学教授
バーバラ・マコーミック　ニュージアム　教育担当部長
ドクター・マックス・マクギー　パロアルト・ユニファイドスクールズ　元管理責任者
ミルベリー・マクローリン　スタンフォード大学　教育学名誉教授
メイ・マスク（イーロン・マスクの母）　スーパーモデル、栄養士

ドクター・ジャネスタ・ノーランド　小児科医
デイビッド・ノードフォーズ　i4jサミット　共同創立者
エスター・ペレル　心理療法士、作家
マーク・プレンスキー　グローバル・フューチャーエデュケーション財団　会長
トッド・ローズ　ハーバード大学　教育学教授
ダン・ラッセル　グーグルサーチ　品質とユーザーハピネス担当
シェリル・サンドバーグ　フェイスブック　COO
ブロー・サックバーグ　チェン・ザッカーバーグ・イニシアチブ　学習科学担当部長
マイケル・シャーン　コンパウンド・マネー　リミテッド・パートナー
ジェイミー・サイモン　キャンプ・タウォンガ　エグゼクティブ・ディレクター
ピーター・ステイン　リユニオン　CEO
ジム・スティグラー　UCLA　心理学教授
リンダ・ストーン　作家、コンサルタント、講演者
ケン・テイラー　スタンフォード大学　心理学教授
ジェイ・ソーウォルドソン　パロアルト・ウィークリー　元編集長
トニー・ワグナー　ハーバード大学　教育学部教授
アン・ウェッブ　コンパウンド・マネー　リミテッド・パートナー

ヴェロニカ・ウェッブ　スーパーモデル、女優、講演者
リナ・ウィリアムソン　ブリガム&ウィメンズ病院　アントレプレナーシップ&イノベーション部門ディレクター
エディ・ゾン　リーンギャップ　共同創業者兼CEO

パロアルト高校の元校長キム・ディオリオと元教え子のドクター・カリーナ・アレクサニヤンには、特にお世話になった。教育におけるイノベーションについて、また生徒たちの学習参加と成功について、長時間にわたって話をしてくれたことに、感謝している。トリックの価値観を世界に広めるためにわたしが設立した非営利組織のグローバルムーンショット・ドット・オルグにも、ふたりは関わってくれている。

この1年半の執筆は、大変な経験だった。世界中の人にトリックを広げたいというわたしの情熱を支えてくださったすべての人に感謝している。両親と家族と先生方には、特にありがとうと伝えたい。

訳者あとがき

50代も半ばを超え、2人の子供も成人し、「あの時はこうすればよかった」「どうしてあんなことを言ってしまったんだろう」と思い返すことが多くなった。未熟な自分を振り返り、誰かを傷つけてしまったことを悔やみ、今ならもっと上手に問題に向き合えたのにと思ってしまう。

本書を読んでまず感じたのは、「タイムマシンに乗って過去に戻れたら、この本の教えを使ってもう一度やり直したい」という、反省と後悔の入り混じった気持ちだった。だが一方で、「これからでも間に合うかもしれない」と前向きにもなれた。この本にも書いてあるとおり、完璧な親などいないし、誰もが失敗するし、そんな自分を許すことが周囲とのより良い人間関係を作っていく第一歩になる気がしたのだ。

著者のエスター・ウォジスキーは、シリコンバレーでは知らない人のいない教師でありスーパーマザーである。その理由は、彼女が育てた3人の娘たちにある。長女のスーザンはグーグルの16番目の社員としてグーグルの急成長を支え、その後動画配信サービスのユーチューブを率いる素晴らしいリーダーとなった。次女のジャネットは医師となり、貧困層やマイノリティにおける肥満の問題に取り組んでいる。三女のアンは、消費者向けの遺伝子検査を手がける草分け的企業の23アンドミーを設立した。23アンドミーは2021年にも上場が予定され、その時価総額は日本円で3000億円を超えると言われている。

本書に描かれているとおり、グーグルは長女のスーザンが住んでいた家で生まれた。スーザンが住宅ローンの支払いの足しにと、セルゲイ・ブリンとラリー・ペイジにガレージを貸し出したのがきっかけだ。実はその後、三女のアンとセルゲイは結婚し子供をもうけることになる（その後離婚している）。ある意味で、グーグルを生み出し育てた功績の一部は、ウォジスキー家にあるとも言える。

エスター・ウォジスキー自身は、地元パロアルト高校の名物教師だった。貧しいユダヤ系移民の二世としてアメリカで育ち、苦労して大学を出たあと、当時男性しかいなかったジャーナリズムの世界に入り、結婚後は高校でジャーナリズムを教えた。公立のパロアルト高校にジャーナリズムのプログラムを開き、高校新聞を含むメディアを生徒に運営させた。授業にいち早くテクノロジーを取り入れたのもエスターである。3人の娘が有名になる前から、エスターが運営するジャーナリズムのプログラムから優秀な学生が世界で活躍していたことから、彼女の教授法は話題になり、カリフォルニア州の最優秀教師にも選ばれている。

そのエスターの教え方の核になっているのがトリック（TRICK）の価値観である。トリックとは、トラスト（信頼）、リスペクト（尊重）、インディペンデンス（自立）、コラボレーション（協力）、そしてカインドネス（優しさ）の頭文字をつなげた言葉だ。この価値観を実践することはつまり、子供も親も自身とお互いを信頼し、尊重し、お互いが自立できるように行動し、力を合わせ、いいところも悪いところも受け入れて寛容に接していくということだ。そうすることで、冒険心があり、逆境において打たれ強い人格が形成される。すなわち、謙虚さと大胆さを持ち合わせた真のイノベーターが生み出される。

もちろん、エスターはイノベーターを生み出すためにこの教育法を実践してきたのではない。彼女が目指したのは、親も子どもも教師も生徒も人生を楽しみながらお互いに成長することである。長年の経験を振り返って、そのプロセスの核になったのがこの5つの価値観だったと気づいたのだ。そこで、自身が長年実践してきたメソッドをこの本にまとめて公開することになった。彼女がその半生をかけて成功と失敗を繰り返しながら積み上げてきた「人間育て」のメソッドは、年齢や文化や環境に関係なく効果がある。私も「今からでも遅くない」と背中を押された気がした。

内閣府の調査によると、日本の若者は諸外国と比較して自己肯定感が低く、将来に対して最も悲観的であることがわかっている。社会を息苦しい場所にしているのは私たち大人であることを謙虚に認め、次の世代のために何ができるかを考えた時に、このトリックの哲学はひとつの指針になり得ると思っている。子どもたちに「あなたを信頼し、尊重している」と行動で示し、周囲の人たちと力を合わせ、優しく接する姿を大人が見せることで、世の中が少しでも変わっていくことが著者の願いであり、翻訳者であり親であり教師でもある私の願いでもある。

本書を翻訳する機会を与えてくださり、一流の編集技術で読みやすい本にしてくださった文藝春秋の衣川理花さんに、心から感謝している。

関美和

トリックへの道（1〜9章のまとめ）

トリックへの道　その1

★自分の人生にきちんと向き合えば、最善の子育てができる。親と同じ過ちを繰り返さないよう、自分の体験を問い直し、トラウマを探り、積極的に改善していこう。

★子どもに伝える原則や価値観が人の道にかなっているかどうかを確かめよう。

★子育てに対する考え方の違いは、夫婦関係をこじらせ、お互いのストレスのもとになる。それぞれの価値観や、子ども時代の環境、育った文化の背景を理解する努力をしよう。

★子どものためにストレスも困難もないような環境を作ることが、親の務めではない。困難とその結果得られる成長を子どもから奪わないことが、親の務め。

★親は完璧でなくてもいい。でも、子どもたちが逆境を乗り越えられるように育てよう。

トリックへの道　その2

★大人たちがまず信頼を取り戻そう。怖がりすぎたり、心配しすぎていないだろうか？
　自分の力を信じてくれる人は、あなたの宝物。自分も相手を信じよう。

★子どもと家族にとって、何がいちばんいいかを知っているのは、あなた。まわりの情報に振り回されないようにしよう。

★子どもにとって、親や教師はものすごく大きな存在。そのひと言が子どもをいいほうにも、悪いほうにも変えることを、肝に銘じておこう。

★子どもは意外と何でも自分でできる。子どもを信じてまかせよう。親がいないと生きていけない子どもにしてはいけない。子どもはリスクを取ってこそ成長する。

★大人が子どもを信頼し、尊重し、四六時中監視しないような環境の中で、子どもを育てよう。子どもは親の操り人形じゃない。

トリックへの道　その3

★親には黙って見守る我慢が必要。落ち着いて子どもを見守ろう。

★子どもたちは自分のあるべき姿を知っている。その姿を讃《たた》え、尊重するのが親の仕事。

★子どもがやりたいことや好きなことをすぐに見つけられなくても、焦らない。ただし、何かをやっているようにさせよう。好きなものなら何でもいい。それの専門家になるように励まそう。

★子どもは親の分身ではない。子どもの望みと興味を尊重しよう。

★「情熱」こそ「成功」につながる時代だが、情熱は強制からは育まれない。

★誰かひとりが、ほんの少しでも敬意を払えば、子どもは救われる。

★子どもは何もかも見ている。子どもたちは、親がみずからの失敗にどう対応するかから、より多くのことを学ぶ。

トリックへの道　その4

★子どもによかれと思って手を差し伸べることが、子どもの不安と落ちこみにつながり、大人として人生に対処する力を削《そ》いでしまう。

★自立は生まれた瞬間から。子どもは自分にとって何がいちばんいいかを知っているのだから、まかせよう。

★子どもに理屈は通らなくても、あるラインを越えさせてはいけない。自分をコントロールすることを学ばなければ、自立できない。

★子どもに完璧を求めない。失敗しても見守ろう。ただし安全だけは確保すること。

★創造性は自立と好奇心の素敵な副産物。子どもを子どもらしいままにし、子どもと一緒に遊んで、創造性を育もう。

★親は「脇で見守るガイド役」に徹する。主導権を握るのは子どもたちで、親ではない。

トリックへの道　その5

★「やり抜く力」は、粘り強さと情熱から。誠実さ、自制心、目先の欲求を辛抱する力、我慢強さ、勇気といった要素も「やり抜く力」のもと。それが子どもたちに障害を乗り越えさせる。

★子どもの才能より、努力を褒めよう。失敗や挫折、逆境は大切な学びの機会だと教えよう。そうすれば、人生のさまざまな経験に耐えられる強さが身につく。

★勇気を出して立ち上がれる子どもを育てよう。一方、「やめどきを知る」のも勇気のひとつ。途中であきらめてもいいし、もしダメなら失敗してもかまわないと教えよう。

★欲しいものが何でも手に入って、苦労も経験しなかったら、創造性とやり抜く力は身につかない。子どもに何でも与えず、仕事をさせよう。

★「やり抜く力」を、人や社会のために使おう。

トリックへの道　その6

★協力は絶大な力。子どもに協力することの大切さを教えよう。協力できる力を知れば、自己肯定感が上がり、ものすごい自信になる。

★子どもはまわりの大人が他者を思いやる様子や、苦難をどう乗り越えるかを観察し、そこから学んでいる。親の行動を通して何かを教えることは、何より大切な協力の形。

★家族はチーム。家族の一員として、子どもにお手伝いなどの役割を与え、責任を持たせよう。

★辛抱強く見守り、上から目線で判断したり命令するのはやめよう。子どもが自分の感情や行動を振り返る静かな時間を与えよう。

★敵対しているとしても、相手を敬《うやま》い、なぜそう思うのかを理解し、共通項を見つけ、力を合わせて解決策を追い求めることが大切。忍耐強く、柔軟に共通項を見つけよう。

トリックへの道　その7

★親の感情や行動は、子どもにそのまま乗り移る。子どもは敏感で繊細。親の無意識の合図にも反応するのを忘れずに。特に親の不安は子どもをダメにすることもある。

★親は子どもにとって最高のお手本。子どもに正しい姿を見せているか、つねにチェックしよう。

★自分が子どもにどんな姿を見せているかに気づき、どう変わったらいいか考えよう。人が変わる過程を見せるのが、子どもに何よりもいい学びを与える。

★健全な対人関係の築き方は、親が子どもに教えるいちばん大切な人生のスキル。

★過去にこだわることなく前進し、本当に困難なときに前向きでいよう。それは、よりよい人生を送り、子どものいいお手本になるチャンスである。

トリックへの道　その8

★優しさは自分を幸せにし、周囲の人も幸せにする。人に優しくすれば、自分に返ってくる。

★優しさと他者への思いやりは、社会に出ても必要なスキル。優しさは弱さではない。

★優しさや共感力のない自己中心的な子どもを育てたくなければ、成功や完璧さだけに目を向けるのをやめよう。

★優しさは礼儀から。感謝することを子どもに教え、親が身をもって礼儀正しく振る舞おう。

★子どもがいいことをしたら、かならず褒めよう。また叱るときは、子どもの立場を理解し、話し合おう。ちょっとした優しさを受けて、子どもが驚くほど変わることもある。

★子どもの共感力を養おう。子どもたちはみんな生まれながらに共感力を備えている。

トリックへの道　その9

★他人を助けるために何かをしているとき、人はいちばん幸せになれる。

★人間関係を築けなかったり、コミュニティに奉仕しなければ、心身の健康が悪化する。

★親が行動することで世の中がどう変わるかを子どもに見せよう。大切なのは、1番になることでも、金持ちになることでもなく、世の中の役に立つこと。

★家族からすべてがはじまる。大切なのは、子どもと自分自身への正しい姿勢であり、社会の一員であるという意識。

★親は死ぬまで子どもの手本。子育ては小さな努力の積み重ねだが、実は深く大きな意味を持つ。親の接し方が、子どもの世界への接し方を決める。

装幀・本文デザイン　中川真吾
ＤＴＰ制作　エヴリ・シンク
カバー写真　iStock.com/alexey_boldin

著者

エスター・ウォジスキー　Esther Wojcicki

シリコンバレーのゴッドマザーにして、アメリカ教育界のスター。貧しいロシア系ユダヤ人一家に生まれる。ITイノベーションの聖地・シリコンバレーへ移住し、パロアルト高校の教師としてメディアプログラムを創設。そのユニークで型破りな教育方法が評判を呼ぶ。スティーブ・ジョブズ親子も彼女のクラスに参加し、その授業を絶賛。また、グーグルもウォジスキー家の自宅ガレージから生まれた。パロアルト高校のみならず、グーグルの教育部門を担当、ホールフーズはじめ有名企業から人事育成アドバイスを請われ、世界中で教育関連の講演を行なっている。長女スーザンはYouTubeの現CEO 、次女ジャネットはカリフォルニア大学医学部准教授、三女アンはバイオベンチャー23andMeを創業し、グーグル創設者セルゲイ・ブリンと結婚。

訳者

関 美和（せき・みわ）

慶應義塾大学文学部・法学部卒。電通、スミス・バーニー勤務を経て、ハーバード・ビジネス・スクールでMBA取得。モルガン・スタンレー投資銀行を経て、クレイ・フィンレイ投資顧問東京支店長を務める。杏林大学外国語学部准教授。主な翻訳書に『シェア』『MAKERS』『ゼロ・トゥ・ワン』（NHK出版）、『父が娘に語る 美しく、深く、壮大で、とんでもなくわかりやすい経済の話。』（ダイヤモンド社）、『世界を変えた14の密約』（文藝春秋）、『FACTFULNESS（ファクトフルネス）』（日経BP 共訳）などがある。

TRICK スティーブ・ジョブズを教《おし》えYouTube CEOを育《そだ》てた
シリコンバレーのゴッドマザーによる世界一《せかいいち》の教育法《きょういくほう》

2021年4月10日　第1刷発行

著　者　エスター・ウォジスキー
訳　者　関《せき》 美和《みわ》
発行者　花田朋子
発行所　株式会社文藝春秋
〒102-8008 東京都千代田区紀尾井町3-23
電話　03(3265)1211

印刷所／凸版印刷
製本所／凸版印刷

・定価はカバーに表示してあります。
・万一、落丁、乱丁の場合は、送料当方負担でお取替えいたします。
小社製作部宛にお送りください。

ISBN978-4-16-391360-5　Printed in Japan